中国农村发展年度主题报告

①

Growth of Main Agricultural
Products in China

# 中国主要农产品增长

## 对2004年以来农产品增长的经济解释

国务院发展研究中心农村经济研究部

中国发展出版社
CHINA DEVELOPMENT PRESS

**图书在版编目（CIP）数据**

中国主要农产品增长：对 2004 年以来农产品增长的经济解释/国务院发展研究中心农村经济研究部著 . —北京：中国发展出版社，2013. 1

ISBN 978 – 7 – 80234 – 889 – 9

Ⅰ. 中⋯　Ⅱ. 国⋯　Ⅲ. 农产品产量—经济增长—研究—中国　Ⅳ. F323. 7

中国版本图书馆 CIP 数据核字（2012）第 317793 号

书　　　　名：中国主要农产品增长：对 2004 年以来农产品增长的经济解释
著 作 责 任 者：国务院发展研究中心农村经济研究部
出 版 发 行：中国发展出版社
　　　　　　　（北京市西城区百万庄大街 16 号 8 层　100037）
标 准 书 号：ISBN 978 – 7 – 80234 – 889 – 9
经 　 销 　 者：各地新华书店
印 　 刷 　 者：三河市东方印刷有限公司
开 　 　 　 本：787 × 1092mm　1/16
印 　 　 　 张：16
字 　 　 　 数：224 千字
版 　 　 　 次：2013 年 3 月第 1 版
印 　 　 　 次：2013 年 3 月第 1 次印刷
定 　 　 　 价：45. 00 元

咨 询 电 话：(010) 68990642　68990692
购 书 热 线：(010) 68990682　68990686
网 　 　 　 址：http：//www. develpress. com. cn
电 子 邮 件：fazhanreader@163. com

# 课题组成员名单

**课题顾问**

韩　俊　国务院发展研究中心副主任、研究员

**课题负责人**

组　长：徐小青　国务院发展研究中心农村部部长、研究员

副组长：谢　扬　国务院发展研究中心农村部巡视员、研究员

**课题组成员**（按英文字母顺序）

崔晓黎　曹　智　樊雪志　何宇鹏　李　青　李喜贵

刘守英　廖炳光　潘耀国　秦中春　肖俊彦　于保平

王济民　伍振军　张云华　曾琼锐

# 课题报告执笔

**第一部分：综合报告**

2004 年以来中国主要农产品的增长与决定因素　徐小青　刘守英　廖炳光

**第二部分：专题报告**

专题一：中国水稻供求现状与未来政策选择　于保平

专题二：中国小麦生产现状、供求形势、调控政策及建议　李　青

专题三：中国玉米供求、价格和调控政策　李喜贵

专题四：中国棉花供求分析与政策　肖俊彦

专题五：中国食用植物油产业战略问题研究　曹　智

专题六：中国生猪产业发展问题研究　王济民

专题七：中国蔬菜供需、成本价格与市场调控政策　秦中春

专题八：中国乳业发展现状与前景分析　张云华

# 内 容 摘 要

2004 年以来，中国主要农产品持续增产，特别是粮食生产实现了"八连增"，对于保证农产品有效供给、保障国家粮食安全起到了基础性作用。

本书通过对中国主要农产品——水稻、玉米、小麦、棉花、食用植物油、蔬菜、生猪、乳业的生产、供求和成本变动分析，得出以下主要结论。

第一，2004 年以来，全国主要农产品的供给能力不断提高，得益于主要农产品的持续增长。三大主粮品种实现"八连增"是最难能可贵的，对于保证农产品供给与粮食安全起到了最重要作用。随着人民收入水平的提高，对水果、水产品、蔬菜、肉类和牛奶等产品的需求大幅增长，在目前主要农产品供求基本平衡背后也存隐忧。如在粮食生产方面，除三大主粮品种以外的大豆和薯类产量呈下降趋势；油料产量增长缓慢，大豆和植物油对国际市场的依赖加大；蔬菜和肉类产量增长乏力；玉米、牛奶、棉花、油料增长波动幅度过大，表明中国农产品供给既存在近忧，更有远虑。

第二，2004 年以来，由于耕地面积减少、农作物播种面积增加有限，增加农产品产量，主要依靠技术进步带来的单产提高。但是，由于技术进步程度不一，现阶段农户对作物种植选择性增强，单产提高和播种面积增减变化对每个农产品增长的影响不一。小麦、油料、蔬菜和瓜果产量的增加主要得益于单产提高；玉米产量的提高主要得益于播种面积增加；大豆产量减少主要是由于播种面积缩减；而单产和播种面积对于稻谷、棉花和园林水果产量增加都有显著影响。

第三，2004 年以来中国农业投入的变化，受到这一时期人口及劳动力供求关系变化的重大影响。由于农村剩余劳动力减少，劳动力供给进入"刘易斯转折点区间"，农业劳动投入相对价格上升，农民对农业用工投入大幅减少，机械对劳动的替代率提高，农业机械使用量大幅增加。农户对提高土地产出的化肥、农药、农用薄膜等农资投入尽管仍有增加，但增速下降。主要农业投入的巨大变化，标志着中国农业正从以提高土地生产率的传统农业增长方式向以提高劳动生产率的现代农业增长方式转型。

第四，2004 年以来，主要农产品的生产成本大幅上升。与历史上农产品成本上升的特征相比，这一轮推动农产品成本上升的因素是新老因素叠加的结果。老因素是，农业生产资料价格上涨导致的主要农产品物质费用不断上升；新因素是，劳动力供求关系和劳动相对价格变化导致农产品生产人工成本上升；土地使用的机会成本上升和地租上升导致农产品生产的土地成本快速上升。这一特征是中国农产品生产与供给面临的巨大挑战。

第五，2004 年以来，伴随劳动力供求关系和收入构成变化，农户在劳动力资源的配置以及农业种植安排上，已经做出理性选择。为了实现家庭总收入最大化，在劳动力资源配置上，农民将主要劳动力配置于非农产业，以获得更大家庭收入，将妇女和老人留在农业，保障基本生活需要；在作物种植选择上，从过去纯农业作为家庭收入主要来源时期的追求亩均收益最大化，转向亩均收益和作物劳动用工量的双重因素决定。如何顺应结构变革带来的农户种植选择的变化，引导农户种植安排，保障主要农产品有效供给，也是对中国农业政策提出的巨大考验。

在未来 10 年，中国工业化城镇化进程仍处于快速发展阶段，农业份额还

**中国主要农产品增长**
对 2004 年以来农产品增长的经济解释

将进一步下降，生产要素（土地、劳动力、资金）从农业的溢出局面难以根本扭转，主要农产品的生产与供给将面临更大挑战。随着人口城镇化加速和人口年龄结构变化，以及居民消费结构发生进一步转变与升级，农户种植行为和农产品供应形势将更加复杂，农产品供求对城乡居民生活稳定和通胀预期管理影响更大、更直接。主要农产品的生产与供给面临更大挑战。

本书在经验分析基础上，提出了保障未来10年主要农产品增长与供给能力方面的政策建议：

（1）完善粮食生产支持政策，确保以三大主粮为核心的粮食安全。

（2）根据不同农产品的比较优势，完善重要农产品稳定供给政策。

（3）促进农业生产方式转变，提高农产品盈利能力。

（4）制定确保农产品供给与安全的技术路线，促进农业科技创新与进步。

（5）制定与优势农产品区域化布局相适应的支持政策，促进农产品生产的专业化。

（6）根据粮食产销格局的变化，落实保证粮食安全的重大国家工程。

# 目　录

**中国主要农产品增长**
对 2004 年以来农产品增长的经济解释

第一部分　综合报告

# 2004 年以来中国主要农产品的增长与决定因素

—— 粮食生产连续增长的源泉与保障下一轮农产品供给的政策建议

2004 年以来，中国主要农产品持续增产，特别是粮食生产实现了"八连增"，这在新中国 60 多年的农产品生产史上也是不同寻常的。这一期间，主要农产品的连续增长，对于保证农产品有效供给、保障国家粮食安全起到了基础性作用。

在未来十年内，一方面，中国工业化城镇化进程仍处于快速发展阶段，农业份额还将进一步下降，生产要素（土地、劳动力、资金）从农业溢出的局面难以根本扭转，主要农产品的生产与供给将面临更大挑战；另一方面，随着人口城镇化加速和人口年龄结构变化，以及居民消费结构发生进一步转变与升级，不仅农户种植行为和农产品供应形势将变得更加复杂，而且农产品供求对城乡居民生活稳定和通胀预期管理的影响更大、更直接。客观分析未来十年主要农产品的生产与供给面临的挑战，具有全局意义。

本报告旨在分析 2004 年以来主要农产品持续增长是怎样获得的，并在此基础上回答：未来十年继续保持主要农产品的生产与供给靠什么。其结构如下：第一部分是对 2004 年以来主要农产品的增长特征的总体描述；第二部分分析单产和播种面积对主要农产品增长的贡献；第三、四部分剖析了影响主要农产品增长的各项投入变化、成本变动和亩均收益率的变化；第五部分给出了一个 2004 年以来影响农户种植和作物选择行为的经济解释；最后提出保障未来十年主要农产品生产与供给的相关政策建议。

# 一、2004 年以来主要农产品的增长特征

## （一）主要农产品产量呈现全面增长

2004 年以来，中国主要农产品总产量均获得增长。粮食产量增长了 32.62%，棉花产量增长了 22.63%，油料产量增长了 14.91%，蔬菜产量增长了 20.48%；水果产量增长了 40%；肉类产量增长了 23%；水产品产量增长了 32%；牛奶产量增长了 104.8%。具体见表 1。

## （二）粮食产量实现"八连增"，大豆、薯类产量出现严重下滑

2003~2011 年间，全国粮食总产量净增 14051 万吨，增长 32.6%。2003~2010 年间，分品种看粮食增长情况，稻谷产量从 16065.6 万吨增加到 19576.1 万吨，增长 21.9%；小麦从 8648.8 万吨增加到 11518.1 万吨，增长 33.2%；玉米从 11583 万吨增加到 17724.5 万吨，增长 53%。但在同一时期内，豆类产量从 2127.5 万吨减少到 1896.5 万吨，减产 10.9%；薯类产量从 3513.3 万吨减少到 3114.1 万吨，减产 11%。

表 1

| 年份\品种 | 2003 | 2004 | 2005 | 2006 | 2007 | 2008 | 2009 | 2010 | 2011 |
|---|---|---|---|---|---|---|---|---|---|
| 粮　食 | 43070 | 46947 | 48402 | 49804 | 50160 | 52871 | 53082 | 54648 | 57121① |
| 油　料 | 2811 | 3066 | 3077 | 2640 | 2569 | 2953 | 3154 | 3230 | |
| 棉　花 | 486 | 632 | 571 | 753 | 762 | 749 | 638 | 596 | |
| 蔬　菜 | 54032 | 55065 | 56452 | 53953 | 56452 | 59240 | 61824 | 65099 | |
| 水　果 | 14517 | 15341 | 16120 | 17102 | 18136 | 19220 | 20396 | 21401 | |
| 肉　类 | 6444 | 6609 | 6939 | 7089 | 6866 | 7279 | 7650 | 7926 | |
| 水产品 | 4077 | 4247 | 4420 | 4584 | 4748 | 4896 | 5116 | 5373 | |
| 牛　奶 | 1746 | 2261 | 2753 | 3193 | 3525 | 3556 | 3519 | 3576 | |

**2003～2010 年全国主要农产品产量增长情况**　　　　单位：万吨

注：1. 2003 年起水果产量包括园林水果和瓜果类产量总和。

2. 2002～2006 年水产品数据根据农业普查结果进行了修订。

3. 油料总产量按照《中国统计年鉴》（2008，2011）的数据，主要包括花生、油菜籽和芝麻的总产量。

资料来源：《中国统计年鉴》（2008，2011）。

从三大主粮品种的增长来看，2003～2010 年间，玉米增长最快，年均增速达到 6.3%，占粮食增量的 49%；其次是小麦，年均增速为 4.2%，占 23%；最后是稻谷，年均增速为 2.9%，占 28%。具体见表 2。

### （三）主要农产品的增幅波动差异加大

我们用标准差来显示产量变动的幅度，其数值越小，波动幅度越小。水果和水产品不仅产量高增长，也是波动幅度最小的。2003～2010 年，水果产量年均增长 5.7%，年增长率的标准差②仅 0.5。水产品产量年均增长 4%，其增长率的

---

① "国家统计局关于 2011 年粮食产量数据的公告"，见 http：//www. gov. cn/gzdt/2011－12/02/content_ 2008844. htm。

② 标准差是各数据偏离平均数的距离的平均数。标准差能反映一个数据集的离散程度。这里采用标准差来反映某农产品各年度产量的增长率相对于某一时期该产品产量年均增长率的偏离情况。农产品产量年增长率的标准差越大，表明该产品产量的增速不稳定，年际的产量增产率的差异和波动比较大。

表 2

| 品种 \ 年份 | 2003 | 2004 | 2005 | 2006 | 2007 | 2008 | 2009 | 2010 |
|---|---|---|---|---|---|---|---|---|
| 谷　物 | 37428.7 | 41157.2 | 42776.0 | 45099.2 | 45632.4 | 47847.4 | 48156.3 | 49637.1 |
| 稻　谷 | 16065.6 | 17908.8 | 18058.8 | 18171.8 | 18603.4 | 19189.6 | 19510.3 | 19576.1 |
| 小　麦 | 8648.8 | 9195.2 | 9744.5 | 10846.6 | 10929.8 | 11246.4 | 11511.5 | 11518.1 |
| 玉　米 | 11583.0 | 13028.7 | 13936.5 | 15160.3 | 15230.0 | 16591.4 | 16397.4 | 17724.5 |
| 豆　类 | 2127.5 | 2232.1 | 2157.7 | 2003.7 | 1720.1 | 2043.3 | 1930.3 | 1896.5 |
| 薯　类 | 3513.3 | 3557.7 | 3468.5 | 2701.3 | 2807.8 | 2980.2 | 2995.5 | 3114.1 |
| 粮食总计 | 43069.5 | 46946.9 | 48402.2 | 49804.2 | 50160.3 | 52870.9 | 53082.1 | 54647.7 |

表 2　　　　　2003～2010 年全国主要粮食作物的产量增长情况　　　　单位：万吨

资料来源：《中国统计年鉴》（2011）。

标准差仅为 0.6。粮食产量在这一时期尽管实现连续增产，但其增长率也存在一定波动，年均增长率为 3.5%，其增长率的标准差为 4.0。从三大主粮产量的增速和波动来看，2003～2010 年间，玉米增长最快，年均增速达到 6.3%，是三大主粮中产量增长最快的。但是，其波动也是最大的，2003～2010 年间增长率的标准差为 6.0。其次是小麦，年增长率为 4.2%，2003～2010 年间增长率的标准差为 4.7。稻谷产量年增长率 2.9%，为三大主粮增长率最低，但稻谷产量增速的波动仅次于玉米，其增长率的标准差为 5.3。蔬菜产量呈现一年增一年减的局面，其年均增长率为 2.7%，年增长率的标准差为 3.0。肉类产量年均增长率为 3%，年增长率的标准差为 2.7。牛奶产量从 2004 年以来增速持续下滑，2009 年甚至出现负增长。虽然牛奶产量的年均增长率达到 10.8%，但是其增长率的标准差却高达 12.7。油料和棉花产量的增长较为缓慢，但是增长率的波动最大。油料的年均增长率为 2%，标准差为 8.3。棉花年均增长率为 3%，标准差为 16.5。

## （四）与历史上各时期对比

2003～2010 年包括了"十五"和"十一五"的 7 个年份，与历史上各时期相比，这一阶段的农产品增长有以下几个特点。

第一，2004 年以来，粮食产量实现了"八连增"，扭转了"十五"最初三年粮食产量下降的趋势。数据显示，与历史上前几个规划期的粮食增长相比，2004 年至今粮食的增长幅度较大并且持续，反映了中国在这一时期结构大变革的背景下，粮食生产支持政策的有效性。

第二，2004 年以来，棉花产量虽然有所增长，与过去 60 多年的几个高增长时期相比，这一增长速度并不突出。"十五"时期棉花增产幅度达到 5.28%，而"十一五"时期仅为 0.86%，增速明显下滑。反映出随着出口导向的棉纺企业受国际市场影响加剧，对中国用棉的需求变化，需要结合国际国内两个市场需求来评估。

第三，油料产量的增速在"十五"和"十一五"期间均低于"八五"和"九五"期间的水平。"十五"和"十一五"期间油料产量的年增长率分别仅 0.81%和 0.98%，甚至在 2003 年、2006 年和 2007 年三年出现了负增长。这是油料作物，特别是大豆的比较收益低、受进口大豆与植物油进口的影响，同时也有植物油需求快速大幅度增加、中国资源性短缺的因素。

第四，园林水果和水产品在 2004 年以来保持了稳定增长，但是，与"六五"到"八五"期间这两种产品的高速增长相比，其增速有所回落。其中，园林水果从"九五"开始就从前两个时期的超速增长中减速，"十五"和"十一五"基本沿着"九五"时期的速度增长。水产品的增速也是从"九五"开始减速，到了"十五"和"十一五"时期，增速进一步回落。这表明，园林水果、水产品已经过了高速增长期，产量逐渐回归到平稳增长态势。

第五，肉类产量在"十五"和"十一五"期间的增长均不理想。肉类总产量自"九五"开始放缓，2004 年以来的增速更是处于历史低位期，与"七五"和"八五"期间的高位增长形成鲜明反差。肉类产量增长的波动较大，与居民生活水平提高后对肉类的需求尚有差距。

**中国主要农产品增长**
对 2004 年以来农产品增长的经济解释

第六，牛奶产量在这一时期的增长波动明显。"十五"时期年均增长高达27.19%，为历史上各时期最高，到"十一五"时期，年均增速又降至5.71%。反映出这一产业发展缺乏稳定性，与居民消费结构升级对牛奶的高需求很不适应。

各时期主要农产品增速具体见表3。

表3　　　　全国主要农产品总产量各时期年均增长速度（%）

| 品种<br>时期 | 粮食 | 棉花 | 油料 | 蔬菜 | 瓜果 | 园林水果 | 肉类 | 牛奶 | 水产品 |
|---|---|---|---|---|---|---|---|---|---|
| "一五" | 3.54 | 4.69 | 0.01 | | | 5.86 | | | 13.34 |
| "二五" | -4.56 | -14.48 | -13.75 | | | -3.54 | | | -6.03 |
| "三五" | 4.29 | 1.65 | 0.80 | | | 2.94 | | | 1.31 |
| "四五" | 3.47 | 0.90 | 3.69 | | | 7.52 | | | 6.73 |
| "五五" | 2.41 | 2.60 | 11.21 | | | 4.77 | | 5.12 | 0.38 |
| "六五" | 3.41 | 8.91 | 15.47 | | | 11.37 | | 16.97 | 9.41 |
| "七五" | 3.31 | 1.68 | 0.44 | | | 10.00 | 8.2 | 10.71 | 11.90 |
| "八五" | 0.90 | 1.13 | 6.88 | | | 17.59 | 12.98 | 6.75 | 15.27 |
| "九五" | -0.19 | -1.51 | 5.60 | | | 8.11 | 2.71 | 7.50 | 8.04 |
| "十五" | 0.93 | 5.28 | 0.81 | | | 7.25 | 2.9 | 27.19 | 3.58 |
| "十一五" | 2.46 | 0.86 | 0.98 | 0.45 | 3.22 | 7.8 | 2.7 | 5.37 | 3.98 |
| 2003～2010年 | 3.46 | 2.96 | 2 | 2.7 | 2.95 | 7.91 | 3 | 4.02 | 10.8 |

资料来源：《改革开放三十年农业统计资料汇编》；《中国统计年鉴》（2011）；《农业统计年报》（2010）。

## （五）小结

总的来看，2004年以来，全国主要农产品的供给能力不断提高，粮食产量持续增产，其他适应老百姓消费需求升级的农产品稳定增长，为这一时期经济高速增长、宏观经济稳定与人民生活改善打下了坚实基础。在这八年间，三大主粮品种实现"八连增"是最难能可贵的,对于保证农产品供给与粮食安全起到了最重要的作用。鉴于粮食消费在国民消费中举足轻重,这一时期形成的粮食支持政策需要坚持并不断完善。水果、水产品、蔬菜、肉类和牛奶等产品的大幅增长,是可以预期的,因为随着人民收入水平的提高,对这些类农产品的旺盛需求,必然诱致农户和其他主体对这些产品的投入,从而促进其增长。但是,在高增长的背后也有隐患,粮食产量中,除三大主粮以外的豆类和薯类出现大幅减产;油料产量增长缓慢,大豆和植物油对国际市场的依赖加大;蔬菜和肉类产量增长乏力;玉米、牛奶、棉花、油料增长波动幅度过大,表明中国农产品供给既有近忧,更有远虑。

## 二、2004 年以来主要农产品单产和播种面积的变化

### (一) 2004 年以来主要农产品的单产变化

*1. 各主要农产品的单产情况*

2011 年与 2003 年底相比,粮食单产提高 19.22%。2004～2010 年间,三大主粮中,稻谷单产提高 8.12%,为三大主粮中单产提高较低的品种;玉米单产提高 13.32%;小麦单产提高 20.75%,为三大主粮中单产提高幅度最大的品种。与粮食单产增长情况类似,豆类单产也是粮食作物、乃至所有作物中提高幅度最小的作物。2010 年与 2003 年相比,大豆单产仅提高了 7.15%。三大主粮单产的提高,与这一时期国家在重点产粮区的技术攻关与突破有关。"十一五"期间,"国家粮食丰产科技工程"突出水稻、小麦、玉米"三大作物",立足东北、华北、长江中下游"三大平原",强化了攻关田、核心区、示范区、辐射区"一田三区"建设。全国五年累计建立"三区"面积 8.35 亿亩、增产粮食 4866万多吨,增产粮食占全国同期的 17% 以上,单产提高是全国平均水平的 2.7 倍。

棉花单产实现了连续七年稳步提高。2010 年与 2003 年相比，棉花单产提高了 29.23％，主要得益于育种技术取得重大突破。"九五"以来，中国利用转基因技术和传统育种技术，选育出一批丰产优质、抗病抗虫性较好的转基因抗虫棉品种，特别是中国的抗虫杂交棉育种、棉田间作套种等优质高产栽培技术均属国际领先水平①。

与油料②总产增长乏力相比，油料单产提高十分显著。2010 年与 2003 年相比，油料作物单产提高了近 24.05％。油料单产的提高，一方面得益于优质品种与高产栽培配套技术的推广，另一方面也受益于诸多扶植政策的实施。2005 年以来，全国油菜区域试验中，长江上游审定品种不仅抗病性、抗逆性显著增强，而且平均亩产提高到 350 斤左右，长江中游和下游区已接近 400 斤/亩的水平③。

瓜果和园林水果的单产表现与其总产量增长的表现一样，也好于其他作物。2010 年与 2003 年相比，瓜果单产提高 20.73％，水果单产提高了 39.27％。这两类作物单产的提高，与近些年优势产业带的能力建设有关。2002 年以来，农业部发布并实施苹果、柑桔等水果优势区域发展规划，先后投资 1.6 亿元在水果优势区的 61 个县建立了 61 个非疫区。"十一五"期间，农业部又在种子工程、农业综合开发、科技入户等项目中安排近 4 亿元，用于建设果树品种改良中心和良种苗木繁殖场，补贴柑桔苗木和苹果套袋，加快了果树良种苗木的推广应用，促进了水果生产能力的提升。

蔬菜单产提高较平稳。2010 年与 2003 年相比，蔬菜单产增长了 13.85％。蔬菜单产的增加，主要得益于设施蔬菜的大力推广和面积扩大。2004 年，设施蔬菜种植面积为 253.3 万公顷，到 2010 年底，设施蔬菜种植面积约达 466.7 万

---

① 参见棉花专题报告。
② 按照《新中国六十年农业统计资料》和《农业统计年报》（2010）的统计口径，这一部分讨论油料作物单产时，油料作物主要包括花生、油菜籽、芝麻、胡麻籽和向日葵。
③ 参见食用油专题报告。

公顷，翻了近一番。目前中国设施蔬菜种植面积分别占全国设施栽培的 95% 和世界设施园艺的 80%，成为世界上设施农业面积最大的国家。近几年，国家对设施农业科技十分重视，科技投入显著增加，"十一五"期间，科技部、农业部和国家自然科学基金委启动了一系列研究资助项目支撑设施蔬菜技术的创新。尽管如此，蔬菜单产的增长仍然是所有作物中偏低的。

2003～2010 年全国主要农作物单位面积产量变化见表 4 所示。

表4　　　　　2003～2010 年全国主要农作物单位面积产量变化　　单位：公斤/公顷

| 品种＼年份 | 2003 | 2004 | 2005 | 2006 | 2007 | 2008 | 2009 | 2010 | 2010 年与 2003 年相比增长（%） |
|---|---|---|---|---|---|---|---|---|---|
| 粮　食 | 4333 | 4621 | 4642 | 4716 | 4748 | 4951 | 4871 | 4974 | 14.79 |
| 稻　谷 | 6061 | 6311 | 6260 | 6279 | 6433 | 6563 | 6585 | 6553 | 8.12 |
| 小　麦 | 3932 | 4252 | 4275 | 4593 | 4608 | 4762 | 4739 | 4748 | 20.75 |
| 玉　米 | 4813 | 5120 | 5287 | 5326 | 5167 | 5556 | 5259 | 5454 | 13.32 |
| 大　豆 | 1653 | 1815 | 1705 | 1621 | 1454 | 1703 | 1630 | 1771 | 7.15 |
| 油　料 | 1875 | 2125 | 2149 | 2249 | 2270 | 2302 | 2310 | 2326 | 24.05 |
| 棉　花 | 951 | 1111 | 1129 | 1295 | 1286 | 1302 | 1289 | 1229 | 29.23 |
| 蔬　菜 | 30095 | 31357 | 31856 | 32425 | 32577 | 33140 | 33619 | 34263 | 13.85 |
| 瓜　果 | 29592 | 32359 | 32996 | 33406 | 33826 | 34926 | 34927 | 35726 | 20.73 |
| 园林水果 | 8002 | 8593 | 8805 | 9483 | 10047 | 10564 | 10994 | 11145 | 39.27 |

资料来源：《农业统计年报》（2010）；《新中国六十年农业统计资料》。

### 2. 与历史上各时期对比

"十五"和"十一五"时期，粮食单产与"九五"时期相比有所提高，但仍然不及"八五"以前各个时期的增速。其中，稻谷单产在"十五"时期甚至为负增长，仅 -0.04%。到"十一五"时期有所恢复，也仅为 0.92%，但仍然低于"一五"、"三五"、"五五"、"六五""七五"时期。玉米单产在"十五"时期增长 2.84%，"十一五"时期降到 0.62%，仍然低于历史上大多数时期的增长速度。只

**中国主要农产品增长**
对 2004 年以来农产品增长的经济解释

有小麦单产在这一时期是比较高的,"十五"为2.72%,"十一五"为2.12%,这个增长率为"七五"以来小麦产量增速的最高水平。豆类单产在"十五"和"十一五"时期的单产0.58%和-0.27%,处于新中国成立以来低水平上。

棉花在"十五"时期的单产年均提高0.65%,"十一五"时期的单产年均提高达到1.6%,为历史上各时期单产提高幅度较大的时期之一。油料单产在"十五"和"十一五"时期分别为2.29%和1.71%,也是各时期单产比较高的。具体见表5。

表5　　　　全国主要农作物单位面积产量各时期年均增长速度（%）

| 品种<br>时期 | 粮食 | 稻谷 | 小麦 | 玉米 | 大豆 | 棉花 | 油料 | 蔬菜 | 瓜果 |
|---|---|---|---|---|---|---|---|---|---|
| "一五" | 2 | 2.23 | 3.25 | 1.36 | -0.68 | 3.96 | -3.78 | | |
| "二五" | -2.75 | -2.77 | -4.21 | -2.43 | -2.78 | -5.46 | -4.44 | | |
| "三五" | 4.35 | 2.94 | 2.35 | 6.69 | 8.83 | 1.68 | 3.52 | | |
| "四五" | 3.16 | 0.67 | 7.4 | 4 | -1.04 | 1.07 | -0.84 | | |
| "五五" | 3.07 | 3.28 | 3.16 | 4.19 | 1.21 | 2.74 | 3.93 | | |
| "六五" | 4.96 | 4.49 | 8.94 | 2.97 | 4.37 | 7.96 | 6.64 | | |
| "七五" | 2.46 | 1.73 | 1.69 | 4.63 | 1.35 | 0 | 2.04 | | |
| "八五" | 1.51 | 1.02 | 2.09 | 1.68 | 2.69 | 1.74 | 3.02 | | |
| "九五" | 0.1 | 0.81 | 1.09 | -1.33 | -0.07 | 4.45 | 2.24 | | |
| "十五" | 1.73 | -0.04 | 2.72 | 2.84 | 0.58 | 0.65 | 2.29 | | |
| "十一五" | 1.39 | 0.92 | 2.12 | 0.62 | -0.27 | 1.60 | 1.71 | 1.47 | 1.60 |
| 2003～2010年 | 1.99 | 1.12 | 2.73 | 1.80 | 0.25 | 3.13 | 3.73 | 1.87 | 2.73 |

资料来源:《改革开放三十年农业统计资料汇编》;《中国统计年鉴》(2011);《农业统计年报》(2010)。

### (二) 2004～2010年主要农作物播种面积的变化

#### 1. 2004年以来主要农作物播种面积的变化

2004年以来,农作物总播种面积是增加的,2010年与2003年相比,农作物总播种面积从 228622.5 万亩增加到 241012.2 万亩，增加了 5.42%，为保证农产品增长和供给打下基础。

从主要农产品播种面积变化看，最引人注目的是粮食播种面积显著增加。2010 年与 2003 年相比，不仅粮食总播种面积增加了 10.53%，而且三大主粮品种——稻谷、小麦和玉米的播种面积都是增加的，其中稻谷播种面积增加了 12.7%，小麦播种面积增加了 10.27%，玉米播种面积增加最为显著，达到 35.3%。在粮食作物播种面积变化中，只有大豆播种面积是减少的，2010 年比 2003 年减少了 12.6%。

两种主要经济作物——棉花和油料的播种面积都是减少的。2010 年与 2003 年相比，棉花的播种面积减少了 5.12%；油料播种面积减少了 7.34%。

水果作为经济效益比较好的作物，不仅单产提高明显，播种面积也显著增加。2010 年与 2003 年相比，果园面积增加了 22.33%。有意思的是，同样经济效益尚佳且单产表现不错的蔬菜和瓜果，在播种面积上的表现却差强人意，2010 年与 2003 年相比，蔬菜种植面积仅增加了 5.83%，瓜果种植面积仅增加了 1.5%。

2003~2010 年全国主要农作物总播种面积变化见表 6 所示。

2. 与历史上各时期对比

从纵向来比较，粮食播种面积的变化也在朝着增加的方向发展。从表 6 可见，粮食播种面积在"八五"、"九五"和"十五"初期不断下降，年均分别减少 0.61%、0.29% 和 0.78%，"十五"后两年与整个"十一五"期间，粮食播种面积增长 1.05%。稻谷和小麦的情形也是如此。稻谷播种面积在"八五"、"九五"和"十五"初期年均分别下降 1.44%、0.51% 和 0.76%，"十一五"期间年均增长 0.7%。小麦播种面积在"八五"、"九五"和"十五"初期年均分别减少 1.26%、1.58% 和 3.08%，"十一五"期间年均增长了 1.25%。玉米播种面积尽管在前几个五年计划期为正，但在这段时期的增长也是处于历史高

中国主要农产品增长
对 2004 年以来农产品增长的经济解释

表 6         2003～2010 年全国主要农作物总播种面积变化         单位：万亩

| 年份 | 农作物总面积 | 粮食作物 | 稻谷 | 小麦 | 玉米 | 豆类 | 油料 | 棉花 | 蔬菜 | 瓜果类 | 果园 |
|---|---|---|---|---|---|---|---|---|---|---|---|
| 2003 | 228622 | 149116 | 39762 | 32995 | 36102 | 19348 | 22485 | 7666 | 26931 | 3531 | 14155 |
| 2004 | 230329 | 152409 | 42568 | 32439 | 38169 | 19198 | 21646 | 8539 | 26341 | 3220 | 14652 |
| 2005 | 233232 | 156418 | 43271 | 34189 | 39537 | 19352 | 21477 | 7593 | 26581 | 3312 | 15052 |
| 2006 | 228224 | 157437 | 43407 | 35420 | 42694 | 18224 | 17608 | 8724 | 24959 | 3369 | 15184 |
| 2007 | 230196 | 158458 | 43378 | 35581 | 44216 | 17669 | 16974 | 8889 | 25993 | 3377 | 15707 |
| 2008 | 234399 | 160189 | 43862 | 35426 | 44796 | 18177 | 19238 | 8631 | 26814 | 3385 | 16101 |
| 2009 | 237920 | 163479 | 44440 | 36436 | 46774 | 17923 | 20481 | 7423 | 27585 | 3500 | 16709 |
| 2010 | 241012 | 164814 | 44810 | 36385 | 48750 | 16914 | 20834 | 7273 | 28500 | 3584 | 17316 |
| 2010 年比 2003 年增加（%） | 5.42 | 10.53 | 12.70 | 10.27 | 35.03 | -12.58 | -7.34 | -5.12 | 5.83 | 1.50 | 22.33 |

资料来源：《中国统计年鉴》（2011），《新中国 60 年农业统计资料》，《农业统计年报》（2010）。

位，"八五"、"九五"期间玉米播种面积年均分别增长 1.25% 和 0.25%，"十五"期间年均增长 2.71%，"十一五"期间年均增长达到了 4.28%。在几种粮食作物中，只有大豆的情况不理想，"八五"、"九五"期间年均分别增长 1.46% 和 2.75%，"十五"期间降至年均 0.60%，到"十一五"时期甚至变为负增长，年均减少 2.35%，大豆种植趋势下降。见表 7。

棉花的播种面积在"八五"、"九五"时期不断下降，分别以年均 0.60% 和 5.71% 的速度减少；"十五"期间，这一局面有所改观，播种面积年均增长提高到 4.61%；但到"十一五"期间，棉花播种面积又出现负增长，年均减少 0.86%。与同样作为经济作物的棉花相比，油料播种面积的变化更令人担忧。在"八五"和"九五"期间，油料播种面积年均增长分别为 3.75% 和 3.29%；到了"十五"期间，变成了 -1.45%；"十一五"期间播种面积持续下滑，在"十五"播种面积减少的基础上，又年均减少了为 -0.61%。既是该作物在新中国

| 表7 | | | | 全国主要农作物播种面积各时期年均增长速度（%） | | | | | | |
|---|---|---|---|---|---|---|---|---|---|---|
| 品种<br>时期 | 总面积 | 粮食 | 稻谷 | 小麦 | 玉米 | 大豆 | 棉花 | 油料 | 蔬菜 | 瓜果类 | 果园 |
| "一五" | 2.17 | 1.51 | 2.58 | 2.14 | 3.53 | 1.77 | 0.7 | 3.94 | | | 6.62 |
| "二五" | -2.26 | -1.87 | -3.53 | -2.65 | -3.02 | -5.70 | -9.55 | -9.74 | | | -1.2 |
| "三五" | 0.03 | -0.06 | 1.64 | 0.60 | 0.2 | -1.46 | -0.02 | -2.63 | | | |
| "四五" | 0.83 | 0.30 | 2.00 | 1.67 | 3.27 | -2.60 | -0.17 | 4.56 | | | |
| "五五" | -0.43 | -0.64 | -1.06 | 0.84 | 1.55 | 0.64 | -0.14 | 7.00 | | | 3.75 |
| "六五" | -0.38 | -1.47 | -1.09 | 0.26 | -2.51 | 1.32 | 0.88 | 8.28 | 8.49 | 15.69 | 8.95 |
| "七五" | 0.65 | 0.83 | 1.11 | 1.03 | 3.88 | -0.41 | 1.68 | -1.57 | 5.92 | -4.77 | 13.61 |
| "八五" | 0.2 | -0.61 | -1.44 | -1.26 | 1.25 | 1.46 | -0.60 | 3.75 | 8.46 | 8.86 | 9.33 |
| "九五" | 0.84 | -0.29 | -0.51 | -1.58 | 0.25 | 2.75 | -5.71 | 3.29 | 9.88 | 13.16 | 2 |
| "十五" | -0.1 | -0.78 | -0.76 | -3.08 | 2.71 | 0.60 | 4.61 | -1.45 | 3.07 | 1.56 | 2.36 |
| "十一五" | 0.66 | 1.05 | 0.70 | 1.25 | 4.28 | -2.35 | -0.86 | -0.61 | 1.40 | 1.59 | 2.84 |
| 2003～<br>2010 年 | 0.76 | 1.44 | 1.72 | 1.41 | 4.38 | -1.27 | -0.75 | -1.08 | 0.81 | 0.21 | 2.92 |

资料来源：《改革开放三十年农业统计资料汇编》；《中国统计年鉴》（2011）；《农业统计年报》（2010）。

60 多年来各时期最低的，也是 2004 年以来所有农产品播种面积下降最为严重的。具体见图1。

　　蔬菜和瓜果种植面积的变化也值得关注。在"八五"和"九五"期间，蔬菜种植面积实现年均 8.46% 和 9.88% 的高增长，到"十五"期间年增长率尽管还保持在 3.07% 的水平，但已分别比上两个五年计划期减低了 5.4 个百分点和 6.8 个百分点。到了"十一五"期间，蔬菜的种植面积的增速仅为 1.4%，是"六五"以来有统计数据的最低水平。瓜果面积的变化没有蔬菜那么明显，但趋势一致。"八五"和"九五"时期年均增长分别为 8.86% 和 13.16%，"十五"期间年均增长减速，为 1.56%，"十一五"期间略增到 1.59%。

**中国主要农产品增长**
对 2004 年以来农产品增长的经济解释

（万亩）

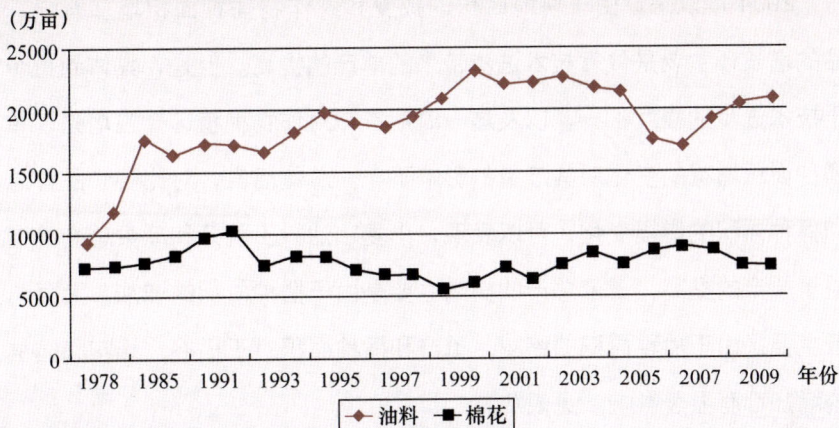

资料来源：《中国统计年鉴》(2011)。

果园面积的变化也耐人寻味。这类作物在"六五"、"七五"和"八五"三个时期分别实现 8. 95%、13. 61% 和 9. 33% 的高增长后，到"九五"期间下滑至年均 2% 的低增长，"十五"、"十一五"期间一直处于低速的平稳增长，分别为 2. 36% 和 2. 84%。具体见图 2。

图 2                1978 年以来蔬菜、瓜果种植面积和果园面积的变化

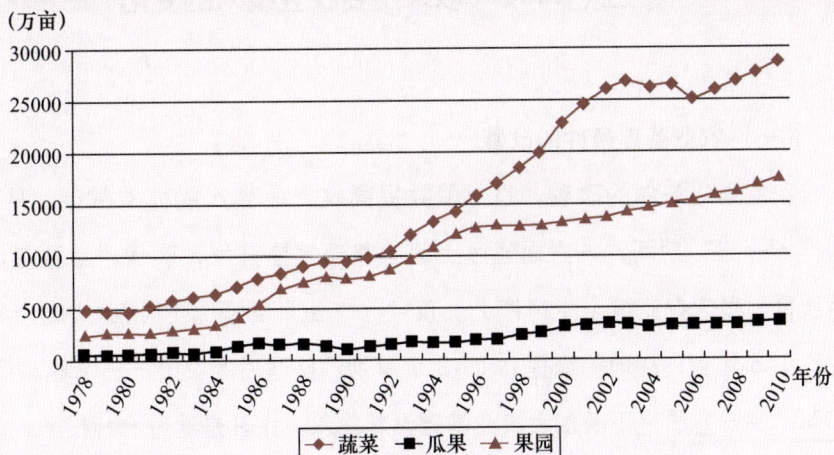

（万亩）

资料来源：《中国统计年鉴》(2011)。

（三）小结

2004 年以来，由于耕地面积的减少和农作物播种面积增加有限，主要农产品的增长，主要是依靠技术进步带来的单产的提高。但是，具体到每个品种，由于技术进步的程度不一，以及这一时期农户对作物种植选择性增强，单产提高和播种面积增减的变化对其产量的影响不一。总体而言，对比各个品种总产、单产和播种面积的增幅变化，可以发现，小麦、油料、蔬菜和瓜果总产的增加主要得益于单产的提高；玉米总产的提高主要是由于播种面积的增加；大豆总产量的降低主要是由于播种面积的缩减；单产和播种面积对于稻谷、棉花和园林水果总产的增加都有显著影响。见表 8。

表 8　2003～2010 年间主要农产品总产量、单位面积产量和播种面积的增长率（%）

|  | 粮食 | 稻谷 | 小麦 | 玉米 | 大豆 | 棉花 | 油料 | 蔬菜 | 瓜果 | 园林水果 |
|---|---|---|---|---|---|---|---|---|---|---|
| 总 产 | 26.9 | 21.9 | 33.2 | 53.0 | -10.9 | 22.6 | 14.9 | 20.5 | 22.5 | 47.4 |
| 单 产 | 14.8 | 8.1 | 20.8 | 13.3 | 7.2 | 24.1 | 29.2 | 13.9 | 20.7 | 39.3 |
| 播 面 | 10.5 | 12.7 | 10.3 | 35.0 | -12.6 | 22.3 | -7.3 | 5.8 | 1.5 | 22.3 |

# 三、2004 年以来主要农业投入的变化

## （一）农业基础条件的改善

农业基础条件的改善，是保障并提高农产品生产能力的基础。从"十五"到"十一五"期间，一方面通过土地的整理复垦开发，确保耕地数量，提高耕地质量，稳定农业综合生产能力。仅"十一五"期间就以此建成高产稳产基本农田 1.6 亿亩，耕地等级提高 1～2 个等别，整理后的农田产出率提高了 10%～20%。另一方面是不断加大农业基础设施投入，尤其是通过水利投入，改善农产品生产条件。在"十五"和"十一五"时期，国家财政用于水利建设的资金达

5427 亿元，兴建和兴修大型灌渠（3.3 万公顷以上）30 座、大型水库（库容 1 亿立方米以上）1752 座。地方在水利建设的资金配套也达 5200 亿元。农田基础设施的改善，使近几年农田有效灌溉率有所提高。2003～2010 年间，全国农田有效灌溉面积从 81021.3 万亩增加到 90521.5 万亩，有效灌溉面积占农作物总播种面积的比重从 35.4% 增加到 37.6%。与改革以来的各时期相比，这一期间有效灌溉面积也有所增加。从 1978～1985 年，有效灌溉面积占农作物播种面积的比重仅增加 0.7 个百分点，基本处于停滞状态；1985～2000 年，有效灌溉面积年均增长率为 1.35%，占播种面积的比重提高了 3.7 个百分点；2000～2010 年，有效灌溉面积年均增长率为 1.15%，占播种面积的比重提高了 3.2 个百分点。有效灌溉面积的增加，表明国家近几年对改善农业基础条件和增加水利等投资的各项政策措施，开始初见成效。具体见表 9 所示。

**表 9　1978～2010 年全国农地有效灌溉面积占农作物总播种面积的比重**　单位：万亩

| 年份 | 有效灌溉面积 | 农作物总播种面积 | 有效灌溉面积占农作物播种面积比重（%） | 年份 | 有效灌溉面积 | 农作物总播种面积 | 有效灌溉面积占农作物播种面积比重（%） |
|---|---|---|---|---|---|---|---|
| 1978 | 67447.5 | 225156.1 | 30.0 | 1999 | 79737.6 | 234559.2 | 34.0 |
| 1980 | 67332.1 | 219569.3 | 30.7 | 2000 | 80730.5 | 234449.8 | 34.4 |
| 1985 | 66053.9 | 215438.8 | 30.7 | 2001 | 81374.1 | 233561.8 | 34.8 |
| 1990 | 71104.7 | 222543.4 | 32.0 | 2002 | 81532.4 | 231953.3 | 35.2 |
| 1991 | 71733.2 | 224378.7 | 32.0 | 2003 | 81021.3 | 228622.4 | 35.4 |
| 1992 | 72885.2 | 223510.7 | 32.6 | 2004 | 81717.6 | 230328.8 | 35.5 |
| 1993 | 73091.9 | 221611.1 | 33.0 | 2005 | 82544.0 | 233231.6 | 35.4 |
| 1994 | 73138.7 | 222360.9 | 32.9 | 2006 | 83625.7 | 228223.5 | 36.6 |
| 1995 | 73921.8 | 224819 | 32.9 | 2007 | 84777.5 | 230195.9 | 36.8 |
| 1996 | 75572.1 | 228570.9 | 33.1 | 2008 | 87707.5 | 234398.5 | 37.4 |
| 1997 | 76857.8 | 230953.8 | 33.3 | 2009 | 88892.1 | 237920.3 | 37.4 |
| 1998 | 78443.4 | 233558.6 | 33.6 | 2010 | 90521.5 | 241012.2 | 37.6 |

资料来源：《中国统计年鉴》（2011）。

（二）农作物用工的变化

长期以来，中国由于农村劳动力过剩，以多劳动投入增加土地产出，是增加农产品产量的主要方式。但是，随着 2004 年以来农村劳动力供给进入拐点，用工成本明显上升。面对劳动力供求关系的变化和工资成本上升，农民家庭在进行劳动力配置时，普遍采取了减少农业用工投入的策略。其直接的结果是，21 世纪以来，农业用工量出现全面大幅下降。

从 2003～2010 年，稻谷亩均用工量从 13.1 个工日/亩下降至 7.82 个工日/亩；小麦亩均用工量从 9 个工日/亩降至 5.64 个工日/亩；玉米亩均用工量从 11.3 个工日/亩降至 7.33 个工日/亩。主要经济作物的用工量也大大下降，其中，棉花用工量下降最为显著，亩均用工量从 27.1 个工日/亩降至 21.82 个工日/亩；油料作物亩均用工量从 12.7 个工日/亩降至 9.15 个工日/亩。另外，蔬菜亩均用工量也从 43.6 个工日/亩降至 38.42 个工日/亩；唯有水果的亩均用工量是上升的，以苹果为例，其亩均用工量从 38.1 个工日/亩增至 43.69 个工日/亩。

事实上，各类作物亩均用工量的下降从 20 世纪 90 年代后就开始了。2003 年以后各种农业用工量的下降延续着这一趋势，而且随着农村劳动力的净减少和农村劳动力跨区域流动加速，各种农作物亩均用工量下降更为显著。总之，除苹果和棉花外，其他作物在 2000 年以后用工量的减少程度都要大于 90 年代末到 2000 年之前的程度（见表 10）。

（三）农用生产资料投入的变化

新中国成立以来，化肥、农药、农用薄膜等农资投入的增加，一直是提高土地产出、增加农产品产量的主要因素。2003～2010 年间，化肥、农药、农用薄膜使用量仍然处于增加趋势，化肥增长了 26.1%，农药增长了 32.7%，农用薄膜增长了 36.5%。这表明，在这一时期，这些能够提高土地产出的投入增长，

**中国主要农产品增长**
对 2004 年以来农产品增长的经济解释

表 10

| 年　份 | 三种粮食 | 稻谷 | 小麦 | 玉米 | 大豆 | 两种油料 | 棉花 | 蔬菜 | 苹果 |
|---|---|---|---|---|---|---|---|---|---|
| 1990 | 17.3 | 20.6 | 14 | 17.3 | 12 | 21.2 | 44.3 | | |
| 1991 | 15.8 | 19.9 | 13 | 14.6 | 10.4 | 19.6 | 44.3 | | 60.4 |
| 1992 | 15.9 | 19.3 | 12.2 | 16.4 | 10.7 | 18 | 41 | | 63.3 |
| 1993 | 15.8 | 19.2 | 13 | 15.3 | 11.1 | 19.2 | 41.4 | | 64.9 |
| 1994 | 15.1 | 18.6 | 12 | 14.7 | 11 | 18.5 | 43.3 | | 72.2 |
| 1995 | 15.9 | 19 | 12.7 | 16 | 10.7 | 18.6 | 41.7 | | 65.2 |
| 1996 | 15.7 | 19 | 12.4 | 16 | 11.4 | 17.4 | 41.8 | | 71.9 |
| 1997 | 15.3 | 17.8 | 12.2 | 15.9 | 11.2 | 18.2 | 38.8 | | 71.3 |
| 1998 | 13.8 | 16.4 | 10.8 | 14.2 | 9.3 | 17.2 | 34.4 | 50.44 | 48.8 |
| 1999 | 12.8 | 15.1 | 10.5 | 12.8 | 7.9 | 14.5 | 30.2 | 51.23 | 48.2 |
| 2000 | 12.2 | 14.6 | 7.9 | 12.4 | 7.4 | 14.2 | 29.1 | 47.06 | 43.9 |
| 2001 | 12 | 14.1 | 9.5 | 12.4 | 7.4 | 14.2 | 30 | 45.24 | 38.1 |
| 2002 | 11.5 | 13.3 | 9.3 | 11.7 | 7.2 | 12.6 | 29.2 | 43.86 | 34.7 |
| 2003 | 11.1 | 13.1 | 9 | 11.3 | 7.5 | 12.7 | 27.1 | 43.6 | 38.1 |
| 2004 | 9.97 | 11.85 | 8.1 | 9.97 | 5.18 | 11.37 | 24.63 | 51.25 | 42.7 |
| 2005 | 9.59 | 11.39 | 7.91 | 9.49 | 5.11 | 10.91 | 24.86 | 46.14 | 39.82 |
| 2006 | 8.68 | 10.37 | 7.01 | 8.67 | 4.65 | 10.4 | 25.04 | 44.3 | 41.64 |
| 2007 | 8.18 | 9.65 | 6.6 | 8.29 | 4.53 | 9.96 | 24.85 | 42.52 | 36.28 |
| 2008 | 7.69 | 9.06 | 6.1 | 7.9 | 3.89 | 9.69 | 23.09 | 39.06 | 39.41 |
| 2009 | 7.22 | 8.35 | 5.81 | 7.5 | 3.94 | 9.15 | 21.8 | 38.03 | 42.3 |
| 2010 | 6.93 | 7.82 | 5.64 | 7.33 | 3.43 | 9.15 | 21.82 | 38.42 | 43.69 |

**1990～2010 年全国主要农产品每亩用工量** 单位：日/亩

资料来源：《全国农产品收益资料汇编》（2007，2011）。

仍然是增加农产品产量的重要因素。但是我们也发现，投入的增速从 2004 年以来明显比之前有所降低。具体而言，化肥使用量在 1978～2002 年间年均增加 12%，2002～2010 年间年均增速降到了 3%；农药使用量在 1991～2002 年间年均增加 5.2%，2002～2010 年间年均增速降到了 3.7%；农用薄膜使用量在 1991～2002 年间年均增加 8%，2002～2010 年的年均增速降到了 4.5%。这预示着，随着农业生产资料价格不断上涨和农业用工成本不断上升，农民增加收入的可选空间加大，农户对靠增加农资投入来增加土地产出的激励减低（见表11）。

**表11** 　　　　1978~2010 年间全国农用化肥、农膜和农药使用量　　　　单位：万吨

| 年份 | 化肥 | 农药 | 农用塑料薄膜 | 年份 | 化肥 | 农药 | 农用塑料薄膜 |
|---|---|---|---|---|---|---|---|
| 1978 | 884 | | | 1999 | 4124.3 | 132.2 | 125.9 |
| 1980 | 1269.4 | | | 2000 | 4146.4 | 128 | 133.5 |
| 1985 | 1775.8 | | | 2001 | 4253.8 | 127.5 | 144.9 |
| 1990 | 2590.3 | | | 2002 | 4339.4 | 131.1 | 153.1 |
| 1991 | 2805.1 | 76.5 | 64.3 | 2003 | 4411.6 | 132.5 | 159.2 |
| 1992 | 2930.2 | 79.9 | 78.1 | 2004 | 4636.6 | 138.6 | 168 |
| 1993 | 3151.9 | 84.5 | 70.7 | 2005 | 4766.2 | 146 | 176.2 |
| 1994 | 3317.9 | 97.9 | 88.7 | 2006 | 4927.7 | 153.7 | 184.5 |
| 1995 | 3593.7 | 108.7 | 91.5 | 2007 | 5107.8 | 162.3 | 193.7 |
| 1996 | 3827.9 | 114.1 | 105.6 | 2008 | 5239 | 167.2 | 200.7 |
| 1997 | 3980.7 | 119.5 | 116.2 | 2009 | 5404.4 | 170.9 | 208 |
| 1998 | 4083.7 | 123.2 | 120.7 | 2010 | 5561.7 | 175.8 | 217.3 |

资料来源：《中国统计年鉴》（2011）；《新中国农业60年统计资料》；《农业统计年报》（2010）。

（四）农业机械化水平提高与农业机械投入大幅增加

改革开放30多年来，全国农业机械总动力一直在快速增长。1978~2002年间，全国农用机械总动力从11749.9万千瓦增加到57929.9万千瓦，年均增长6.9%。2004年以来，全国农用机械总动力继续保持了年均6%的高增长，2010年底为92780.5万千瓦，到2011年底预计为9.7亿千瓦（见表12）。

同期主要农业机械拥有量也快速增加。2003~2010年间，水稻插秧机增加了400%；大中型拖拉机及其配套农具分别增加了300%和261%；联合收割机增加了174%；播种机增加了61%，等等（见表13）。

中国主要农产品增长
对2004年以来农产品增长的经济解释

表 12 **2003 年以来全国农用机械总动力** 单位：万千瓦

| 年份 | 农用机械总动力 | 年份 | 农用机械总动力 | 年份 | 农用机械总动力 |
|---|---|---|---|---|---|
| 2003 | 60386.5 | 2006 | 72522.1 | 2009 | 87496.1 |
| 2004 | 64027.9 | 2007 | 76589.6 | 2010 | 92780.5 |
| 2005 | 68397.8 | 2008 | 82190.4 | | |

资料来源：《中国统计年鉴》（2011）。

表 13 **2003～2010 年间全国主要农业机械拥有量** 单位：万台/套/辆

| 年份<br>类别 | 2003 | 2004 | 2005 | 2006 | 2007 | 2008 | 2009 | 2010 |
|---|---|---|---|---|---|---|---|---|
| 大中型拖拉机 | 98.1 | 111.9 | 139.6 | 171.8 | 206.3 | 299.5 | 351.6 | 392.2 |
| 小型拖拉机 | 1377.7 | 1454.9 | 1526.9 | 1567.9 | 1619.1 | 1722.4 | 1750.9 | 1785.8 |
| 大中型拖拉机配套农具 | 169.8 | 188.7 | 226.2 | 261.5 | 308.3 | 435.4 | 542.1 | 612.9 |
| 农用排灌动力机械 | 1601.2 | 1675.4 | 1752.7 | 1866.5 | 1926.1 | 2034.9 | 2085.7 | |
| 联合收获机 | 36.2 | 40.7 | 47.7 | 56.8 | 63.2 | 74.4 | 85.5 | 99.2 |
| 播种机 | 299.3 | 327.3 | 364.2 | 393.6 | 424.2 | 482.1 | | |
| 水稻插秧机 | 6.0 | 6.7 | 8.0 | 11.2 | 15.6 | 20.0 | 26.1 | 30.0 |
| 机动脱粒机 | 883.7 | 914.7 | 929.0 | 969.4 | 982.9 | 963.2 | 987.9 | 1016.8 |
| 节水灌溉类机械 | 107.2 | 109.8 | 115.1 | 119.1 | 127.0 | 134.5 | 137.6 | 154.1 |
| 农用水泵 | 1575.6 | 1646.2 | 1727.3 | 1840.5 | 1910.5 | 1979.2 | 2040.6 | 2108.8 |
| 农用运输车 | 1028.6 | 1119.3 | 1119.4 | 1236.2 | 1295.7 | 1320.8 | 1345.0 | 1361.4 |

资料来源：《中国农业年鉴》（2001～2011）。

　　伴随农用机械拥有量的迅速增加，农田机械化水平也大幅提高。2003 年以后，农业机械使用率迅速提高。2003～2011 年间，全国耕、种、收综合机械化水平从 32.5% 提高到 54.5%。三大主粮中，小麦耕、种、收全部实现机械化，薄弱环节机械化生产也在快速推进，玉米收获机械化水平达到 33%，水稻种植、收获机械化水平达到 25% 和 67.5%（见表 14）。

表 14

全国主要农田机械化水平发展情况（%）

| 年　份 | 耕、种、收综合机械化水平 | 机耕水平 | 机播水平 | 机收水平 |
|---|---|---|---|---|
| 2003 | 32.5 | 46.8 | 26.7 | 19.0 |
| 2004 | 34.4 | 48.9 | 28.8 | 20.4 |
| 2005 | 35.9 | 50.2 | 30.3 | 22.6 |
| 2006 | 39.3 | 55.4 | 32.0 | 25.1 |
| 2007 | 42.5 | 58.9 | 34.4 | 28.6 |
| 2008 | 45.9 | 63.0 | 37.7 | 31.2 |
| 2009 | 49.1 | 66.0 | 41.0 | 34.7 |

注：耕、种、收综合机械化水平计算方法：按照机耕、机播、机收水平分别为 0.4、0.3、0.3 的权重计算。

资料来源：《中国农业机械工业年鉴》（2001~2010）。

## （五）小结

总的来看，2004 年以来中国农业投入的变化，与这一时期人口与劳动力供求关系的变化高度相关。由于农村剩余劳动力减少，劳动力供求进入"刘易斯转折点区间"，农民对农业用工投入大幅减少，除蔬菜和苹果外的种植业农产品的亩用工数量相对于 1978 年平均下降了 30%~50%。劳动力的供给短缺和农业劳动力相对价格上升，推动了机械对劳动的替代进程，表现为 2004 年以来农业机械的总动力、全国主要农业机械的拥有量以及农田耕、种、收机械化水平的大幅度提高。与此同时，农户尽管对提高土地产出的化肥、农药、农用薄膜的现代投入量有所增加，但是，这类投入的增速已大大下降。三种主要农业投入的巨大变化，表明中国农业正从以高劳动投入提高土地生产率的传统农业增长方式向以增加机械投入提高劳动生产率的现代农业增长方式转型。这既是中国现代农业发展的机遇，也将面临前所未有的挑战。

## 四、2004 年以来主要农产品的成本与收益率的变化

### （一）2004 年以来农产品的成本与结构变动

2004 年以来，主要农产品的成本进入新一轮的上升通道。从每 50 公斤主要农产品的总成本来看，90 年代初期主要农产品的生产成本经历了一轮上涨，到 90 年代中后期其生产成本增长势头放缓，甚至有所下降。2004 年以来又出现较大幅度增长。具体见表 15。

表 15　　　　　　　　2003 年以来每 50 公斤主要农产品总成本变化　　　　　单位：元

| 年　份 | 三种粮食平均 | 稻谷 | 小麦 | 玉米 | 大豆 | 两种油料平均 | 棉花 | 蔬菜 | 苹果 |
|---|---|---|---|---|---|---|---|---|---|
| 2003 | 51.84 | 48.69 | 61.94 | 44.67 | 102.33 | 118.8 | 444.35 | 19.74 | 33.68 |
| 2004 | 47.25 | 49.06 | 50.44 | 42.72 | 93.88 | 103.53 | 419.42 | 24.66 | 34.2 |
| 2005 | 52.27 | 55.84 | 57.33 | 44.65 | 98.66 | 114.75 | 460.68 | 25.55 | 35.11 |
| 2006 | 53.39 | 57.99 | 55.48 | 46.9 | 100.32 | 114.46 | 437.7 | 28.18 | 41.25 |
| 2007 | 56.91 | 60.32 | 58.79 | 51.68 | 129.36 | 128.77 | 467.42 | 29.46 | 69.23 |
| 2008 | 62.75 | 70.23 | 62.23 | 55.58 | 121.8 | 148.39 | 530.74 | 31.05 | 57.34 |
| 2009 | 69.16 | 72.44 | 73.03 | 62.21 | 143.4 | 152.7 | 522.26 | 32.35 | 89.68 |
| 2010 | 77.58 | 84.04 | 81.58 | 67.89 | 142.38 | 188.46 | 710.31 | 38.51 | 103.18 |

注：三种粮食包括稻谷、小麦和玉米，两种油料包括花生和油菜籽，以下各表相同。
资料来源：《全国农产品收益资料汇编》（2007，2011）。

从成本构成来看，2003～2010 年间，不同作物各项费用的上升趋势及在总成本中的比重也不尽相同（见图 3）。

三大主粮的总成本从 377.03 元/亩增加到 2010 年的 672.67 元/亩，年均增长 8.6%。在总成本构成中，物质与服务费用从 186.64 元增加到 312.49 元，年

图 3

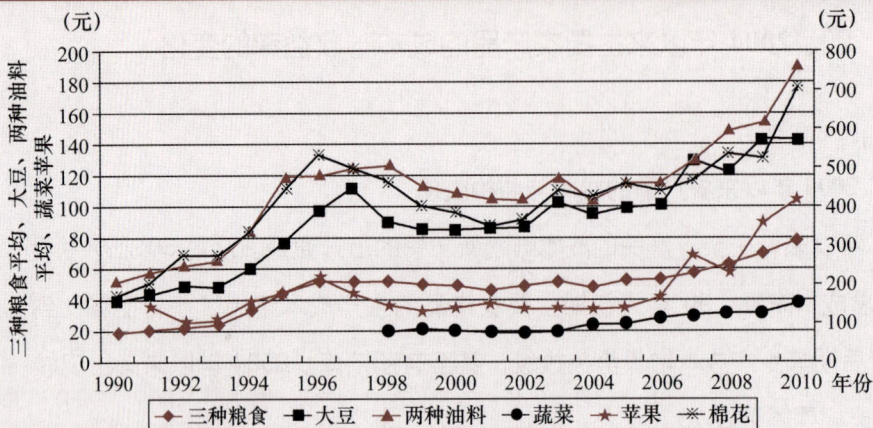

资料来源：《全国农产品收益资料汇编》(2007，2011 年)。

均增长 7.6%，占总成本的比重从 49.5% 降到 46.46%；人工成本从 137.66 元增加到 226.9 元，年均增长 7.4%，占总成本的比重从 36.51% 降到 33.73%；土地成本从 52.73 元增加到 133.28 元，年均增长 14.2%，是近几年上升最快的，占总成本的比重也处于上升态势，从 13.99% 增加到 19.81%。具体见表 16。

**表 16**  　　　　**2003 年以来三种粮食平均生产成本情况**  　　　　单位：元/亩

| 年 份<br>项 目 | 2003 | 2004 | 2005 | 2006 | 2007 | 2008 | 2009 | 2010 |
|---|---|---|---|---|---|---|---|---|
| 总成本 | 377.03 | 395.45 | 425.02 | 444.90 | 481.06 | 562.42 | 600.41 | 672.67 |
| 物质与服务费用 | 186.64 | 200.12 | 211.63 | 224.75 | 239.87 | 287.78 | 297.40 | 312.49 |
| 占总成本的比重（%） | 49.50 | 50.61 | 49.79 | 50.52 | 49.86 | 51.17 | 49.53 | 46.46 |
| 人工成本 | 137.66 | 141.26 | 151.37 | 151.90 | 159.55 | 175.02 | 188.39 | 226.90 |
| 占总成本的比重（%） | 36.51 | 35.72 | 35.61 | 34.14 | 33.17 | 31.12 | 31.38 | 33.73 |
| 土地成本 | 52.73 | 54.07 | 62.02 | 68.25 | 81.64 | 99.62 | 114.62 | 133.28 |
| 占总成本的比重（%） | 13.99 | 13.67 | 14.59 | 15.34 | 16.97 | 17.71 | 19.09 | 19.81 |

注：三种粮食包括稻谷、小麦和玉米。

资料来源：《全国农产品收益资料汇编》(2007，2011)。

在粮食作物中，2003～2010 年间，生产稻谷的总成本从 416.66 元/亩增加到 766.63 元/亩，年均增长 9.1%。其中，物质和服务费用年均增长 8.1%，占总成本的比重从 49.77% 下降到 46.78%；人工成本年均增长 8.3%，占总成本的比重从 36.65% 下降到 34.77%；土地成本年均增长 14%，占总成本得比重从 13.57% 增加到 18.45%。具体见表 17。

表 17　　　　　　　　　2003 年以来稻谷平均生产成本情况　　　　　　单位：元/亩

| 年 份 / 项 目 | 2003 | 2004 | 2005 | 2006 | 2007 | 2008 | 2009 | 2010 |
|---|---|---|---|---|---|---|---|---|
| 总成本 | 416.66 | 454.64 | 493.31 | 518.23 | 555.16 | 665.10 | 683.12 | 766.63 |
| 物质与服务费用 | 207.39 | 226.24 | 242.45 | 255.21 | 275.93 | 341.41 | 333.77 | 358.62 |
| 占总成本的比重（%） | 49.77 | 49.76 | 49.15 | 49.25 | 49.70 | 51.33 | 48.86 | 46.78 |
| 人工成本 | 152.72 | 171.44 | 184.54 | 186.33 | 194.35 | 214.65 | 226.82 | 266.58 |
| 占总成本的比重（%） | 36.65 | 37.71 | 37.41 | 35.96 | 35.01 | 32.27 | 33.20 | 34.77 |
| 土地成本 | 56.55 | 56.96 | 66.32 | 76.69 | 84.88 | 109.04 | 122.53 | 141.43 |
| 占总成本的比重（%） | 13.57 | 12.53 | 13.44 | 14.80 | 15.29 | 16.39 | 17.94 | 18.45 |

资料来源：《全国农产品收益资料汇编》（2007，2011）。

小麦生产的总成本从 2003 年的 339.64 元/亩提高到 2010 年的 618.63 元/亩，年均增长 8.9%。其中，物质和服务费用年均增长 8%，占总成本的比重从 54.52% 下降到 51.46%；人工成本年均增长 8.2%，占总成本的比重从 30.27% 下降到 28.91%；土地成本年均增长 13%，占总成本的比重从 15.21% 增加到 19.63%。具体见表 18。

玉米生产的总成本从 2003 年的 347.63 元/亩提高到 2010 年的 632.59 元/亩，年均增长 8.9%。其中，物质和服务费用年均增长 6.5%，占总成本的比重从 48.16% 下降到 41.19%；人工成本年均增长 8.8%，占总成本的比重从 37.46% 下降到 37.16%；土地成本年均增长 15.5%，占总成本的比重从 14.38% 增加到 21.65%。具体见表 19。

| 表 18 | | | | 2003 年以来小麦平均生产成本情况 | | | | | 单位：元/亩 |
|---|---|---|---|---|---|---|---|---|---|
| 年份 项目 | 2003 | 2004 | 2005 | 2006 | 2007 | 2008 | 2009 | 2010 | |
| 总成本 | 339.64 | 355.92 | 389.61 | 404.77 | 438.61 | 498.55 | 567.00 | 618.63 | |
| 物质与服务费用 | 185.16 | 200.28 | 216.35 | 230.56 | 245.01 | 278.69 | 317.48 | 318.35 | |
| 占总成本的比重（%） | 54.52 | 56.27 | 55.53 | 56.96 | 55.86 | 55.90 | 55.99 | 51.46 | |
| 人工成本 | 102.81 | 111.84 | 121.34 | 119.61 | 124.72 | 133.19 | 145.64 | 178.83 | |
| 占总成本的比重（%） | 30.27 | 31.42 | 31.14 | 29.55 | 28.44 | 26.72 | 25.69 | 28.91 | |
| 土地成本 | 51.67 | 43.80 | 51.92 | 54.60 | 68.88 | 86.67 | 103.88 | 121.45 | |
| 占总成本的比重（%） | 15.21 | 12.31 | 13.33 | 13.49 | 15.70 | 17.38 | 18.32 | 19.63 | |

资料来源：《全国农产品收益资料汇编》（2007，2011）。

| 表 19 | | | | 2003 年以来玉米平均生产成本情况 | | | | | 单位：元/亩 |
|---|---|---|---|---|---|---|---|---|---|
| 年份 项目 | 2003 | 2004 | 2005 | 2006 | 2007 | 2008 | 2009 | 2010 | |
| 总成本 | 347.63 | 375.70 | 392.28 | 411.77 | 449.70 | 523.45 | 551.10 | 632.59 | |
| 物质与服务费用 | 167.43 | 173.77 | 176.08 | 188.38 | 198.74 | 243.31 | 241.05 | 260.54 | |
| 占总成本的比重（%） | 48.16 | 46.25 | 44.89 | 45.75 | 44.19 | 46.48 | 43.74 | 41.19 | |
| 人工成本 | 130.22 | 140.49 | 148.38 | 149.94 | 159.78 | 176.98 | 192.61 | 235.10 | |
| 占总成本的比重（%） | 37.46 | 37.39 | 37.83 | 36.41 | 35.53 | 33.81 | 34.95 | 37.16 | |
| 土地成本 | 49.98 | 61.44 | 67.82 | 73.45 | 91.18 | 103.16 | 117.44 | 136.95 | |
| 占总成本的比重（%） | 14.38 | 16.35 | 17.29 | 17.84 | 20.28 | 19.71 | 21.31 | 21.65 | |

资料来源：《全国农产品收益资料汇编》（2007，2011）。

大豆生产的总成本从 2003 年的 254.65 元/亩提高到 2010 年的 431.20 元/亩，年均增长 7.8%。其中，物质和服务费用年均增长 5.8%，占总成本的比重从 43.7% 下降到 38.28%；人工成本年均增长 4.2%，占总成本的比重从 33.99% 下降到 26.74%；土地成本年均增长 15%，占总成本的比重从 22.31% 上升到 34.97%。具体见表 20。

中国主要农产品增长
对 2004 年以来农产品增长的经济解释

表 20　　　　　　　　　2003 年以来大豆平均生产成本情况　　　　　　　　　单位：元/亩

| 项　目 ＼ 年　份 | 2003 | 2004 | 2005 | 2006 | 2007 | 2008 | 2009 | 2010 |
|---|---|---|---|---|---|---|---|---|
| 总成本 | 254.65 | 253.05 | 270.54 | 267.53 | 291.75 | 347.99 | 378.19 | 431.20 |
| 物质与服务费用 | 111.27 | 116.75 | 113.79 | 109.71 | 116.74 | 153.71 | 144.82 | 165.08 |
| 占总成本的比重（%） | 43.70 | 46.14 | 42.06 | 41.01 | 40.01 | 44.17 | 38.29 | 38.28 |
| 人工成本 | 86.56 | 74.16 | 81.53 | 81.87 | 87.70 | 88.32 | 103.53 | 115.31 |
| 占总成本的比重（%） | 33.99 | 29.31 | 30.14 | 30.60 | 30.06 | 25.38 | 27.38 | 26.74 |
| 土地成本 | 56.82 | 62.14 | 75.22 | 75.95 | 87.31 | 105.96 | 129.84 | 150.81 |
| 占总成本的比重（%） | 22.31 | 24.56 | 27.80 | 28.39 | 29.93 | 30.45 | 34.33 | 34.97 |

资料来源：《全国农产品收益资料汇编》（2007，2011）。

与粮食作物的成本上升和结构变动相比，经济作物和蔬果的成本变动特征有同有异。棉花生产的总成本从 2003 年的 677.43 元/亩增加到 2010 年的 1323.85 元/亩，年均增长 10%。其中，物质和服务费用年均增长 5.7%，占总成本的比重从 42.03%降低到 31.72%；人工成本年均增长 13%，占总成本的比重从 45.67%提高到 55.01%；土地成本年均增长 11.2%。占总成本的比重从 12.3%上升到 13.27%。具体见表 21。

表 21　　　　　　　　　2003 年以来棉花平均生产成本情况　　　　　　　　　单位：元/亩

| 项　目 ＼ 年　份 | 2003 | 2004 | 2005 | 2006 | 2007 | 2008 | 2009 | 2010 |
|---|---|---|---|---|---|---|---|---|
| 总成本 | 677.43 | 743.10 | 791.50 | 870.35 | 965.56 | 1079.97 | 1131.44 | 1323.85 |
| 物质与服务费用 | 284.72 | 297.80 | 295.49 | 323.03 | 346.19 | 403.39 | 393.64 | 419.89 |
| 占总成本的比重（%） | 42.03 | 40.08 | 37.33 | 37.11 | 35.85 | 37.35 | 34.79 | 31.72 |
| 人工成本 | 309.36 | 354.78 | 397.43 | 442.61 | 490.70 | 527.08 | 568.18 | 728.25 |
| 占总成本的比重（%） | 45.67 | 47.74 | 50.21 | 50.85 | 50.82 | 48.81 | 50.22 | 55.01 |
| 土地成本 | 83.35 | 90.52 | 98.58 | 104.71 | 128.67 | 149.50 | 169.62 | 175.71 |
| 占总成本的比重（%） | 12.30 | 12.18 | 12.45 | 12.03 | 13.33 | 13.84 | 14.99 | 13.27 |

资料来源：《全国农产品收益资料汇编》（2007，2011）。

两种油料（花生和油菜籽）平均的生产总成本从 2003 年的 346.29 元/亩增加到 2010 年的 644.55 元/亩，年均增长 9.3%。其中，物质和服务费用年均增长 7.8%，占总成本的比重从 42% 降低到 38.24%；人工成本年均增长 9.1%，占总成本的比重从 45.13% 降至 44.72%；土地成本年均增长 13.7%，占土地成本的比重从 12.89% 降至 17.05%。具体见表 22。

**表 22**　　　　　　　　**2003 年以来两种油料平均生产成本情况**　　　　　　单位：元/亩

| 项　目　＼　　年　份 | 2003 | 2004 | 2005 | 2006 | 2007 | 2008 | 2009 | 2010 |
|---|---|---|---|---|---|---|---|---|
| 总成本 | 346.29 | 368.76 | 384.58 | 407.76 | 459.11 | 535.53 | 557.36 | 644.55 |
| 物质与服务费用 | 145.40 | 169.12 | 166.62 | 177.80 | 201.50 | 239.73 | 233.94 | 246.46 |
| 占总成本的比重（%） | 41.99 | 45.86 | 43.33 | 43.60 | 43.89 | 44.76 | 41.97 | 38.24 |
| 人工成本 | 156.27 | 156.80 | 168.83 | 177.07 | 188.15 | 211.19 | 229.46 | 288.22 |
| 占总成本的比重（%） | 45.13 | 42.52 | 43.90 | 43.43 | 40.98 | 39.44 | 41.17 | 44.72 |
| 土地成本 | 44.62 | 42.84 | 49.13 | 52.89 | 69.46 | 84.61 | 93.96 | 109.87 |
| 占总成本的比重（%） | 12.89 | 11.62 | 12.77 | 12.97 | 15.13 | 15.80 | 16.86 | 17.05 |

资料来源：《全国农产品收益资料汇编》（2007，2011）。

蔬菜生产的总成本从 2003 年的 1311.16 元/亩增加到 2010 年的 2698.52 元/亩，年均增长 10.9%。其中，物质和服务费用年均增长 5.8%，占总成本的比重由 58.17% 下降到 41.99%；人工成本年均增长 15.2%，占总成本的比重从 37.76% 增加到 49.45%；土地成本年均增长 23.3%，占总成本的比重从 4.07% 增加到 8.57%。具体见表 23。

在几种主要水果中，苹果生产的总成本从 2003 年的 1091.34 元/亩增加到 2010 年的 3849.5 元/亩，年均增长 19.7%。其中，物质和服务费用年均增长 19.4%，占总成本的比重从 49.92% 降低到 48.9%；人工成本年均增长 21.4%，占总成本的比重从 40.35% 增加到 44.35%；土地成本年均增长 13.6%，占总成本的比重从 9.72% 降低到 6.75%。

| 表 23 | | 2003 年以来蔬菜平均生产成本情况 | | | | | | 单位：元/亩 | |
|---|---|---|---|---|---|---|---|---|---|
| 年 份<br>项 目 | 2003 | 2004 | 2005 | 2006 | 2007 | 2008 | 2009 | 2010 |
| 总成本 | 1311. 16 | 1763. 02 | 1743. 86 | 1973. 90 | 2102. 50 | 2216. 08 | 2310. 46 | 2698. 52 |
| 物质与服务费用 | 762. 65 | 919. 93 | 877. 39 | 998. 66 | 1076. 26 | 1121. 93 | 1078. 29 | 1133. 01 |
| 占总成本的比重（%） | 58. 17 | 52. 18 | 50. 31 | 50. 59 | 51. 19 | 50. 63 | 46. 67 | 41. 99 |
| 人工成本 | 495. 11 | 731. 41 | 752. 49 | 796. 27 | 852. 73 | 902. 59 | 1006. 75 | 1334. 38 |
| 占总成本的比重（%） | 37. 76 | 41. 49 | 43. 15 | 40. 34 | 40. 56 | 40. 73 | 43. 57 | 49. 45 |
| 土地成本 | 53. 40 | 111. 68 | 113. 98 | 178. 97 | 173. 51 | 191. 56 | 225. 42 | 231. 13 |
| 占总成本的比重（%） | 4. 07 | 6. 33 | 6. 54 | 9. 07 | 8. 25 | 8. 64 | 9. 76 | 8. 57 |

资料来源：《全国农产品收益资料汇编》（2007，2011）。

## （二）主要农产品亩均收益率①的变化

2004 年以来主要粮食作物多数年份的亩均收益水平基本维持在 20% ~30% 之间。三大主粮的亩均纯收益从 34. 21 元增加到 227. 17 元，提高了 6.6 倍，亩均收益率从 8. 3% 提高到 25. 2%。但是，与其他作物比较，三大主粮的收益率增长较为缓慢，在 2004 年之前不到 10%，2004 年以来徘徊在 25% 左右。见表 24。

| 表 24 | | 三大主粮每亩成本收益变化情况 | | | | | | 单位：元 | |
|---|---|---|---|---|---|---|---|---|---|
| 年 份<br>项 目 | 2003 | 2004 | 2005 | 2006 | 2007 | 2008 | 2009 | 2010 |
| 产值合计 | 411. 24 | 591. 95 | 547. 60 | 599. 86 | 666. 24 | 748. 81 | 792. 76 | 899. 84 |
| 总成本 | 377. 03 | 395. 45 | 425. 02 | 444. 90 | 481. 06 | 562. 42 | 600. 41 | 672. 67 |
| 收益 | 34. 21 | 196. 50 | 122. 58 | 154. 96 | 185. 18 | 186. 39 | 192. 35 | 227. 17 |
| 收益率（%） | 8. 3 | 33. 2 | 22. 4 | 25. 8 | 27. 8 | 24. 9 | 24. 3 | 25. 2 |

资料来源：《全国农产品收益资料汇编》（2007，2011）。

---

① 各品种的亩均收益率的计算方法为：收益率 = 收益/产值合计 ×100%，收益 = 产值合计 − 总成本。

水稻的亩均纯收益从 2003 年的 97.3 元增加到 2010 年的 309.82 元，亩均收益率从 18.93% 提高到 28.78%。小麦的亩均纯收益从 2003 年的 -30.25 元增加到 2010 年的 132.17 元。亩均收益率从 -9.79% 提高到 17.6%。玉米亩均纯收益从 2003 年的 62.78 元增加到 2010 年的 239.69 元，亩均收益率从 15.3% 提高到 27.48%。大豆的亩均纯收益从 2003 年的 111.73 元增加到 2010 年的 155.15 元，亩均收益率从 30.5% 下降到 26.5%。见表 25。

表 25 　　　　　　　　　　大豆粮食每亩成本收益变化情况 　　　　　　　　　单位：元

| 年 份<br>项 目 | 2003 | 2004 | 2005 | 2006 | 2007 | 2008 | 2009 | 2010 |
|---|---|---|---|---|---|---|---|---|
| 产值合计 | 366.38 | 380.11 | 352.02 | 335.37 | 466.96 | 526.44 | 485.71 | 586.35 |
| 总成本 | 254.65 | 253.05 | 270.54 | 267.53 | 291.75 | 347.99 | 378.19 | 431.20 |
| 收益 | 111.73 | 127.06 | 81.48 | 67.84 | 175.21 | 178.45 | 107.52 | 155.15 |
| 收益率（%） | 30.5 | 33.4 | 23.1 | 20.2 | 37.5 | 33.9 | 22.1 | 26.5 |

资料来源：《全国农产品收益资料汇编》（2007，2011）。

2003～2010 年间，非粮作物的亩均收益水平整体比粮食作物高。棉花的亩均纯收益从 461.28 元增加到 983.97 元，亩均收益率从 40.5% 提高到 42.6%。棉花的亩均收益水平自 2004 年以来有了显著提高，但是平均收益水平不及油料作物，其产值和亩均收益水平受市场波动影响更大，而且其种植成本远高于粮食作物和油料作物。

油料作物自 2004 年以来的亩均收益水平显著提高，2004 年以来大多数年份的亩均收益水平都高于 30%。两种油料的亩均收益从 78.56 元增加到 252.96 元，亩均收益率从 18.5% 提高到 28.2%。油料作物的产值和成本水平与三大主粮作物非常接近，但是其亩均利润的波动幅度明显超过粮食作物。

比较而言，两种油料作物和棉花的收益率虽然有比较明显的增加，但波动幅度较大，最高年份和最低年份的亩均收益率相差 40% 以上，剧烈的市场波动增

**中国主要农产品增长**
对 2004 年以来农产品增长的经济解释

加了投入的风险，也会影响农民的种植效益。具体见表26、表27。

表26              **棉花每亩成本收益变化情况**            单位：元

| 年份<br>项目 | 2003 | 2004 | 2005 | 2006 | 2007 | 2008 | 2009 | 2010 |
|---|---|---|---|---|---|---|---|---|
| 产值合计 | 1138.71 | 966.15 | 1122.86 | 1206.07 | 1353.48 | 1063.26 | 1440.03 | 2307.82 |
| 总成本 | 677.43 | 743.10 | 791.50 | 870.35 | 965.56 | 1079.97 | 1131.44 | 1323.85 |
| 收益 | 461.28 | 223.05 | 331.36 | 335.72 | 387.92 | -16.71 | 308.59 | 983.97 |
| 收益率（%） | 40.5 | 23.1 | 29.5 | 27.8 | 28.7 | -1.6 | 21.4 | 42.6 |

资料来源：《全国农产品收益资料汇编》（2007，2011）。

表27             **两种油料每亩成本收益变化情况**           单位：元

| 年份<br>项目 | 2003 | 2004 | 2005 | 2006 | 2007 | 2008 | 2009 | 2010 |
|---|---|---|---|---|---|---|---|---|
| 产值合计 | 424.85 | 570.09 | 486.06 | 595.47 | 859.91 | 817.77 | 851.66 | 897.51 |
| 总成本 | 346.29 | 368.76 | 384.58 | 407.76 | 459.11 | 535.53 | 557.36 | 644.55 |
| 收益 | 78.56 | 201.33 | 101.48 | 187.71 | 400.80 | 282.24 | 294.30 | 252.96 |
| 收益率（%） | 18.5 | 35.3 | 20.9 | 31.5 | 46.6 | 34.5 | 34.6 | 28.2 |

注：两种油料包括花生和油菜籽。

资料来源：《全国农产品收益资料汇编》（2007，2011）。

蔬菜和苹果的种植成本上升尽管最为显著，但蔬菜的亩均收益水平一直稳定在50%上下。苹果的亩均收益水平从2000年的20%上升到2005年的50%以上，并且自2005年以来的亩均收益率稳定在50%左右，种植蔬菜和水果的亩均收益远远超过其他各类农产品。

蔬菜的亩均纯收益从2003年的1394.29元增加到2010年的2776.89元，亩均收益率从52.6%降低到50.7%。苹果的亩均纯收益从2003年的585.3元增加到2010年的5031.68元，亩均收益率从34.91%提高到56.66%。

由此可见，蔬菜和水果是农产品中亩均收益水平最高的品种，其相对收益水平也非常稳定。2004年以来蔬菜和苹果的亩均收益水平基本维持在50%上下浮动。值得注意的是，尽管蔬菜和水果的亩均收益水平比较高，但是其投入水平也远远高于其他农作物。种植蔬菜和水果需要密集的资本投入，2010 年每亩蔬菜的种植成本高达 2700 元，是三大粮食作物亩均成本的 4 倍。而每亩苹果的种植成本更是达到 3850 元/亩，是三大粮食平均每亩成本的 5.5 倍。即使种植成本相对较低的柑和桔，每亩的成本投入也达到了 2000 元。与其他作物相比，种植蔬菜和水果较高的亩均收益是以更密集的资本投入为前提的（见表 28、表 29）。

**表 28　　　　　　　　蔬菜每亩成本收益变化情况　　　　　　　　单位：元**

| 年份<br>项目 | 2003 | 2004 | 2005 | 2006 | 2007 | 2008 | 2009 | 2010 |
|---|---|---|---|---|---|---|---|---|
| 产值合计 | 2652.05 | 3325.93 | 3350.56 | 3483.84 | 4329.29 | 4097.77 | 4398.29 | 5475.41 |
| 总成本 | 1257.76 | 1651.34 | 1743.86 | 1973.90 | 2102.50 | 2216.08 | 2310.46 | 2698.52 |
| 收益 | 1394.29 | 1674.59 | 1606.70 | 1509.94 | 2226.79 | 1881.69 | 2087.83 | 2776.89 |
| 收益率（%） | 52.6 | 50.3 | 48.0 | 43.3 | 51.4 | 45.9 | 47.5 | 50.7 |

资料来源：《全国农产品收益资料汇编》（2007，2011）。

**表 29　　　　　　　　苹果每亩成本收益变化情况　　　　　　　　单位：元**

| 年份<br>项目 | 2003 | 2004 | 2005 | 2006 | 2007 | 2008 | 2009 | 2010 |
|---|---|---|---|---|---|---|---|---|
| 产值合计 | 1676.64 | 2283.03 | 2817.55 | 3243.56 | 4837.00 | 4203.14 | 6462.27 | 8881.18 |
| 总成本 | 1091.34 | 1340.29 | 1283.69 | 1606.77 | 2394.43 | 2257.62 | 3520.99 | 3849.5 |
| 收益 | 585.3 | 942.74 | 1533.86 | 1636.79 | 2442.57 | 1945.52 | 2941.28 | 5031.68 |
| 收益率（%） | 34.91 | 41.29 | 54.44 | 50.46 | 50.50 | 46.29 | 45.51 | 56.66 |

资料来源：《全国农产品收益资料汇编》（2007，2011）。

### （三）小结

总的来看，2004 年以来，主要农产品的生产成本均呈现大幅上升，大部分农产品的总成本的年均增长率达到 8% 以上，总成本的绝对额为 2003 年水平的

**中国主要农产品增长**
对 2004 年以来农产品增长的经济解释

1.5~2 倍甚至更高。与历史上其他几个时期农产品成本上升相比，这一轮推动农产品成本上升的因素实质上是老的因素与新的因素叠加的结果。老的因素就是由于农业生产资料价格上涨，导致主要农产品物质费用的不断上涨。新的因素是，一是由于劳动力供求关系变化和劳动成本上升，导致农产品生产的人工成本上升；二是由于土地稀缺性加大、土地使用的机会成本上升以及农地流转带来的地租上升，农产品生产的土地成本不仅显化，而且快速大幅上升。农业生产各类成本的全面上涨，是中国农产品生产与供给面临的巨大挑战。从过去 8 年主要农产品成本构成的变化来看，让我们看到了未来化解农产品生产成本问题的端倪，那就是，物质和服务费用尽管仍然占据主要农产品成本的主要部分，但其在总成本中的比重已开始下降；由于劳动力成本不断上升，农民已开始主动减少一些农产品的劳动投入，带来部分农产品人工成本占比的下降，但是，土地成本占比的上升则是各主要农产品成本变动的共同特征。

另一个影响农产品生产与供给的指标是亩均收益和亩均收益率的变化。从过去 8 年的情况来看，不同产品亩均收益和收益率的差异很大。三大主粮亩均收益和收益率都有所上升；棉花、油料等经济作物尽管亩均收益和亩均收益率大幅上升，但很不稳定；蔬菜和水果的亩均收益是各类农产品中最高的，而且各年度的收益水平变化也较稳定；由于这两项指标既反映了价格机制的作用，也反映了成本因素的作用，因此，也是农户对农产品政策的理性反应的结果。

## 五、农户种植选择及其决定因素

### （一）主要农作物种植结构的阶段性变化

改革开放以来，中国的种植业结构发生了显著变化。可以归纳为以下几个阶段。

## 1. 从 1978～1985 年为第一阶段

农业结构调整的重点仍然是粮食种植面积下降和经济作物种植面积上升的"粮上经下"格局，蔬菜、瓜果和果园面积虽然有所增加，但占比很低。1978～1985 年，粮食种植面积占比从 78.9% 下降至 73.8%，降低了 5.1 个百分点；经济作物种植面积占比从 9.7% 上升至 15.5%，提高了 5.8 个百分点。蔬菜、瓜果种植面积占比从 2.4% 上升至 3.8%，提高了 1.4 个百分点；果园和茶园面积从 1.8% 上升至 2.6%，提高了 0.6 个百分点。

## 2. 从 1986～2003 年为第二阶段

这 17 年间，粮食作物的种植比重持续下降，从 1985 年的 73.8% 降至 2003 年的 61%；经济作物的种植比重自 80 年代中期以来相对较稳定，基本上维持在 14% 左右徘徊。与之相比，蔬菜、瓜果、果园茶园类农作物的种植占比持续上升，在 90 年代中期以后更是显著加快。蔬菜、瓜果和果园、茶园面积先是从 1985 年的 6.4% 提高到 1992 年的 9.5%，从 1993 年开始又迈上一个新台阶，从 1993 年的占比 10.8% 提高到 2003 年的 19%。

## 3. 从 2004～2011 年为第三阶段

2004 年以来，主要农作物的种植结构发生了新的变化。其中，粮食播种面积占比出现回升，2010 年为 63.1%，2010 年粮食占总播种面积的比重比 2003 年增加了 2.1 个百分点。在同一时期，经济作物的种植比重从 2003 年的 16.3% 下降至 2010 年的 14.3%，下降了 2 个百分点。蔬菜和瓜果的种植比重保持稳定，2003 年占比为 12.5%，2010 年为 12.3%，果园、茶园面积占比有所增加，从 2003 年的 6.5% 提高到 2010 年的 7.8%。

### （二）粮食作物内部的种植结构变化

改革开放以来，粮食作物内部的种植结构的特征可以概括为稻谷、小麦略减，玉米增加显著，其他粮食作物减少。

稻谷播种面积占比一直较稳定。1978～2003年，稻谷播种面积占农作物总播种面积的比重从28.54%下降到26.67%。2004～2010年，稻谷播种面积占总播种面积的比重年均增加0.52%。

小麦播种面积占总播种面积的比重，从1978年的24.20%下降到2003年的22.13%。2003～2010年间，小麦种植面积占总播种面积的比重减少了0.05%。

玉米播种面积占粮食播种面积的比重，1978～1990年间，玉米播种面积占比从16.55%增加到18.86%，略有增长；2000年以来，玉米播种面积占比迅速增加，玉米播种面积在2003年和2007年分别超过小麦和稻谷的播种面积。到2010年，玉米播种面积无论在粮食作物内部还是所有农作物中均稳居首位。2010年，玉米播种面积占到农作物总播种面积的20.23%。

大豆和薯类播种面积占总播种面积的比重，在2000年以前也比较稳定。大豆种植面积占比从改革初的5.92%增加到2000年的8.58%；2000～2010年，大豆面积占比从8.58%降为7.75%；薯类种植面积占比从改革之初的9.78%下降到2000年的9.72%；2000～2010年，薯类播种面积占比从9.72%降至7.96%。

随着居民收入水平和消费水平的提高，对肉蛋奶等动物性食品的需求大幅增长，养殖业对玉米和豆粕的需求逐渐扩大。大豆是和玉米争地的作物，在饲料工业和玉米深加工业对玉米需求快速增长所引致的玉米价格高位运行的背景下，2010年中国大豆播种面积出现了下降。当年大豆播种面积为12774万亩，比2009年降低1011万亩[①]。粮食内部出现玉米对豆类和薯类种植的替代。具体见表30。

---

① 参见食用油专题报告。

表 30

**全国粮食作物种植结构变化（%）**

| 品种<br>年份 | 稻 谷 | 小 麦 | 玉 米 | 其他粮食 | 大 豆 | 薯 类 |
|---|---|---|---|---|---|---|
| 1978 | 28.54 | 24.20 | 16.55 | 30.70 | 5.92 | 9.78 |
| 1980 | 28.90 | 24.60 | 17.13 | 29.36 | 6.16 | 8.66 |
| 1985 | 29.46 | 26.84 | 16.26 | 27.44 | 7.09 | 7.88 |
| 1990 | 29.14 | 27.10 | 18.86 | 24.89 | 6.66 | 8.04 |
| 1995 | 27.93 | 26.22 | 20.69 | 25.15 | 7.38 | 8.65 |
| 2000 | 27.62 | 24.57 | 21.26 | 26.55 | 8.58 | 9.72 |
| 2003 | 26.67 | 22.13 | 24.21 | 27.00 | 9.37 | 9.76 |
| 2004 | 27.93 | 21.28 | 25.04 | 25.74 | 9.44 | 9.31 |
| 2005 | 27.66 | 21.86 | 25.28 | 25.20 | 9.20 | 9.11 |
| 2006 | 27.57 | 22.50 | 27.12 | 22.81 | 8.86 | 7.51 |
| 2007 | 27.38 | 22.45 | 27.90 | 22.27 | 8.29 | 7.65 |
| 2008 | 27.38 | 22.11 | 27.96 | 22.54 | 8.55 | 7.89 |
| 2009 | 27.18 | 22.29 | 28.61 | 21.92 | 8.43 | 7.92 |
| 2010 | 27.19 | 22.08 | 29.58 | 21.16 | 7.75 | 7.96 |

资料来源：《改革开放三十年农业统计资料汇编》，《中国统计年鉴》（2011）。

总的来看，改革之前的种植业结构徘徊在"粮上经下、经上粮下"之中。改革开放以来，在经历了改革初期沿袭经济作物替代粮食作物的阶段后，到2004 年之前，经济作物的占比基本处于稳定，种植结构调整的主基调是粮食种植比重的持续下降和瓜果、蔬菜、果园等面积的占比持续上升。差不多在 2000年前后，蔬菜、瓜果和果园的面积占比就已超过了经济作物的种植面积。值得注意的是，改革以来占比一直下降的粮食种植在 2004 年出现回升势头，粮食种植比重有所上升。对于农作物种植结构的上述变化，尤其是对 2004 年以来的新特征，我们不仅可以从政策变化来解释，还可以给出农户做出农作物之间替代选择的经济解释。

**中国主要农产品增长**
对 2004 年以来农产品增长的经济解释

## （三）农作物种植替代的因素分析

农业种植结构的变化，既是政策影响的结果，也是农户在政策、种植收益和要素条件变化下理性选择的结果。我们主要集中于种植作物收益的变化和投入要素成本变化对农户选择的影响（见表31）。

表31　　　1978年以来全国主要农产品以及茶园和果园的种植结构（%）

| 年份 | 粮食 | 经济作物 | 全部蔬菜、瓜果、茶园和果园 | 年份 | 粮食 | 经济作物 | 全部蔬菜、瓜果、茶园和果园 |
|------|------|------|------|------|------|------|------|
| 1978 | 78.9 | 9.7 | 4.2 | 1995 | 69.2 | 15.5 | 12.5 |
| 1979 | 78.8 | 9.9 | 4.3 | 1996 | 69.5 | 14.4 | 13.2 |
| 1980 | 78.6 | 10.9 | 4.3 | 1997 | 69.0 | 14.4 | 13.6 |
| 1981 | 77.7 | 12.3 | 4.6 | 1998 | 68.8 | 13.9 | 14.2 |
| 1982 | 76.8 | 13.3 | 5.0 | 1999 | 68.1 | 13.6 | 15.0 |
| 1983 | 77.5 | 12.6 | 5.2 | 2000 | 65.2 | 14.9 | 15.3 |
| 1984 | 76.5 | 13.8 | 5.6 | 2001 | 63.9 | 15.4 | 17.4 |
| 1985 | 73.8 | 15.5 | 6.4 | 2002 | 63.0 | 15.1 | 18.2 |
| 1986 | 74.5 | 13.8 | 7.5 | 2003 | 61.0 | 16.3 | 19.0 |
| 1987 | 73.9 | 14.1 | 8.1 | 2004 | 61.7 | 16.3 | 18.7 |
| 1988 | 72.9 | 14.7 | 8.8 | 2005 | 62.5 | 15.4 | 18.8 |
| 1989 | 73.3 | 14.0 | 8.9 | 2006 | 64.1 | 14.6 | 18.6 |
| 1990 | 73.4 | 14.4 | 8.6 | 2007 | 63.8 | 14.4 | 19.1 |
| 1991 | 72.0 | 15.9 | 8.8 | 2008 | 63.3 | 15.1 | 19.3 |
| 1992 | 70.9 | 16.4 | 9.5 | 2009 | 63.5 | 14.5 | 19.6 |
| 1993 | 71.1 | 14.4 | 10.8 | 2010 | 63.1 | 14.3 | 20.0 |
| 1994 | 69.9 | 15.1 | 11.8 | | | | |

资料来源：《改革开放三十年农业统计资料汇编》，《中国统计年鉴》（2011）。

在我们看来，农户在做作物种植选择时，一是亩均收益的大小，也就是农民所说的是否能有"好收成"。亩均收益的大小，是农产品产量、价格和成本综合作用的结果。一种作物的产量增加、价格提高、成本降低，亩均收益就上升，农户会偏好选择该种作物的种植，而那些产量增加有限、价格不理想、成本上升的作物将被农户所放弃。二是劳动投入的机会收益。随着非农收入占农户收入的比重不断提高，农户对农业劳动投入的机会成本上升。为了实现家庭收入最大化，农户一方面将主劳力配置于非农就业，另一方面是选择劳动投入需求少的作物。因此，农户非农收入比重越大，劳动投入需要量小的作物越来越为农户所青睐，而劳动投入量大的作物将越来越被替代。

以2004年为转折点，2004年之前，由于农业劳动供求关系主要表现为农村过剩劳动力的存在，农户在作物种植选择时，亩均收益大小是主要决定因素。2004年以后，随着劳动力供求进入"刘易斯转折点"区间，以及中西部工业化加速带来劳动力需求上升，劳动工资成本大幅攀升，农户种植选择决定时，受亩均收益和作物劳动投入需求双重因素决定。下面我们来分析农户是怎样在各项作物中做选择的。

1990~2003年间，稻谷的亩均年收益为136.8元/亩，年均仅增长0.2%；每亩用工量尽管年均下降3.4%，但是，年用工量平均仍然达17.1日/亩。反映在农户种植选择上，稻谷播种面积在这一时期净减少9835万亩，减幅为-19.8%，年均减少1.7%。2004~2010年间，稻谷种植的年收益和用工量与前一阶段相比都发生了很大变化，亩均年收益增加到225.4元/亩，年均增长高达18%，增速快17.8个百分点；每亩用工量年均下降7.1%，比上一时期快3.7个百分点，亩用工年平均值为10.2日/亩，比上一时期减少6.9个工日/亩。反映在种植选择上，稻谷播种面积在这一时期净增了5048万亩，增幅为12.7%。具体比较见表32。

1990~2003年间，种植小麦的亩均收益尽管年均增长36.5%，但年均收益仅22.4元/亩；每亩用工量的年平均值为11.3日/亩，年均下降3.3%，降速不是很大。反映在小麦种植选择上，这一时期小麦播种面积净减少13134万亩，减幅达-28.5%，年均减少2.5%。2004~2010年间，种植小麦的年均收益提高

**表 32　1990～2003 年和 2004～2010 年稻谷种植面积、亩均收益和每亩用工量变化**

| 时　期 | 播种面积（万亩） | | | 亩均收益（元/亩） | | 每亩用工量（日/亩） | |
|---|---|---|---|---|---|---|---|
| | 净增减值 | 增幅（%） | 增长率（%） | 平均值 | 增长率（%） | 平均值 | 增长率（%） |
| 1990～2003 年 | -9835 | -19.8 | -1.7 | 136.8 | 0.2 | 17.1 | -3.4 |
| 2004～2010 年 | 5048 | 12.7 | 1.7 | 225.4 | 18.0 | 10.2 | -7.1 |

资料来源：《全国农产品收益资料汇编》（2007，2011）。

到 113.6 元/亩，比上一时期增加 4.07 倍，年均增长高达 106.9%，比上一时期提高 70.4 个百分点；每亩用工量的年平均值为 7.0 日/亩，比上一时期减少个 4.3 个工日/亩，年均下降 6.5%，比上一时期的降速快 3.2 个百分点。反映在种植选择上，小麦的播种面积净增加了 3389 万亩，增幅达 10.3%，年均增长 1.4%（见表 33）。

**表 33　1990～2003 年和 2004～2010 年小麦种植面积、亩均收益和亩用工量变化**

| 时　期 | 播种面积（万亩） | | | 亩均收益（元/亩） | | 每亩用工量（日/亩） | |
|---|---|---|---|---|---|---|---|
| | 净增减值 | 增幅（%） | 增长率（%） | 平均值 | 增长率（%） | 平均值 | 增长率（%） |
| 1990～2003 年 | -13134 | -28.5 | -2.5 | 22.4 | 36.5 | 11.3 | -3.3 |
| 2004～2010 年 | 3389 | 10.3 | 1.4 | 113.6 | 106.9 | 7.0 | -6.5 |

资料来源：《全国农产品收益资料汇编》（2007，2011）。

　　1990～2003 年间，种植玉米的亩均年收益为 76.2 元/亩，年均增长 2.3%；每亩用工量的年平均值为 14.4 日/亩，年均下降 3.2%，亩均收益的较大增加和亩用工量的较大下降，使玉米成为这一时期三大主粮中种植面积增加的唯一品种。播种面积净增加 4000 万亩，增幅为 12.5%，年均增加 0.9%。2003～2010年间，种植玉米的年均收益为 151.6 元/亩，比上一时期增加 0.99 倍，年均增长 21.1%，比上一时期提高 18.8 个百分点；每亩用工量的年平均值为 8.8 日/亩，比上一时期减少 5.6 个工日/亩，年均下降 6.0%，比上一时期降速快了

2.8 个百分点。因此，玉米成为农户种植选择中最偏好的作物之一，玉米播种面积净增 12648 万亩，比上一时期增加了 2.16 倍，增幅为 35%，年均增长 4.4%（见表 34）。

表 34  1990～2003 年和 2004～2010 年玉米种植面积、亩均收益和每亩用工量变化

| 时　期 | 播种面积（万亩） | | | 亩均收益（元/亩） | | 每亩用工量（日/亩） | |
|---|---|---|---|---|---|---|---|
| | 净增减值 | 增幅（%） | 增长率（%） | 平均值 | 增长率（%） | 平均值 | 增长率（%） |
| 1990～2003 年 | 4000 | 12.5 | 0.9 | 76.2 | 2.3 | 14.4 | −3.2 |
| 2004～2010 年 | 12648 | 35.0 | 4.4 | 151.6 | 21.1 | 8.8 | −6.0 |

资料来源：《全国农产品收益资料汇编》（2007，2011）。

1990～2003 年间，种植大豆的年均收益还有 72.7 元/亩，年均增长为 7.9%；每亩用工量的年平均值为 9.7 日/亩，年均下降 3.6%。因此，大豆在这一时期的种植表现还不错，播种面积净增加了 2630 万亩，增幅为 23.2%，年均增加 1.6%。到了 2004～2010 年间，大豆种植的每亩用工量的年平均值为 4.8 日/亩，年均下降 10.6%。种植大豆亩均收益尽管年均增长 4.8%，但是由于其亩均年收益仅 125.6 元/亩，以及由于大豆这一时期是受冲击最大的作物，农户种植大豆的选择受该作物国际比较优势的影响，结果是，大豆的播种面积净减少 1196 万亩，减幅为 −8.6%，年均减少 1.3%（见表 35）。

表 35  1990～2003 年和 2004～2010 年大豆种植面积、亩均收益和每亩用工量变化

| 时　期 | 播种面积（万亩） | | | 亩均收益（元/亩） | | 每亩用工量（日/亩） | |
|---|---|---|---|---|---|---|---|
| | 净增减值 | 增幅（%） | 增长率（%） | 平均值 | 增长率（%） | 平均值 | 增长率（%） |
| 1990～2003 年 | 2630 | 23.2 | 1.6 | 72.7 | 7.9 | 9.7 | −3.6 |
| 2004～2010 年 | −1196 | −8.6 | −1.3 | 125.6 | 4.8 | 4.8 | −10.6 |

资料来源：《全国农产品收益资料汇编》（2007，2011）。

1990～2003 年间，种植油料的亩均年收益为 67 元/亩，年均下降了 0.3%；

每亩用工量的年均值为 16.9 日/亩，年均下降了 3.9%，油料播种面积还净增加了 6135 万亩，增幅为 37.5%，年均增加 2.5%。到了 2003～2010 年间，油料每亩用工量年均下降 4.6%，但年用工量平均值仍为 10.4 日/亩；种植油料的年均收益尽管年均增长 18.2%，但年均收益仅 224.9 元/亩，使得油料与其他可替代作物比，其比较收益还是偏低的，加上植物油市场放开后，油料种植面对国际市场冲击，油料播种面积在这一时期还是净减少了 1651 万亩，减幅为 -7.3%，年均下降 1.1%（见表 36）。

表 36　1990～2003 年和 2004～2010 年油料种植面积、亩均收益和每亩用工量变化

| 时　期 | 播种面积（万亩） | | | 亩均收益（元/亩） | | 每亩用工量（日/亩） | |
|---|---|---|---|---|---|---|---|
| | 净增减值 | 增幅（%） | 增长率（%） | 平均值 | 增长率（%） | 平均值 | 增长率（%） |
| 1990～2003 年 | 6135 | 37.5 | 2.5 | 67.0 | -0.3 | 16.9 | -3.9 |
| 2004～2010 年 | -1651 | -7.3 | -1.1 | 224.9 | 18.2 | 10.4 | -4.6 |

资料来源：《全国农产品收益资料汇编》（2007，2011）。

1990～2003 年间，种植棉花的年均收益为 221.5 元/亩，年均增加 4.1%；棉花种植的每亩用工量年均下降 3.7%，但是其用工量年平均值高达 36.9 日/亩，因此，这一时期的棉花播种面积净减少了 716 万亩，减幅为 -8.5%，年均减少 -0.7%。2003～2010 年间，种植棉花的年均收益为 376.9 元/亩，年均增长 11.4%，但是，其比较收益并不高；每亩用工量尽管年均下降 3%，但是其用工量的年平均值仍然高达 24.1 日/亩，使棉花种植越来越不被农户所选择。为此，这一时期的棉花播种面积净减少 393 万亩，减幅为 -5.1%，年均下降 -0.7%（见表 37）。

1998～2003 年间，种植蔬菜的年均收益为 1239.1 元/亩，年均增加 3.3%，是所有作物中最高的之一；每亩用工量有所下降，年均下降了 2.9%，用工量年平均值高达 46.9 日/亩。由于亩均收益可观，蔬菜的播种面积在这一时期净增加

表 37　1990～2003 年和 2004～2010 年棉花种植面积、亩均收益和每亩用工量变化

| 时　期 | 播种面积（万亩） | | | 亩均收益（元/亩） | | 每亩用工量（日/亩） | |
|---|---|---|---|---|---|---|---|
| | 净增减值 | 增幅（%） | 增长率（%） | 平均值 | 增长率（%） | 平均值 | 增长率（%） |
| 1990～2003 年 | -716 | -8.5 | -0.7 | 221.5 | 4.1 | 36.9 | -3.7 |
| 2004～2010 年 | -393 | -5.1 | -0.7 | 376.9 | 11.4 | 24.1 | -3.0 |

资料来源：《全国农产品收益资料汇编》（2007，2011）。

了 8491 万亩，增幅为 46.1%，年均增加 7.9%。2003～2010 年间，种植蔬菜的年均收益为 1874.2 元/亩，年均增长 11%；但是，由于其每亩用工量年平均值仍然高达 42.9 日/亩，用工量减少有限，年均下降 1.8%，因此，这一时期的蔬菜播种面积尽管净增加了 1569 万亩，但是，其增速显著下降，年均增加 0.8%，减幅达 5.8%（见表 38）。

表 38　1998～2003 年和 2004～2010 年蔬菜种植面积、亩均收益和每亩用工量变化

| 时　期 | 播种面积（万亩） | | | 亩均收益（元/亩） | | 每亩用工量（日/亩） | |
|---|---|---|---|---|---|---|---|
| | 净增减值 | 增幅（%） | 增长率（%） | 平均值 | 增长率（%） | 平均值 | 增长率（%） |
| 1998～2003 年 | 8491 | 46.1 | 7.9 | 1239.1 | 3.3 | 46.9 | -2.9 |
| 2004～2010 年 | 1569 | 5.8 | 0.8 | 1874.2 | 11.0 | 42.9 | -1.8 |

资料来源：《全国农产品收益资料汇编》（2007，2011）。

　　由于缺乏其他品种的亩均收益和和每亩用工量的情况，我们在分析农户对水果的种植选择时，主要以苹果为例来分析。1991～2003 年间，种植苹果的年均收益为 593.6 元/亩，年均下降 1.4%；每亩用工量的年平均值为 55.5 日/亩，年均下降 3.8%。加总来看，水果的种植面积净增了 6178 万亩，增幅为 77.4%，年均增加 4.9%。2003～2010 年间，种植苹果的年均收益为 2132.5 元/亩，年均增长 36%；每亩用工量年平均值为 40.5 日/亩，年均增加 2%。由于亩均净收益增加太大，农民宁愿投入更多的劳动力来获取利润。为此，苹果种

中国主要农产品增长
对 2004 年以来农产品增长的经济解释

植面积在这一时期增加了4118.5公顷。相应的，水果的种植面积也净增了3161万亩，增幅为22.3%，年均增长2.9%（见表39）。

表39　　　　　　　　　1991~2003年和2004~2010年水果及苹果种植面积、

亩均收益和每亩用工量变化

| 时　期 | 种植面积（万亩） | | | 亩均收益（元/亩） | | 每亩用工量（日/亩） | |
|---|---|---|---|---|---|---|---|
| | 净增减值 | 增幅（%） | 增长率（%） | 平均值 | 增长率（%） | 平均值 | 增长率（%） |
| 1991~2003年 | 6178 | 77.4 | 4.9 | 593.6 | -1.4 | 55.5 | -3.8 |
| 2004~2010年 | 3161 | 22.3 | 2.9 | 2132.5 | 36.0 | 40.5 | 2.0 |

资料来源：《全国农产品收益资料汇编》（2007，2011）。

### （四）小结

总体来看，2004年以来，国家开始建立并不断完善对农业生产、特别是对粮农和粮食主产区的支持体系，对于粮食生产能够取得"八连增"的成就有明显的效果。另一方面，伴随中国劳动力供求关系和农村劳动力转移方式发生重大变化，农业劳动力价格攀升，以及农业土地租赁上升，带来土地成本也大幅上升，推动农产品生产成本上涨的因素更加复杂。从原来以物质费用上升为主的成本推动，转向物质费用上涨、劳动成本上涨和土地成本显化与上升的综合推动。如何控制农产品生产成本过快上升，保护农民生产积极性和农产品供给，面临的环境更加多元和复杂。与此同时，伴随劳动力供求关系的变化，农户在劳动力资源的部门配置以及农作物种植安排上，已经做出理性选择。那就是，为了实现家庭总收入最大化，在劳动力资源配置上，他们将主要劳动力配置于非农产业，以获得更大家庭收入，而将妇女和老人留在农业，保障基本生活需要；在作物种植选择上，从过去纯农业作为家庭收入主要来源时期的追求亩均收益最大化，转向亩均收益和作物劳动用工量的双重因素决定。如何顺应结构变革带来的农户种植选择的变化，引导农户种植安排，保障主要农产品有效供给，也对中国农业政策提出巨大考验。

## 六、保障下一阶段主要农产品增长与供给的政策建议

2004 年以来，中国为促进主要农产品的生产和保障主要农产品的供给，做出了卓有成效的努力，出台了一些及时而有针对性的政策，积累了宝贵的经验，这一时期形成的一些成功的重大政策，应该作为中国保障下一轮农产品生产与供给的基础。与此同时，我们也必须看到，在农产品的供给上，如有些粮食作物中大豆、薯类出现面积大幅减少和产量下降；油料和棉花生产和种植也出现大面积减少，产量下滑；一些与居民生活水平提高相关的农产品，如牛奶、蔬菜、生猪的生产与供给出现大幅波动，等等，急需我们对这些类产品的特性加以认真研究，对现有政策进行评估，以完善现有的支持政策。更重要的是，我们在考虑下一阶段保持农产品生产和保障农产品供给能力时，无论在农业投入、还是成本结构，以及支撑农业增长的条件等方面，均发生了重大变化。这些变化在上一个发展阶段已经在对农产品生产和供给产生影响，这些结构性变化在下一阶段还将进一步产生影响、并且会更加深化，我们必须在各项相关政策上要有更加主动、积极和有效的应对。下面是对下一个发展阶段保持主要农产品生产和保障农产品供给能力的政策建议。

### （一）完善粮食增产与供给政策，确保以三大主粮为核心的粮食安全

无论是从老百姓的消费习惯和传统，还是从各类农产品在居民消费中的构成来看，稻谷、小麦和玉米三大主粮仍将是中国居民消费中份额最大的品种。因此，在下一个阶段的农产品供给政策中，保障三大主粮的稳产增产，仍然具有举

足轻重的地位，需要坚持并进一步完善十六大以来已经形成的粮食生产支持政策。

1. 完善最低收购价政策

种粮成本不断攀升将成长期趋势，建议中央综合考虑农业生产成本变化、农民生产效益以及物价上涨水平，建立提高粮食最低收购价格的长效机制。鉴于玉米消费量迅速增长和供求关系偏紧的状况，为避免出现像大豆一样主要依赖进口的格局，建议改变目前的玉米临时存储收购政策，将玉米纳入国家最低收购价政策范围，加紧制定玉米生产、饲料加工和工业消费发展战略。

2. 健全粮食主产区利益补偿机制

将扶持粮食生产的政策措施和项目投入进一步向主产区倾斜。中央财政应加大对产粮大县的奖补力度。按照与粮食生产挂钩、与粮食安全的贡献挂钩原则，增加对主产区一般性转移支付力度。按照商品粮特别是粳稻调出量和销售量给予补偿，取消产粮大县中央各种涉农投入要求的地方配套资金，取消主产区粮食风险基金地方配套，保证主产区粮食风险基金增长幅度不低于财政收入增长幅度；支持主销区参与主产区粮食生产基地、仓储设施等建设。

3. 发挥价格机制在保护粮农积极性方面的引导作用，稳定三大主粮种植面积

正如我们在前面分析中提到的，2004年以来，三大主粮亩均用工量的下降，为提高其在与其他作物竞争中的比较优势提供了条件，而这一时期主粮价格的提高，为提高三大主粮的亩均净收益打下了基础。在今后一段时期，三大主粮价格的合理提高，是保持农民种粮积极性的关键，也是稳定三大主粮种植面积的前提。平衡好粮价上涨幅度对生产者种植积极性和消费者的价格承受力的关系，也是下一阶段农产品生产政策将遇到的重大挑战。

4. 强化三大主粮的支持政策

从三大主粮的供求形势来看，稻谷基本供求平衡，但存在结构问题；小麦生产略有过剩；玉米供求进入拐点。因此，在下一个发展期，应制定更精细的保障

主粮供应的政策。一是在稻谷生产上，继续发挥东北在优质稻谷上的优势，确保该地区稻谷供应能力，与此同时，制定特殊政策，确保南方稻区供应能力，提高南方稻谷质量。二是维持小麦种植面积并提高优质小麦生产比重。三是增加玉米种植面积，提高玉米供给能力。

**（二）根据不同农产品生产的比较优势，完善重要农产品稳定供给政策**

在上两个五年计划时期，农户对不同农作物种植选择性明显增强，而且决定不同农作物之间发生替代的因素也在变化。在下一发展时期，制定粮食支持政策，除了要考虑不同农产品的需求趋势，还要考虑农业生产者在要素价格变化下对不同农产品的选择行为。正如我们在前面分析中已表明的，随着劳动力供求关系变化，农业生产者在进行种植选择时，除了能增加亩均纯收益，获得好收成，还要考虑该作物的用工量大小。基于这种变化，我们对下一个发展时期需要做出重大政策选择的农作物进行初步的分析。

1. 棉花是需要做出政策抉择的作物

在上一个发展时期，中国棉花种植的波动加大，尤其是在 2008 年金融危机冲击后，中国棉纺织企业出口受到较大影响，棉花生产遇到需求降低的不利影响。在下一个发展时期，中国劳动力相对价格还将进一步提高，棉花作为一种高劳动消耗且生产环节劳动替代性低的作物，在与其他作物的竞争中已经并将更加处于劣势；加上中国棉纺企业在国际纺织品出口中将遇到其他劳动力价格更低国家的竞争，对棉花的需求还将进一步下降。所以需要考虑棉花生产在劳动力使用上的竞争劣势，适当减少棉花种植面积；并且根据国际国内棉花需求变化，制定棉花生产与供给规划。今后棉花生产的主要目的是保证国内棉花需求，还要有确保新疆等优势棉产区的生产与棉花的稳定供给。

2. 蔬菜是中国要在供给政策上予以重点关注的作物

这是由蔬菜在居民消费的主要农产品中，是仅次于粮食的第二大消费量作物所决定的。在上一个发展时期，尽管蔬菜由于亩均收益高产量仍有增长，但是，由于其用工量过大的劣势，产量和种植面积增幅下滑。在下一个发展时期，必须要吸取上一个发展时期的教训，制定切实有效的措施，保证蔬菜产量的稳定，减少供应的波动。为此建议城市保有菜地，政府抓好"菜篮子"工程，减少蔬菜从生产到消费者的各个环节的交易费用；研究对菜农实行补贴的办法，减少蔬菜生产波动；加大大城市公益批发市场建设，降低流通环节成本。

3. 肉、奶制品是急需做出重大政策调整的品种

随着居民收入水平的不断提高，对肉类和奶制品消费需求越来越大。但是，这两类农产品是上一个发展时期波动较为剧烈的农产品之一。之所以如此，与我们这一时期有关保障肉、奶制品供给政策有关。肉类供给剧烈波动，是因为规模养猪场比小农养猪更能保证猪肉的稳定供应，大量补贴资金发放给规模养猪场，造成小规模养猪场和小农的被排挤，生猪生产下降过快，加剧了猪肉供应的波动。奶制品的政策是基于大企业在食品安全上的优势，政策向他们倾斜的结果，只是加剧了价格的垄断，并没有保证居民对奶制品的有效需求。因此，在下一个发展时期，需要对肉类和奶制品政策进行调整，确保这两类产品的有效供给。一是加大政策对生猪大县的扶持力度，重点支持农户提高规模化养殖水平和专业化水平，保障生猪大县的生产和供给能力；二是研究制定生猪反周期干预政策，避免生猪生产与供给的大起大落；三是制定猪肉进口政策，缓解国内猪肉供应不足。在奶业发展上，一是要确立准入规则和标准，增强奶业市场竞争。二是要提高奶农组织化程度，提高奶农收益。三是提高奶业生产规模，提高规模效益。

（三）促进农产品生产方式转变，提高农产品盈利能力

中国粮食产量的提高，主要是依靠过密的劳动投入和过量的化肥、农药等使用取得的，亩均人力投入是世界平均水平的4倍多；每亩土地上消耗的化肥几乎是世界水平的3倍。事实上，从2004年以来，随着劳动力供求关系变化，劳动

力相对价格上升，继续靠密集使用劳力来增加亩产量已变得不划算。另一方面，过量使用化肥、农药，尽管增加了产量，但也产生大量面源污染。因此，这种依靠过量投入的农业生产方式到了非转变不可的时候了。此外，如前所述，2004年以来由于物质消耗带来的农业生产成本仍然居高不下，同时，由于劳动力供求关系变化和土地租赁关系变化，带来用工成本和土地成本上升，导致中国农产品生产成本居高不下，盈利能力下降。基于以上两方面的原因，下一个发展时期的农业投入方式和投入绩效需要改变，否则，农业与其他产业的比较收益会持续下降。

1. 减少化肥、农药投入量，降低物质消耗费用

这既为日本、韩国等国家的经验所证明，也是降低农业生产成本的重要途径，更是改善环境的需要。

2. 提高化肥、农药等企业的效率

降低农业生产资料价格，进一步降低物质费用在农业生产成本中的比重；进行化肥、农机等企业的重组与改制，淘汰一批不适应市场需求的企业，促进化肥、农药产业升级，通过企业全要素生产率的提高来降低成本，降低农资价格。

3. 提高机械服务效率

进一步提高农产品各环节机械化率，降低机械服务成本，提高农业劳动生产率。对重点作物关键环节需要的机械进行重点攻关，重点发展与中国农业经营规模与不同作物品种适用的农业机械，鼓励企业参与技术创新，增加财政对农机产业发展的支持。

（四）制定确保农产品供给与安全的技术路线，促进农业科技创新与进步

改革开放以来，农业科技进步在农产品增长与供给中起到了举足轻重的作用。中国农业增长的70%甚至以上来自科技进步。21世纪以来，水稻、小麦、玉米、大豆和棉花的单产水平都有大幅度提高，表明科技进步的贡献还在加大。

**中国主要农产品增长**
对 2004 年以来农产品增长的经济解释

在下一个发展时期，中国将面对水资源短缺、耕地减少、生态环境恶化、全球气候变化等威胁，农业的根本出路在于科技进步。以科技进步促进生产力的提高，将成为农业增长的主要源泉以及满足不断增长的食品和农产品需求的主要手段。

1. 把握全球农业科技发展趋势，占领农业科技创新制高点

从全球农业科技发展趋势来看，转基因生物技术的发展正引领全球新一轮农业技术变革。未来农业生物技术发展潜力巨大，推进转基因生物技术研究和应用是大势所趋。转基因生物技术的广泛应用将大大增强人类应对食物短缺、能源匮乏、环境污染等一系列全球挑战的能力。为了提高中国的粮食安全保障能力，形成发展转基因技术的共识，促进关键领域、关键品种的重点研发和商业化使用，将是不可回避的重大抉择。

2. 大力推进节水、节地农业科技的研究与应用

这是中国农业生产要素禀赋决定，缺水、缺地是中国未来农业发展面临的最大制约。必须增加科技投入，加大科技攻关，在这两方面取得重大技术突破，减少资源瓶颈的制约。

**（五）制定与农产品区域专业化相适应的农产品供给促进政策，促进农产品生产专业化**

1. 中国主要粮食品种生产优势区域已经形成①

一是稻谷新主产省（区）贡献明显。长期以来，湖南、江西、黑龙江、江苏、湖北、安徽、广西、广东、四川9个省（区）一直是中国水稻主产区，从2000～2010年，产量都保持在千万吨以上。而从2000～2010年，9省（区）产量合计也仅略高于全国4.2%的增长水平，为6.7%。主要原因是广东、广西、四川3个省（区）水稻产量下滑，2000～2010年，分别下滑25.5%、8.6%和

---

① 本部分内容由伍振军提供。

7.5%，导致 9 省（区）产量集中趋势不明显。从数据看，2000～2010 年，水稻主产区向东北地区集中的趋势非常明显。湖南、江西、黑龙江、江苏、湖北、安徽、吉林、辽宁 8 个省总产量迅速增长，产量合计增长 17.5%。其中，增长最快的是黑龙江，产量从 1042.2 万吨增长到 1843.9 万吨，增长 76.9%；其次是吉林，产量从 374.8 万吨增长到 568.5 万吨，增长 51.7%；再次是江西，产量从 1491.9 万吨增长到 1858.3 万吨，增长 24.6%。而 8 省产量也从占全国的 54.3% 增长到 61.2%。

而经济发达省（区）减产明显。2000～2010 年，浙江产量从 990.2 万吨持续下滑到 648.2 万吨，下降 34.5%；广东从 1423.4 万吨持续下滑到 1060.6 万吨，下降 25.5%。

四川、广西等省（区）呈现出减产趋势。四川、广西稻谷产量在波动中减少，2000～2010 年，四川产量下降了 7.5%，广西下降了 8.6%。

二是小麦产量向主产省份聚集趋势明显。从分省（区）的产量看，在 2010 年，只有河南、河北、安徽、江苏、新疆、山东 6 个主产省（区）小麦产量超过 500 万吨。2000～2010 年，6 个主产省（区）小麦产量从 7206.9 万吨增长到 9209.7 万吨，增长 27.8%，远高于中国同期小麦总产量增长 15.6% 的水平。6 个主产省（区）小麦产量占全国的比例也从 72.3% 增长到 80%。6 个主产省（区）中产量最高的是河南，达到 3082.2 万吨，占全国总产量的 26.8%；最低是新疆，产量为 623.5 万吨，只占全国的 5.4%。产量增长最快的是安徽，2000～2010 年，安徽小麦产量从 707.1 万吨增长到 1206.7 万吨，增长 70.7%；其次是新疆，增长 56.1%；再次是河南，增长 37.8%。

三是玉米产量迅速向主产省份聚集。2010 年，中国玉米产量超过千万吨的有黑龙江、吉林、山东、河南、河北、内蒙古、辽宁 7 个省（区）。2000～2010 年，全国玉米产量迅速增长，从 1.06 亿吨增长到 1.77 亿吨，增长 67.2%；而 7 个主产省（区）总产量从 6501.2 亿吨增长到 1.2 亿吨，增长 84.9%，远高于

**中国主要农产品增长**
对 2004 年以来农产品增长的经济解释

全国水平，从占全国产量的61.3%上升到67.8%。

从省（区）看，黑龙江增长最快，从790.8万吨增长到2324.4万吨，增长了193.9%，从2000年全国产量第五位，跃居全国第一位；其次是内蒙古，从629.2万吨增长到1465.7万吨，增长了132.9%；再次是吉林，从993.2万吨增长到2004万吨，增长了101.8%。

四是棉花主产区产量稳定。2010年，中国棉花产量超过20万吨的有新疆、山东、河北、湖北、河南、安徽、江苏、湖南等8个省（区）。2000~2010年，全国棉花产量增长明显，从441.7万吨增长到596.1万吨，增长34.9%。其中，在2007年更是达到762.4万吨，达到历史最高。而8个主产省（区）总产量从410.1万吨增长到549.5万吨，增长34%，而占全国产量的比例也保持在90%~93%之间。

五是蔬菜主产区播种面积增长较快，占全国的比例相对稳定。2010年，中国蔬菜播种面积超过1500万亩的省（区）有河北、江苏、山东、河南、湖北、湖南、广东、广西和四川等9个省（区）。2000~2010年，全国蔬菜播种面积从2.29亿亩增长到2.85亿亩，而同期9省（区）蔬菜播种面积从2000年的1.4亿亩增长到2010年的1.7亿亩，增长21.3%，与全国增长幅度基本一致。9个省（区）占全国播种面积的比例保持在59%~63%之间，仅在2006年比例提高到68%。

2. 制定与农产品区域专业化相适应的农产品支持政策

根据中国主要农产品生产区域专业化的趋势，制定更有针对性的农产品支持政策，是下一个发展时期农产品政策的重点。一是建议有关部门对过去十多年主要农产品的专业化区域以县为单位进行细化，对未来区域变动可能趋势做出分析，在此基础上，形成并制定未来10~20年主要农产品的国家区域规划。二是依据农产品国家区域规划制定国家财政支持政策，在对产粮大县和农产品生产补贴及奖励资金的同时，也集中支持这些区域的农产品生产，提高政策支持力度。

三是以主要农产品专业化区域为基础，制定国家旱涝保收高标准农田整治规划，将国家新增建设有偿使用费主要用于这些区域，增加农田投入，提高土地整治绩效。

### （六）根据粮食购销格局的变化，落实保证粮食安全的重大国家工程

1. 中国粮食购销格局已发生重大变化①

一是主产区粮食产量占比越来越大。2003～2010 年，中国粮食主产区产量从 3.06 亿吨增长到 4.12 亿吨，增长了 28%；占全国粮食产量的比重从 71% 增加到 75.4%。从近几年主产区粮食增量贡献看，主产区粮食增减基本决定了全国粮食增减情况。2008 年全国粮食增长 2710.6 万吨，同年主产区增长 2277.3 万吨，占增量的 84%；2009 年全国粮食只有小幅度增长，只增长了 211.2 万吨，同年主产区粮食减产 207.4 万吨；2010 年全国粮食产量增长 1565.6 万吨，其中主产区增长 1473.9 万吨，占增量的 94.1%。

二是主销区产量下降明显。2000～2010 年，中国粮食主销区产量从 4474.3 万吨下降到 3323.3 万吨，下降了 25.7%，占全国的比重从 9.7% 下降到 6.1%。尤其是浙江、广东粮食减产非常明显，2000～2010 年，浙江省粮食减产 447 万吨，减产幅度达到 36.7%；广东省粮食减产 443.6 万吨，减产 25.2%；福建省粮食减产 192.8 万吨，减产 22.6%。

三是东北地区粮食产量增长很快，增量贡献度很大。2000～2010 年，东北三省粮食产量从 5323.5 万吨增长到 9620.7 万吨，增产 4297.2 万吨，增长 80.7%；占全国产量的比重从 13.3% 增长到 17.6%。尤其是黑龙江，2010 年粮食产量达到 5012.8 万吨，仅次于河南，居全国第二位，增长了 96.9%；其次是吉林，增长了 73.5%；再次是辽宁，增长了 54.9%。并且，2010 年中国粮食

---

① 本部分内容由伍振军提供。

增产 1565.6 万吨，其中东北地区增产 1216.7 万吨，东北对全国粮食增量的贡献度高达 77.8%，而黑龙江粮食增产 659.8 万吨，对全国粮食增量的贡献度高达 42.1%。

2. 在粮食主产区实施国家重大稳产、丰产工程

从以上特征来看，粮食购销格局的变化是在越来越向土地资源禀赋较好的东北和华北转移。但是，由于华北和东北地区的水资源缺乏，伴随这种格局的变化，中国粮食生产的水土不匹配格局将更加严重。因此，在下一个发展时期，为了提高主产省保障粮食供给能力，必须实施国家重大工程。一是将灌区建设纳入国家工程。灌溉是东北粮食高产稳产的基础，国家对灌区骨干工程投入了部分资金，但资金缺口过大。建议中央加大灌区建设政策支持力度，降低地方对骨干工程的配套资金比例。二是加大"北粮南运"能力建设。加大铁路运力建设，将铁路运力向东北水稻主产区倾斜，对粮食入关给予优先安排运输。加大铁海联运节点工程建设，形成北粮南运的重要枢纽通道。三是加大粮食主产省土地整治投入和永久基本农田落实。四是改革农村水利工程管理体制。

第二部分  专题报告

专题一

# 中国水稻供求现状与未来政策选择

　　水稻是中国最主要的粮食作物，产量在三大粮食作物中长期名列第一。2010年水稻产量1.9576亿吨，占中国粮食总产量的35.8%。由于多年来世界水稻年度贸易量仅在2000万~3000万吨，中国如果稻米出现明显短缺，不可能通过国际贸易解决。因此，确保水稻生产能够满足中国众多人口的稻米消费需求，是保证中国粮食安全的重要内容。根据以往经验，中国粮食价格产生具有影响性的上涨，水稻往往首当其冲，1993年、2003年的情况均如此。但是2006年以来，情况有所变化，粮价虽大幅度上涨，但水稻的涨幅并不特别突出。

## 一、中国稻谷人均消费量基本稳定

　　中国的水稻生产，以栽培品种区分，主要有籼稻和粳稻两大类。而根据中国的气候和水、热条件，粳稻一年只能种一季，而籼稻主要有单季稻、双季稻之分，海南甚至一年可以种植三季稻谷。籼稻在名称上有早籼稻、中籼稻、晚籼稻之别。双季稻就是一年内早籼稻加晚籼稻两季连种，单季稻大多是指一年只种一季的中籼稻，而一年只种一季晚籼稻的比较少，一般简称"单晚"。相应的，双季稻中的晚稻简称"双晚"。

表 1－1                        1990～2010 年中国稻谷产量和人均占有量

| 年　份 | 稻谷产量（亿吨） | 人均占有量（公斤） |
|---|---|---|
| 1990 | 1. 8933 | 165. 6 |
| 1991 | 1. 8381 | 158. 7 |
| 1992 | 1. 8622 | 158. 9 |
| 1993 | 1. 7751 | 149. 8 |
| 1994 | 1. 7593 | 146. 8 |
| 1995 | 1. 8523 | 152. 9 |
| 1996 | 1. 9510 | 159. 4 |
| 1997 | 2. 0073 | 162. 4 |
| 1998 | 1. 9871 | 159. 3 |
| 1999 | 1. 9849 | 157. 8 |
| 2000 | 1. 8791 | 148. 3 |
| 2001 | 1. 7758 | 139. 1 |
| 2002 | 1. 7454 | 135. 9 |
| 2003 | 1. 6066 | 124. 3 |
| 2004 | 1. 7909 | 137. 8 |
| 2005 | 1. 8059 | 138. 1 |
| 2006 | 1. 8172 | 138. 2 |
| 2007 | 1. 8603 | 140. 8 |
| 2008 | 1. 9190 | 144. 5 |
| 2009 | 1. 9510 | 146. 2 |
| 2010 | 1. 9576 | 146. 1 |

资料来源：根据《中国统计年鉴》历年数据整理计算。

目前，全国有大约60%人口的口粮以大米为主，因此稻谷产量多年一直稳居中国三种主要粮食（稻谷、小麦、玉米）之首。1978年中国稻谷产量是1.3693亿吨，人均占有量142.3公斤；1984年稻谷产量1.7826亿吨，人均占有量170.8公斤；2010年，稻谷产量1.9576亿吨，人均占有量146.1公斤。

1978年中国农村改革以来，稻谷的人均占有量在1978～1984年的短短6年内迅速增长，1984年即达到历史最高值170.8公斤；此后实际上处在缓慢下降的过程中，1990年和1997年分别达到仅次于最高值的165.6公斤和162.4公斤。2003年是农村改革以来的历史最低点，人均占有量124.3公斤。2004年以来，人均占有量在回升，同时稻谷库存量也在回升，稻谷总体上并不短缺。

根据东亚地区日本、韩国和中国台湾地区稻米消费的变化趋势，今后中国水稻的人均消费量，应该随着城乡居民收入增长逐渐下降。这是由于收入提高，食物消费趋于多样化，大米直接作为口粮消费在下降，尽管用于食品加工方面在增加，但是人均消费水平下降的趋势不可扭转。这种趋势对于中国水稻生产立足国内满足消费需求是有利的，只要没有严重的灾害导致水稻明显减产，总体上中国稻谷是能够自给的；稻米的进出口贸易以调节部分余缺为主，中国目前进口部分优质外国稻米（主要是泰国香米），出口部分国内富余的常规品种稻米。根据海关统计，2010年中国出口稻谷和大米62.2万吨，进口38.8万吨，净出口23.4万吨。同时，国家稻谷库存仍然比较充裕。因此，如果保持这种趋势，中国在未来10～20年，主要依靠国内生产保障水稻需求是没有太大问题的。

## 二、20年来中国水稻主产区发生重大变化

1990年是中国粮食的大丰收年，为了缓解"卖粮难"、保护粮农利益，国

中国主要农产品增长
对2004年以来农产品增长的经济解释

家出台"最低保护价"，尽可能收购余粮，国家库存粮食达到相当高的水平。当时早籼稻虽然产量高，但是米质差，稻农自己并不愿意食用，所以基本上都卖给国家。国家粮食库存中有50%左右是稻谷，南方主产区的库存主要是早籼稻。

1993年，国家实行人民币对美元汇率"双轨制"并轨，实际贬值幅度达到大约50%，世界粮食市场价格明显高于中国国内价格，影响中国粮食进口，却有利于粮食出口。特别是当年日本稻谷减产，中国为了抢占日本市场，向日本出口数十万吨大米。同时，1993年虽然粮食总产量增加，但是中国稻谷同样是减产，国内稻米供应出现偏紧。由于1992年邓小平"南巡"之后，广东吸引大量打工者，经济发展很快，稻米供给只能面向国内，全国稻谷价格首先上涨，1993~1995年间粮食价格大幅度上涨，国内粮食（包括稻谷）价格逐步超越国际价格。

粮食价格上涨，是有利于粮食生产的，市场已经具备足够的信号。然而在1994年，布朗发表《谁来养活中国》，质疑中国在现代化的过程中保障国家粮食安全的能力，客观上起了推波助澜的作用。为了消除世界的疑虑，中国连续几年从上到下大力发展粮食生产，以确保粮食安全。1994~1998年全国粮食总产量累计比1993年增加1.4028亿吨，其中稻谷累计增加0.6814亿吨，占48.6%，粮食实际上供大于求，国内价格从1996年秋季起就已经逐步下降，但是稻谷产量在1997年仍然达到历史最高产量的2.0073亿吨。

受价格高涨、经济效益良好的刺激，这一时期稻谷生产出现的重大变化是，东北三省特别是黑龙江和吉林的粳稻迅速发展，成为中国新的水稻主产区。1990年，东北三省水稻的播种面积为2452.8万亩，产量是973万吨，占全国总产量的5.1%；1998年面积增加到3782.55万亩，产量增加到1690.2万吨，分别增长54.2%和73.7%，产量已经占全国的8.5%。

粮食产量大幅度提高，国内供大于求，国内价格又高于国际价格，无法通过出口调节富余；国家只得敞开收购粮食，库存因此大量增加，在价格走低的情况下，根本无法实现顺价销售，何况一般3年就迅速陈化的早籼稻，基本无人问津。因此，削减早籼稻的生产，几乎是当时的共识。1998年以后，早籼稻的种植面积确实在迅速减少，2003年种植面积最低时仅有8000多万亩，比最高年份1997年的1.14亿亩，减少将近3000万亩。国家库存的早籼稻，一部分成为对退耕还林农民的补贴，而更多的陈化早籼稻转为其他用途。

1992年以来，中国经济持续高速增长，城市发展和基本建设大量占用耕地，沿海省份许多过去的"鱼米之乡"，水稻种植面积大量减少，特别是1998年以后更加明显。广东、福建、浙江、江苏等省水稻面积由1998年的12677万亩，减少到2009年的8994万亩，减少29.1%，产量由5639.9万吨减少到4043.0万吨，减少28.3%。而同期，东北三省水稻面积和产量继续增长，1998年粳稻面积3782.55万亩，2009年增加到5666.85万亩，比1998年增长49.8%，产量由1998年1690.2万吨增加到2009年2585.5万吨，增长53.0%。2009年东北水稻产量已经占全国总产量的13.3%。

沿海省份不仅水稻生产量减少，而且由于经济发展，吸引大量农民工就业，消费量大幅增加。最典型的是广东省，常住人口全国第一，目前以稻谷为主的粮食消费自给率已经下降到大约40%。

东部沿海省份产量的减少，主要是靠东北三省弥补。而过去的水稻生产大省湖南、江西、安徽等省，水稻生产形势也发生了变化，1990年三省水稻面积14963万亩，2009年14364万亩，减少4.0%，而1990年三省稻谷产量5396万吨，2009年5890.1万吨，得益于单产的提高，产量不但没有减少，反而增加将近9.2%。如果没有中部这些省份单产和总产的增长，中国水稻的供给有可能出现短缺。

# 三、妥善规划主产区生产能力

根据上节回顾性总结分析，我们认为，今后中国水稻生产实现国内基本自给的关键是：稳定沿海发达省份的面积和产量，适当增加中部省份的面积和产量，逐步提高东北三省的面积和产量。具体到省一级，重点抓好黑龙江、吉林、安徽、江西、湖南等五省，就能对未来中国水稻生产产生积极影响。

黑龙江无疑是未来中国最具水稻增产潜力的省份，全省耕地面积 1.8 亿亩，大约是全国的 10%，农村人均耕地 10 亩多，是全国目前唯一真正能够实现规模化、机械化生产的省份。为了应对 2006 年以来粮食价格的显著上涨，2007 年 8 月该省就着手论证包括水稻在内的增产规划。如果需要，该省能够生产更多商品粮。吉林地理位置和水稻生产形势与黑龙江情况类似，并且已经开始实施国家批准的增产规划，前景同样良好。

黑龙江和吉林需要加强的是粮食运输系统。两省地处东北边陲，而中国稻米主销区在长三角、珠三角，没有完善的运输系统，不能及时将所生产的粮食运到销区，既无法满足销区需求，又可能在产地积压造成价格下降。2008 年 2 月，由于东北稻谷外运困难，财政部下发了"稻米入关运费补贴办法"，对从东北购买外运粳稻，根据运输方式的不同，分别给予 0.12~0.28 元/公斤的补贴。后来，铁道部从 5 月 1 日~6 月 30 日集中抢运 1000 万吨东北粮食，才有效缓解东北粮食外运压力。

湖南目前是中国水稻生产第一大省。多年来，在袁隆平研究推广杂交水稻的影响下，湖南水稻单产有了明显提高，弥补了播种面积的下降，维持了湖南水稻第一大省的地位。2009 年湖南稻谷产量 2578.6 万吨，占全国产量的 13.2%。今后，湖南稻谷产量增长仍然具有潜力。

随着农民外出打工的增多，其收入不断提高，而种粮的比较收益低，这使得湖南出现"双改单"和部分"抛荒"情况。因此，今后湖南稻谷产量的增长，仅靠单产增加还不够，还需要恢复水稻种植面积。湖南靠近珠三角，如果有足够的商品稻谷调出，可以避免东北远距离调运的困难。江西地理位置和水稻生产与湖南类似，由于单产水平低于全国平均，增产潜力大于湖南。

安徽是少数同时生产籼稻和粳稻的省份，临近长三角，又具备扩大水稻商品率的潜力，应该根据市场需求稳步增加水稻生产。安徽地处南北过渡带，气象灾害比较频繁，而且淮河流域水灾重于旱灾，内涝重于外涝。如果没有比较完善的防洪抗旱减灾水利体系，增产潜力的发挥还有困难。

其实，所有水稻主产区在增产问题上都涉及农田水利基础设施，普遍反映现有的水利设施基本是在"吃老本"，已经很难抵御比较大的水旱灾害。目前，中国缺乏农田水利基础设施建设中涉及"最后一公里"的正常机制，特别是取消农业税，减轻农民负担，甚至将农民每年的水利建设义务工也一并取消，公益事业改为"一事一议"，但是目前很难取得农民对公益事业的一致意见。因此，中国急需建立农田水利建设的新机制，以应对全球气候变暖造成的频繁灾害，确保水稻生产能力的实现。2010年全国水利工作大会召开，水利建设有望得到明显加强，水稻生产前景良好。


# 四、以良好经济效益引导水稻生产


相对于以政府规划主导的水稻增产，市场价格引导的增产更能够使农民获得良好经济效益。何况中国人均稻谷消费量基本稳定，单纯以产量为实现目标的政府规划，能否真正反映市场需求是有疑问的。当前，要特别警惕20世纪90年代同样是增产1000亿斤粮食，当生产目标实现时，却导致价格大幅度下降和库存大幅度增加的局面。因此，农民水稻生产的积极性，主要应该靠良好的经济效益引导。

根据全国农产品成本收益资料，1998~2002 年全国种植水稻的净利润下降，特别是早籼稻净利润偏低，2002 年每亩净利润为 -10.76 元。全国双季稻面积明显下降，农民更多靠外出打工增加收入，只种一季中籼稻或者晚籼稻满足自己的口粮消费。2003 年水稻市场价格有了比较大的回升，2004 年水稻净利润明显提高，达到最近 10 年的最高值，水稻种植面积又逐年增加，早籼稻面积也有回升。

2009 年，全国平均早籼稻每亩净利润 169.06 元，中籼稻每亩净利润 302.97 元，晚籼稻每亩净利润 207.90 元。而 2004 年早、中、晚籼稻每亩净利润分别是 184.41 元、333.43 元、232.87 元。2009 年与 2004 年比较，净利润已经分别下降 8.3%、9.1%、10.7%。粳稻的净利润 2009 年也比 2004 年下降 16.6%。如果不是 2008 年国内外水稻价格暴涨，国家提高最低保护价，2009 年水稻生产很难获得比较好的效益（见表 1-2）。

表 1-2　　　　　　　2001~2009 年中国水稻净利润情况表　　　　　单位：元/亩

| 年份<br>项目 | 2001 | 2002 | 2003 | 2004 | 2005 | 2006 | 2007 | 2008 | 2009 |
|---|---|---|---|---|---|---|---|---|---|
| 早籼稻 | 6.78 | -10.76 | 23.77 | 184.41 | 98.09 | 108.39 | 141.27 | 171.32 | 169.06 |
| 中籼稻 | 77.89 | 39.00 | 51.31 | 333.43 | 233.91 | 201.17 | 301.41 | 339.51 | 302.97 |
| 晚籼稻 | 76.85 | 28.54 | 128.56 | 232.87 | 130.49 | 180.05 | 229.28 | 210.41 | 207.90 |
| 粳　稻 | 166.97 | 99.03 | 179.67 | 389.81 | 308.52 | 319.91 | 244.65 | 221.4 | 325.03 |

资料来源：《2010 全国农产品成本收益资料汇编》。

因此，以市场价格为引导，农民是能够调节水稻生产的。而且，根据前面的分析，目前全国水稻主产区的新格局，本质上也是市场价格引导、农民权衡水稻生产收益的结果。

# 五、2011 年稻谷和粮食的新情况

综上所述，中国稻谷人均消费量基本稳定，未来可能进入缓慢下降阶段，从长远发展看，未来中国小麦的人均消费量也可能出现逐步下降。与此同时，随着肉类消费的增长，作为饲料需求的玉米可能继续增长，因此，中国的粮食规划和政策应该充分考虑这些重大变化。否则，只考虑如何扩大生产，增加总产量，而不是更多考虑妥善应对不同粮食品种的流通、消费、库存和进出口各方面存在的问题，不利于中国水稻的供需平衡。

2004 年以来水稻连续七年丰收，2011 年早稻已获丰收，全年水稻产量有可能继续增产，按照目前国内消费水平很可能供大于求。

中国粮食国家储备量常年保持在总产量的 40% 左右，例如，中国以 2009 年 3 月 31 日为时点的核查，最终验明粮食库存量为 2.25 亿吨。2011 年 3 月"两会"期间，在新闻发布会上有关负责人宣布，目前中国粮食库存量为 2 亿吨左右，这两次公布的库存消费比均接近 40%。联合国粮农组织建议的库存消费比安全线是 17% ~18%，中国高于世界平均库存消费比 1 倍多，按说应该能够从容应对国内的需求。

然而，2003 年以来，每次世界粮食市场出现价格明显上涨，国内粮食价格在随之上涨的同时，国内外各种价格炒作的喧嚣声，往往让人感到担心。国家粮食储备在平抑粮食价格波动时，并不总是表现很得力，没有真正给人以库存充足的感觉。其主要原因，就在于储备品种结构与实际消费结构不完全吻合。

中国粮食国家储备主要品种是稻谷、小麦和玉米等，其中，稻谷超过 45%，小麦占 25%，玉米占将近 30%。中国三种主要粮食总产量，水稻占 39.4%，小麦占 23.2%，玉米占 35.7%，水稻库存比例明显偏高。而且，南方主产区库存品种并不适应消费需求。

自从 2006 年通过保护价收购的方式，国家储备的小麦达到总产量 50% ～ 60% 以后，最近四五年来小麦的调控比较得心应手，国内市场小麦价格波动幅度并不大，其中重要原因就是小麦品种适销。目前，国家的小麦库存满足 2011 年全年的小麦消费基本没有问题，而 2011 年夏粮小麦的还未收获。2011 年 2 月份国内小麦期货价格环比上涨不到 2%，同期美国小麦期货上涨接近 7%，小麦的国内外价差在扩大，显然国内供给充足。

玉米的情况则有所变化。美国农业部在 2008 年底预测中国将从 2009 年开始成为玉米净进口国，这个预测偏早一年，中国是 2010 年出现玉米明显入超，当年净进口 157 万吨。2011 年 3 月中旬中国又在世界市场上购买美国玉米，使世界玉米价格上涨 11%。中国玉米需求除了饲料方面，用于加工乙醇的数量明显增加。国内玉米生产已经无法兼顾饲料和乙醇的需求，即使国内储备达到总产量的 30% 左右，只有减少乙醇加工，才能抑制玉米价格的明显上涨。

近期国内粮食价格上涨最大的品种是粳稻，2011 年春节前后比去年同期上涨 20% 多。相比之下，各种籼稻涨价幅度有限。但是，中国稻谷储备除了东北外，南方主产区基本上是籼稻，其中大约 2/3 是早籼稻。换句话说，早籼稻在国家粮食储备总量中大约占 30%。如果减去早籼稻，中国粮食的库存消费比实际上可能只有 28% 左右。再加上大多数主销区库存量达不到 3 个月的销量，销区出现稻米价格上涨时往往缺乏足够库存的适销品种可用于平抑价格波动，只有在更多的稻谷从主产区运抵主销区时，价格才可能出现明显回落。因此，中国现有粮食储备结构和数量应该进行适当调整。

# 六、未来中国水稻发展的方向

随着中国城乡居民生活水平的提高，中晚籼稻以及粳稻消费量在增加，早籼稻作为口粮和工业用粮比重越来越低。1998～2003年，中国稻谷产量下降，主要是南方"双季稻"面积下降，早籼稻产量减少的结果。2004年以来，南方水稻主产区增加粮食生产，多数是走"单改双"的路子，增加的仍然主要是早籼稻的产量。1998年以后库存减少的早籼稻，又逐步成为南方稻谷储备的主体。

我们认为，为了适应城乡居民未来对稻谷质量的需求，以及目前相对宽松的水稻生产形势，未来中国水稻发展的方向，应该从以产量目标为主转向产量和质量并重。

优质稻米并不仅限于粳稻，而且东北地区也不可能满足全国的优质稻米需求，应该在全国范围内提高稻米质量。泰国香米是籼稻，中国南方主产区具备增加优质籼稻生产的能力。同时，如果南方水稻主产区早籼稻品质得不到提高，继续扩大"双季稻"面积，并不能提高稻谷的有效供给。

相反，目前已经存在的"中籼稻＋再生稻"生产模式，由于再生稻品质远远高于早籼稻，而且省工省肥，经济效益明显好于"双季稻"，可以比较迅速地提高稻谷的有效供给。

再生稻在中国有着悠久的种植历史，可以追溯到1700年前。其特点是在一季稻成熟之后，只割下稻株的上2/3的部位，收取稻穗，留下下面的1/3植株和根系，适时施肥和培育，让它再长出一季稻子。

一季稻成熟时会有一些腋芽，收割时得到保留，在原有的根系的基础上，这批腋芽再次生长、抽穗，大约2个月后再次成熟，就可以收割。通常，再生稻颗粒要比正常的一季稻小一些，但是稻穗数要多（原来稻穗割断的地方一般会长出

**中国主要农产品增长**
对 2004 年以来农产品增长的经济解释

2 棵以上的穗），因而产量也不少。再生稻通常比一季稻的产量要增加 50%。例如，福建省尤溪县近几年每年种植再生稻近 10 万亩，一季稻平均亩产 600 公斤左右，再生稻平均亩产可达 300 公斤左右。由于再生稻生长季节正是正常晚稻的生长期，其稻米质量更接近晚稻，是完全有效的供给，对粮食增产和粮食安全更有重要的现实意义。

再生稻由于在原有的根系上再次生长，相当于省去了"双季稻"从收割完第一季稻到第二季稻生长中期的这段时间，因此它叫再生稻，而不是两季水稻。目前，中国一季稻主要是中籼稻和单季晚籼稻，从季节配合来看，"中籼稻＋再生稻"更好，"晚籼稻＋再生稻"生长期可能偏紧，难以推广。

再生稻生产的关键是在一季稻齐穗后 10 天左右施尿素 15～20 公斤作为促芽肥，并在收割后 3 天内施尿素 5～8 公斤作为发苗肥。此外，基本上只有除草和收割两项工序，用工用肥比种早、中、晚稻任何完整的一季稻都要少。

目前，中国南方水稻产区福建、四川、重庆、广西、湖南、湖北、海南、云南、浙江、江苏、安徽、江西、广东等省（区），再生稻已经存在多年。2008 年，中国中稻和一季晚稻的面积约为 2.6 亿亩，每亩单产 480 公斤左右，即使其中只有 1 亿亩适合推广再生稻，按照每亩增产 40% 多、大约 200 公斤计算，每年可增产稻谷 2000 万吨，相当于 2010 年稻谷总产量 1.9576 亿吨的 10%。因此，发展再生稻是增加稻谷有效供给、确保中国未来粮食安全的一个重要战略性举措，值得逐步推广。如果每年推广 1000 万亩，即可增产 200 万吨。

## 七、振兴南方水稻生产正当其时

过去中国粮食生产的重心在南方，形成"南粮北运"的格局。改革开放以来，粮食生产的重心逐步北移，目前已经是"北粮南运"。

玉米的入超和涨价以及粳稻价格的明显上涨，实际上折射出中国城乡居民生活水平提高后，对于肉类和粳米消费的增长以及乙醇的需求。东北粮食主产区耕地开垦潜力已经有限，更需要避免出现生态透支，未来很难承受太多全国性的需求增长。因此，在新形势下，中国需要振兴南方粮食主产区湖南、湖北、江西、安徽、江苏、四川等省的水稻生产。

　　振兴南方粮食生产，除了按照2011年"一号文件"精神开展水利基本建设以外，需要加快提高水稻生产的机械化水平。目前，水稻生产机械化水平明显低于小麦生产的局面，必须要有实质性的突破进展。2008年水稻生产耕、种、收的综合机械化率为51.2%（低于小麦生产的81%），其中耕作为79.2%，种植13.7%，收获51.2%。因此，应该以种植（即插秧）机械化为突破口，全面提高水稻生产的机械化率。希望有一天水稻综合机械化率明显提高，南方水稻收割季节，也能够形成类似小麦的跨区作业。

　　提高机械化率和发展"再生稻"，均有助于减少水稻生产中的用工数量，降低生产成本，提高南方水稻生产的经济效益。

　　总之，粮食生产的宏观调控应该是以市场调节为主，让粮食的价格信号引导农民安排粮食生产。同时，在满足大多数居民对于粮食需求时，应该在兼顾数量和质量的前提下，逐步提高粮食的质量。

　　2011年中国公布的稻谷最低收购价，已经拉开粳稻与籼稻的价格。今后，应该进一步拉开早籼稻和中、晚籼稻的价格，甚至可以考虑在提高稻谷最低收购价的同时，提高国家水稻储备的质量标准，限制早籼稻进入国家粮食储备，反过来引导农民提高稻谷的质量，才能使粮食储备真正适应市场变化，满足中国城乡居民对优质稻米的需求。

# 中国小麦生产现状、供求形势、调控政策及建议

## 一、中国小麦生产的发展

### （一）产量持续增加

小麦是中国最重要的粮食作物之一，近 20 年产量趋势比较平稳，变化不大，基本上都在 9000 万～12000 万吨之间，常年产量占到粮食总产的 22% 左右。1995～1998 年连续 4 年产量超过 1 亿吨，最丰年 1997 年达到 1.23 亿吨，占当年粮食总产的 1/4；到 2003 年降到了 20 年中的最低点，只有 8648.8 万吨，占当年粮食总产的 1/5。

2004 年中国全面放开粮食购销市场以后，国家实施一系列扶持粮食生产的政策措施，小麦产量逐渐恢复到历史最高水平。2004～2010 年，小麦产量从 9195 万吨增加到 11518 万吨，增产 2323 万吨，连续 5 年产量超过 1 亿吨（见

表 2 –1、图 2. 1)。

表 2 – 1　　　　　　　　历年小麦产量占粮食产量的份额　　　　　　单位：万吨

| 年　份 | 粮食产量 | 小麦产量 | 份额（%） | 年　份 | 粮食产量 | 小麦产量 | 份额（%） |
|---|---|---|---|---|---|---|---|
| 1978 | 30476.5 | 5384 | 17.7 | 1999 | 50838.6 | 11388 | 22.4 |
| 1980 | 32055.5 | 5520.5 | 17.2 | 2000 | 46217.5 | 9963.6 | 21.6 |
| 1985 | 37910.8 | 8580.5 | 22.6 | 2001 | 45263.7 | 9387.3 | 20.7 |
| 1990 | 44624.3 | 9822.9 | 22.0 | 2002 | 45705.8 | 9029 | 19.8 |
| 1991 | 43529.3 | 9595.3 | 22.0 | 2003 | 43069.5 | 8648.8 | 20.1 |
| 1992 | 44265.8 | 10158.7 | 22.9 | 2004 | 46946.9 | 9195.2 | 19.6 |
| 1993 | 45648.8 | 10639 | 23.3 | 2005 | 48402.2 | 9744.5 | 20.1 |
| 1994 | 44510.1 | 9929.7 | 22.3 | 2006 | 49804.2 | 10846.6 | 21.8 |
| 1995 | 46661.8 | 10220.7 | 21.9 | 2007 | 50160.3 | 10929.8 | 21.8 |
| 1996 | 50453.5 | 11056.9 | 21.9 | 2008 | 52870.9 | 11246.4 | 21.3 |
| 1997 | 49417.1 | 12328.9 | 24.9 | 2009 | 53082.1 | 11511.5 | 21.7 |
| 1998 | 51229.5 | 10972.6 | 21.4 | 2010 | 54648 | 11518 | 21.1 |

资料来源：《中国统计年鉴》。

图 2.1　　　　　　　　历年小麦产量占粮食产量的份额

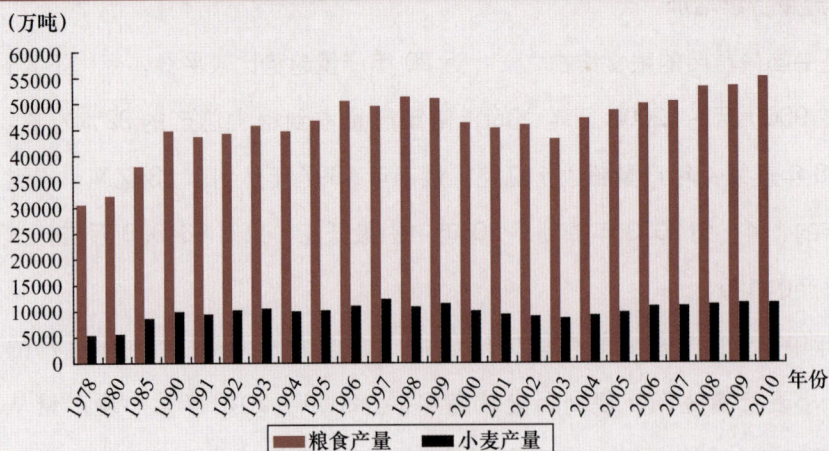

中国主要农产品增长

对 2004 年以来农产品增长的经济解释

河南、山东、河北、安徽、江苏是产量最大的五个省，2004 年以来产量及占全国总产的份额稳步增长，2009 年五省小麦产量 8514.7 万吨，占到全国总产的 74%（见表 2 - 2、图 2.2）。河南省 2004 年以来每年产量占到全国总产的27% 左右，提供商品量占全国 25% ~30%。

**表 2 - 2**　　　　　　　　　**五省产量及占全国产量的份额**　　　　　　　单位：万吨

| 年　份 | 河南省 | | 山东省 | | 河北省 | | 安徽省 | | 江苏省 | |
|---|---|---|---|---|---|---|---|---|---|---|
| | 产量 | 份额（%） | 产量 | 份额（%） | 产量 | 份额（%） | 产量 | 份额（%） | 产量 | 份额（%） |
| 1990 | 1639.9 | 16.7 | 1612.1 | 16.4 | 827.7 | 8.4 | 589.0 | 6.1 | 923.7 | 9.4 |
| 1995 | 1754.2 | 17.2 | 2060.7 | 20.2 | 1060.3 | 10.4 | 699.1 | 6.8 | 829.6 | 8.7 |
| 1996 | 2026.8 | 18.3 | 2052.7 | 18.6 | 1139.1 | 10.3 | 748.3 | 6.8 | 1014.3 | 9.2 |
| 1997 | 2372.4 | 19.2 | 2241.3 | 18.2 | 1330.7 | 10.8 | 941.2 | 7.6 | 1064.7 | 8.6 |
| 1998 | 2073.5 | 18.9 | 2024.5 | 18.5 | 1253.6 | 11.4 | 599.1 | 5.5 | 759.7 | 6.9 |
| 1999 | 2291.5 | 20.1 | 2117.7 | 18.6 | 1280.5 | 11.2 | 852.5 | 7.5 | 1070.8 | 9.4 |
| 2000 | 2236.0 | 22.4 | 1860.0 | 18.7 | 1208.0 | 12.1 | 707.1 | 7.1 | 796.4 | 8.0 |
| 2001 | 2299.7 | 24.5 | 1655.2 | 17.6 | 1122.7 | 12.0 | 741.9 | 7.9 | 703.9 | 7.5 |
| 2002 | 2248.4 | 24.9 | 1547.1 | 17.1 | 1099.5 | 12.2 | 683.7 | 7.6 | 644.5 | 7.1 |
| 2003 | 2292.5 | 26.5 | 1565.0 | 18.1 | 1018.4 | 11.8 | 642.8 | 7.4 | 608.7 | 7.0 |
| 2004 | 2480.9 | 27.0 | 1584.5 | 17.2 | 1053.2 | 11.5 | 790.1 | 8.6 | 687.7 | 7.5 |
| 2005 | 2577.7 | 26.5 | 1800.5 | 18.5 | 1150.3 | 11.8 | 808.1 | 8.3 | 728.5 | 7.5 |
| 2006 | 2822.7 | 27.0 | 1889.8 | 18.1 | 1149.5 | 11.0 | 966.8 | 9.3 | 817.8 | 7.8 |
| 2007 | 2970.0 | 27.2 | 2000.7 | 18.3 | 1194.3 | 10.9 | 1111.3 | 10.2 | 973.8 | 8.9 |
| 2008 | 3051.0 | 27.1 | 2034.2 | 18.1 | 1221.9 | 10.9 | 1167.9 | 10.4 | 998.2 | 8.9 |
| 2009 | 3056.0 | 26.5 | 2047.3 | 17.8 | 1229.8 | 10.7 | 1177.2 | 10.2 | 1004.4 | 8.7 |

资料来源：《中国统计年鉴》。

图 2.2                       五省小麦产量增长趋势

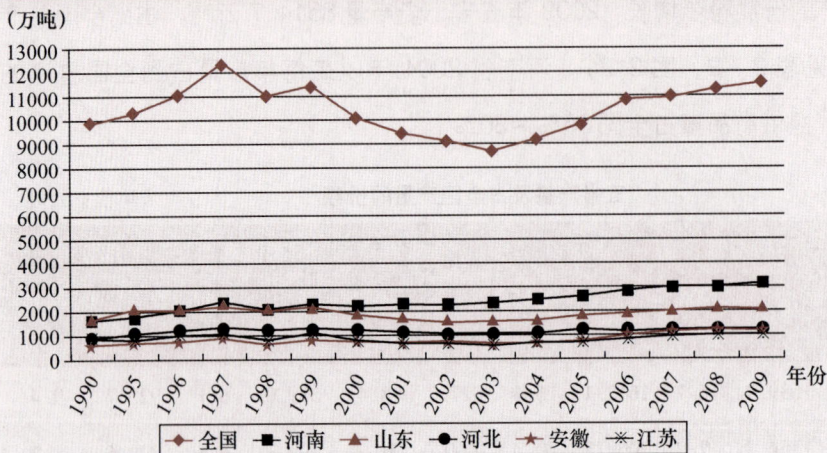

## （二）面积减少

中国小麦播种面积在 2000 年以前基本稳定在 3000 万公顷左右，占到粮食播种面积的 26%～27%。2000 年以后播种面积明显下降，近几年逐渐增加到 2400 多万公顷。20 年间小麦播种面积约减少 20%，在粮食播种面积中的份额约减少 5%（见表 2－3、图 2.3）。种植面积减少的原因，一是耕地减少。2002 年中国耕地减少到了 19 亿亩以下，这一时期包括小麦在内的粮食播种面积明显减少。小麦与粮食面积的变化趋势基本一致。二是小麦收益大幅下降。2000 年每亩收益仅为 9.2 元，2001 年、2003 年每亩收益分别亏损 10.2 元、30.2 元。

## （三）优质小麦产量及面积大幅增加

随着国家对优质小麦的重视，产量及面积快速增加。2001 年，全国优质小麦面积 600 万公顷，其中优质强筋和优质弱筋小麦面积达到 213 万公顷。2003 年，优质小麦面积达到 797.41 万公顷，产量达 3373.19 万吨，优质强筋、中筋、弱筋小麦的种植面积分别占全国小麦种植面积的 22.43%、10.76%、

**中国主要农产品增长**
对 2004 年以来农产品增长的经济解释

表 2 – 3　　　　　　　　历年小麦播种面积占粮食播种面积的份额　　　　单位：万公顷

| 年份 | 粮食播种面积 | 小麦播种面积 | 份额（%） |
|---|---|---|---|
| 1978 | 12058.7 | 2918.3 | 24.2 |
| 1980 | 11723.4 | 2884.4 | 24.6 |
| 1985 | 10884.5 | 2921.8 | 26.8 |
| 1990 | 11346.6 | 3075.3 | 27.1 |
| 1991 | 11231.4 | 3094.8 | 27.6 |
| 1992 | 11056 | 3049.6 | 27.6 |
| 1993 | 11050.9 | 3023.5 | 27.4 |
| 1994 | 10954.4 | 2898.1 | 26.5 |
| 1995 | 11006 | 2886 | 26.2 |
| 1996 | 11254.8 | 2961.1 | 26.3 |
| 1997 | 11291.2 | 3005.7 | 26.6 |
| 1998 | 11378.7 | 2977.4 | 26.2 |
| 1999 | 11316.1 | 2885.5 | 25.5 |
| 2000 | 10846.3 | 2665.3 | 24.6 |
| 2001 | 10608 | 2466.4 | 23.3 |
| 2002 | 10389.1 | 2390.8 | 23.0 |
| 2003 | 9941 | 2199.7 | 22.1 |
| 2004 | 10160.6 | 2162.6 | 21.3 |
| 2005 | 10427.8 | 2279.3 | 21.9 |
| 2006 | 10495.8 | 2361.3 | 22.5 |
| 2007 | 10563.8 | 2372.1 | 22.5 |
| 2008 | 10679.3 | 2361.7 | 22.1 |
| 2009 | 10898.6 | 2429.1 | 22.3 |
| 2010 | 10987.6 | 2432 | 22.1 |

资料来源：《中国统计年鉴》。

图 2.3　　　　　　　　　　小麦播种面积占粮食播种面积的份额

（万公顷）

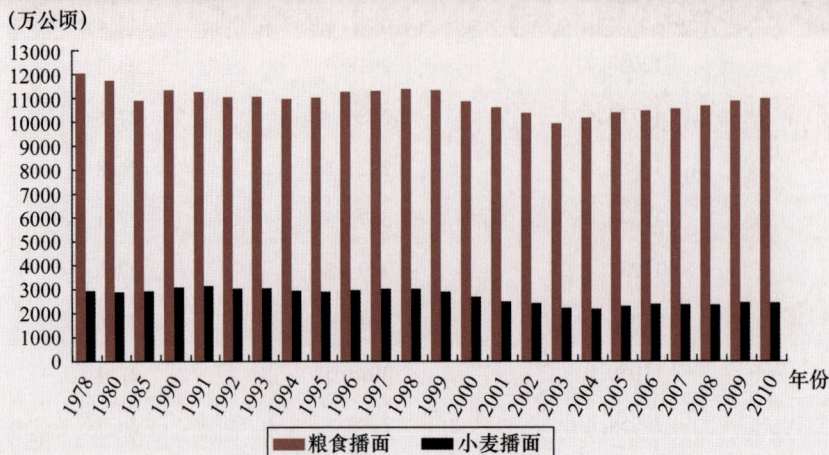

图例：■ 粮食播面　■ 小麦播面

3.04％，产量分别占全国小麦产量的 24.73％、12.22％、2.04％。山东、河南、河北、安徽和江苏五省份的优质小麦种植面积占全国的 67.09％，其中优质强筋、中筋、弱筋小麦种植面积各占全国的 81.17％、70.45％、81.88％。2004 年全国优质小麦面积达到 966.6 万公顷，呈现继续增长的态势，到 2008 年种植面积为 1600 万公顷，占小麦总种植面积的 67.8％，产量 7167 万吨，占小麦总产的 63.7％（见表 2-4、图 2.4）。2009 年秋冬小麦优质达到 71％，比 2004 年提高 30％。

优质小麦面积虽然大幅增加，优质率不断提高，但是许多地区未形成区域化种植格局，表现在：农户生产组织化程度低，优势产区内个体差异大，规模优势不明显；同一优质小麦生产区内不同品种"插花"种植的现象非常普遍，品种混杂，难以形成较大数量的、质地相同的优质原粮。由于未做到区域化种植，不能统一品种、统一栽培技术、统一收获、统一专收和专储，致使有些地区生产的优质专用小麦即使是同一村生产的同一品种，质量也不一致，面粉企业普遍认为国产专用小麦的质量稳定性与进口专用小麦差距较大。

表 2 - 4　　　　　　　　　　2001～2008 年优质小麦产量、播种面积　　　　　　单位：万吨

| 年份 | 小麦总产量 | 优质小麦 | 比重（%） | 小麦总播种面积（万公顷） | 优质小麦 | 比重（%） |
|---|---|---|---|---|---|---|
| 2001 | 9387.3 | 2450.9 | 26.1 | 2466.4 | 600.0 | 24.3 |
| 2003 | 8648.8 | 3373.2 | 39.0 | 2199.7 | 797.4 | 36.3 |
| 2004 | 9195.2 | 4421.8 | 48.1 | 2162.6 | 966.6 | 44.7 |
| 2006 | 10846.6 | 5968.1 | 55.0 | 2162.6 | 1371.2 | 63.4 |
| 2007 | 10929.8 | 6582.4 | 60.2 | 2279.3 | 1507.2 | 66.1 |
| 2008 | 11246.4 | 7167.0 | 63.7 | 2361.3 | 1600.0 | 67.8 |

资料来源：根据中国农业统计资料、国家统计局网页资料①整理。

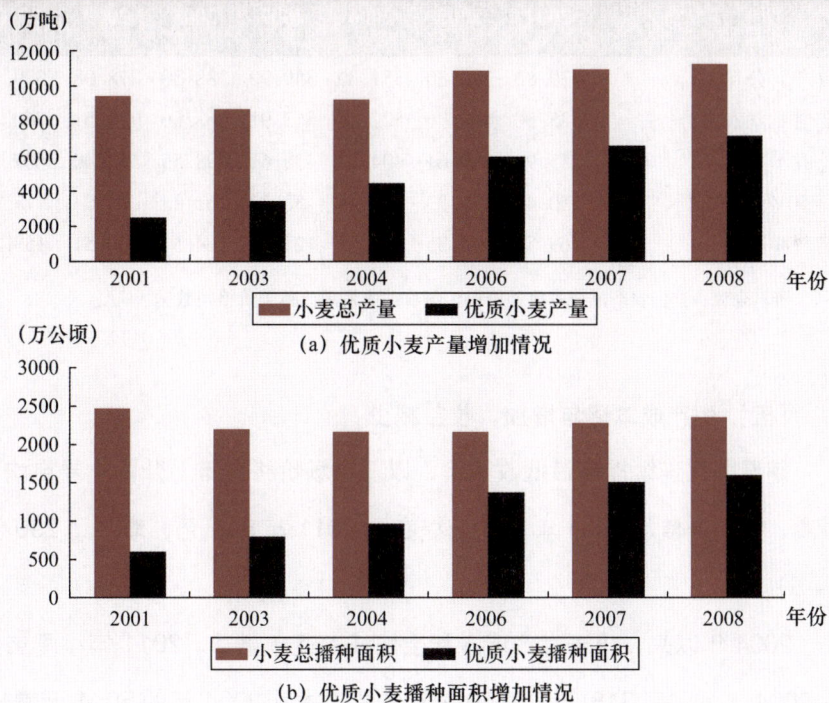

图 2.4　　　　　　　　优质小麦产量、播种面积增加情况

（a）优质小麦产量增加情况

（b）优质小麦播种面积增加情况

---

①　参见 http：//www. stats. gov. cn/tjshujia/zggqgl/t20101018_ 402676865. htm。

## （四）单产大幅提高

中国小麦的恢复性增产，主要是亩产的大幅提高。2004～2011年，小麦亩产从339.8公斤提高到395.4公斤，增加了55.6公斤（见表2-5）。2011年，河北、山西、山东、江南、陕西和四川这些省份亩产分别增长12%、8.8%、5.9%、7.7%、5.4%和11.7%。有调查显示，河北、安徽2010年小麦种植规模低于100亩、100～1000亩、1000～1200亩、2000～5000亩和5000亩以上的，平均亩产分别为468.3公斤、475公斤、485.5公斤、488.6公斤和446.7公斤（农业部农研中心，2011）。

表2-5　　　　　2004～2011年中国小麦亩产、产值、成本及收益　　　　单位：元

| 年份<br>项目 | 2004 | 2005 | 2006 | 2007 | 2008 | 2009 | 2010 | 2011 |
|---|---|---|---|---|---|---|---|---|
| 亩产（公斤） | 339.80 | 325.80 | 351.80 | 359.90 | 388.30 | 378.08 | 379.4 | 395.4 |
| 产值 | 525.50 | 468.96 | 522.46 | 563.91 | 663.06 | 717.51 | 760.6 | 815.7 |
| 总成本 | 355.92 | 389.61 | 404.77 | 438.61 | 498.55 | 567.00 | 607.2 | 674 |
| 每50公斤总成本 | 50.44 | 57.33 | 55.48 | 58.79 | 62.23 | 73.03 | 77.28 | 82.31 |
| 亩产净利润 | 169.58 | 79.35 | 117.69 | 125.30 | 164.51 | 150.51 | 153.3 | 141.6 |

资料来源：全国农产品成本收益资料汇编、国家发展改革委价格司数据。

## （五）生产成本逐年增加，收益减少

随着国家连续提高最低收购价，以及市场价格逐年上升，小麦亩均产值明显提高，亩均产值从2004年526元提高到2011年816元，增加了290元（见表2-5）。

2004年以来，小麦生产成本和土地成本逐年增加。2011年小麦亩产总成本比2004年增加了318元，每50公斤的总成本从2004年的50.4元增长到2011年的82.3元（见表2-5和表2-6）。其中，化肥费、人工成本和土地成本上涨较多。对于小规模种植的农户，人工成本、农机使用费和土地租金占到生产成本

的近一半。化肥费的增加，主要是化肥价格上涨。人工成本主要是家庭用工成本，随着收入水平增加和农业劳动人口减少，家庭用工折价上涨。土地成本的增加，主要是近几年种粮收益处于历史较高水平，加之国家对种粮补贴力度的不断加大，农民种粮积极性提高，从而推动了土地价格持续上涨。

表 2−6　　　　　　　　　　　小麦主要生产成本　　　　　　　　　　单位：元/亩

| 年　份 | 2004 | 2005 | 2006 | 2007 | 2008 | 2009 | 2010 | 2011 |
|---|---|---|---|---|---|---|---|---|
| 化肥费 | 66.89 | 86.79 | 91 | 94.54 | 110.86 | 135.38 | 121 | 133.1 |
| 人工成本 | 111.84 | 121.34 | 119.61 | 124.72 | 133.19 | 145.64 | 171.2 | 197.1 |
| 土地成本 | 43.8 | 51.92 | 54.6 | 68.88 | 86.67 | 103.88 | 120 | 123.6 |

资料来源：全国农产品成本收益资料汇编、国家发展改革委价格司数据。

受生产成本增加的影响，虽然价格上涨、单产及产值增加，但收益减少。与油料、稻谷、玉米的收益比较，2004 年、2008 年小麦收益曾高于玉米，但从收益的总体趋势看，小麦在这些作物中的收益水平仍是最低的，并且呈下降趋势（见图2.5）。2011 年主产区小麦亩均净利润仅为 141.6 元，比 2010 年减少7.6%，比 2008 年减少16%。

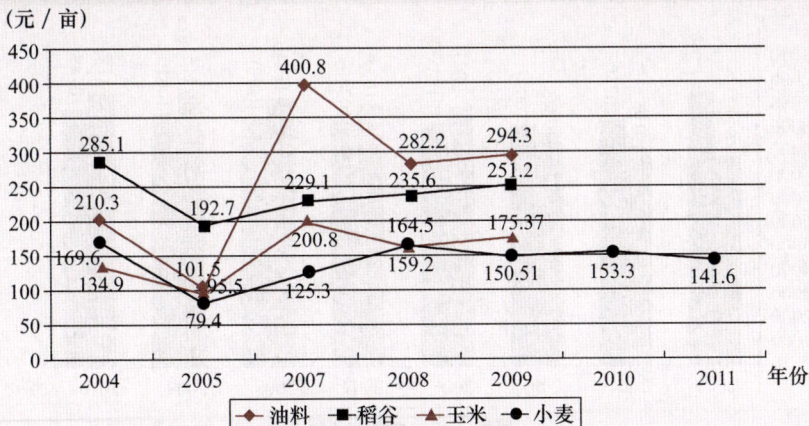

图2.5　小麦与其他几种作物收益比较

资料来源：全国农产品成本收益资料汇编、国家发展改革委价格司数据。

中国小麦生产总体已恢复到历史最高水平，单产提高比较快，但保持继续增产面临较大压力。播种面积和单产的提高是增产的决定性因素。目前中国水、土、劳动力等资源约束日益明显，小麦种植面积扩大的空间很有限，依靠面积扩大来实现继续增产很难。尽管近几年面积逐渐增加，但不可能恢复到3000万公顷的历史最高水平。而小麦单产已经处于世界较高水平，要大幅提高任务也很艰巨。目前单产水平低于欧洲等总产较小的国家，相当于英国的65%左右，法国、德国的76%左右，但高于美国、印度等生产大国。

## 二、小麦供求形势

近10年中国小麦消费总体比较稳定。国内相关研究估计，小麦总量在1亿~1.1亿吨之间，波动幅度在1000万吨左右，由于连续增产，小麦基本保持供略大于求的形势（见图2.6）。美国农业部对中国小麦消费（包括工业消费）的估计数量低一些，2003/2004年度是1.045亿吨，2009/2010年度是

图 2.6　2003~2010年小麦供需情况

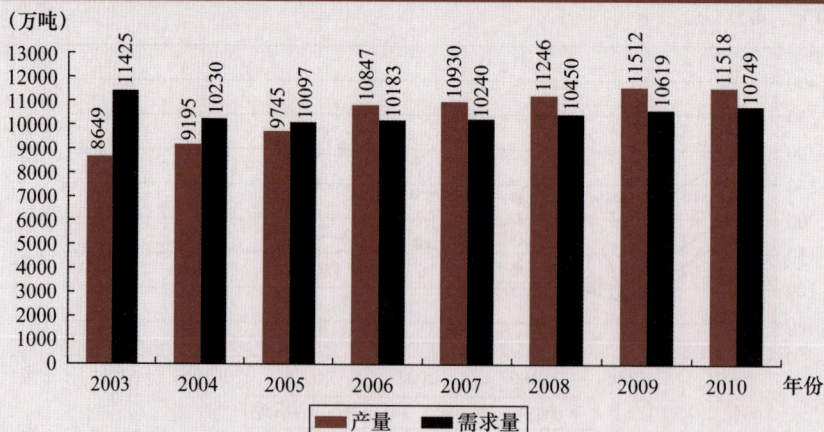

（万吨）

| 年份 | 产量 | 需求量 |
|---|---|---|
| 2003 | 8649 | 11425 |
| 2004 | 9195 | 10230 |
| 2005 | 9745 | 10097 |
| 2006 | 10847 | 10183 |
| 2007 | 10930 | 10240 |
| 2008 | 11246 | 10450 |
| 2009 | 11512 | 10619 |
| 2010 | 11518 | 10749 |

资料来源：根据历年《中国粮食市场发展报告》整理。

**中国主要农产品增长**
对2004年以来农产品增长的经济解释

1.05 亿吨，6 年间数量几乎不变；对 2010/2011 年度的估计是 1.038 亿吨，比前几年减少（见表 2 -7）。

表 2 -7　　　　　美国农业部对中国小麦产量、消费及库存的估计数量　　　单位：百万吨

| 年　度 | 产　量 | 消　费 | 产需结余 | 年末库存 |
|---|---|---|---|---|
| 2003/2004 | 86.5 | 104.5 | -18 | 43.3 |
| 2004/2005 | 92 | 102 | -10 | 38.8 |
| 2005/2006 | 97.4 | 101.5 | -4.1 | 34.4 |
| 2006/2007 | 108.5 | 102 | 6.5 | 38.5 |
| 2007/2008 | 109.3 | 106 | 3.3 | 39 |
| 2008/2009 | 112.5 | 105.5 | 7 | 45.7 |
| 2009/2010 | 114.5 | 105 | 9.5 | 55.4 |
| 2010/2011 | | 103.8 | | |

从消费结构看，食用消费一直是小麦的主要消费方式，目前占总消费量的 75% 左右；饲用和工业消费分别约占 10%；种用消费一直比较平稳，约占 4%（见表 2 -8）。饲用消费近年来小幅增长，是由于玉米价格持续走高，小麦与玉米价差缩小，出现比价优势，销区一些饲料企业、养殖企业用小麦替代部分玉米。由于小麦主要是用做食用消费，替代玉米用做饲料的量以及工业消费的量有限，制约了消费大幅提高的可能，小麦消费大多将保持较为平稳的趋势。业界甚至认为，中国小麦消费开始进入人均消费量逐步下降的阶段，消费总量有降低的可能。有研究表明，小麦的消费量与经济发展存在着非线性关系。在人均 GDP 达到 3300 美元左右时，小麦人均消费量以及小麦人均食用和工业用消费量均达到最高点，此后则逐渐减少。中国人均 GDP 已过了 3300 美元，未来几年中国人均小麦消费同量将缓慢降低，并将与人口的增长部分抵消，推动小麦进入平稳期。

目前小麦供应整体充足，但结构性供需不平衡日益显现，主要表现为普通小麦供过于求，而优质小麦随着生活水平的提高出现了供不应求。近年来中国大力

表 2 - 8　　　　　　　　　　　小麦消费结构　　　　　　　　　　　单位：万吨

| 年　　度 | 年度总消费 | 制粉消费 | 饲用消费 | 工业消费 | 种用消费 |
|---|---|---|---|---|---|
| 2004/2005 | 10446 | 9100 | 250 | 280 | 480 |
|  | 100% | 87.1% | 2.4% | 2.7% | 4.6% |
| 2005/2006 | 10034 | 8700 | 380 | 180 | 415 |
|  | 100% | 86.7% | 3.8% | 1.8% | 4.1% |
| 2006/2007 | 10406 | 7850 | 900 | 980 | 472 |
|  | 100% | 75.4% | 8.6% | 9.4% | 4.5% |
| 2007/2008 | 10520 | 7800 | 1350 | 900 | 470 |
|  | 100% | 74.1% | 12.8% | 8.6% | 4.5% |
| 2008/2009 | 10438 | 8000 | 970 | 1000 | 468 |
|  | 100% | 76.6% | 9.3% | 9.6% | 4.5% |
| 2009/2010 | 10609 | 8050 | 1050 | 1040 | 469 |
|  | 100% | 75.9% | 9.9% | 9.8% | 4.4% |

资料来源：历年《中国粮食市场发展报告》。

发展优质麦的种植，强筋和弱筋小麦发展较快，但优质麦在质量上却大多不符合要求，企业以进口麦替代国产麦的需求持续增加。

20世纪90年代中期以前，中国一直是世界上最大的小麦进口国之一。之后随着国内产量提高，供给增加，进口量逐渐减少，2002年、2003年出现出口量大于进口量。但随着消费水平的提高，优质小麦国内需求大，2004年、2005年进口数量剧增。2006年开始，国内小麦连年丰产，产大于需，库存充足，以及优质小麦质量不断提高，对进口小麦形成部分替代，使进口大于出口的矛盾缓和。到2009年，由于国际小麦价格大幅下跌，相对于国内市场存在明显的价格优势，加之国内优质麦供应不足，进口又出现大幅增长（见表2-9）。

从价格变化看，2004年以来中国小麦价格总体呈波动上涨趋势。2003/2004年度小麦价格处于谷底，低价刺激了小麦的滥用，因为成本低，大量的小麦被用做饲料甚至生物能源原料。而经过连续几年的大幅上涨，小麦价格处于历史高

表 2 – 9 　　　　　　　　**2000～2009 年中国小麦进出口量**　　　　　　单位：万吨

| 年 份 | 出口量 | 进口量 | 年 份 | 出口量 | 进口量 |
|---|---|---|---|---|---|
| 2000 | 0.25 | 87.6 | 2006 | 111.41 | 58.41 |
| 2001 | 45.48 | 69.01 | 2007 | 233.66 | 8.34 |
| 2002 | 68.76 | 60.46 | 2008 | 12.59 | 3.19 |
| 2003 | 223.75 | 42.42 | 2009 | 0.84 | 89.37 |
| 2004 | 78.39 | 723.29 | 2000～2009 | 801.16 | 1493.1 |
| 2005 | 26.03 | 351.01 | | | |

资料来源：海关综合信息网、统计信息网。

位。2004～2007 年，中国普通小麦产区批发价每斤在 0.7～0.8 元之间波动，2008 年下半年涨到 0.8～0.9 元，2009 年 2 月开始持续高于 0.9 元。2010 年下半年，小麦价格进一步上涨，11 月份达到 1.03 元历史高位，较 2004 年初上涨 46.4%。

影响小麦价格上涨的因素很多，2004 年以来价格上涨主要是以下因素共同作用的结果。一是货币因素。自 2004 年以来，国内货币供应量由 22.5 万亿增长到 2010 年的 65.7 万亿，增长了 192%，年均增长 20%，是 GDP 增速的 2 倍。货币持续超 GDP 大幅增长，必然导致物价水平的普遍上涨，农业生产则表现为土地、劳动力、农资等价格的上涨。二是价格政策因素。国家从 2006 年开始对小麦实行最低收购价政策，到 2011 年三等白麦、混麦/红麦每百斤的最低收购价分别提高到了 95 元、93 元（见表 2 – 10）。最低收购价政策促进了粮食增产、农民增收，同时也直接催生了粮价的上涨。三是关税政策因素。中国对小麦、稻米和玉米实行进出口配额，并设置了高额的进口关税，避免国际市场的冲击。大豆没有进口配额，所以国内价格基本上追随国际市场波动。关税政策使小麦国内价格保持在高位。2005 年以来，整体来看中国小麦价格高于美国小麦价格 25% 左右。中国小麦价格最高时（如 2010 年 3 月中国强筋麦 2233 元/吨，美国小麦 1199 元/吨）约是美国小麦价格的 2 倍。CBOT 小麦期货价格除了因金融危机影响在 2007 年 9 月~2008 年 8 月高于中国强筋麦，其他年份均低于中国小麦价格（见图 2.7）。

表 2-10　　　　　　　　2006~2011 年小麦最低收购价　　　　　　　单位：元/斤

| 年份 | 涨幅（%） | | 一等 | | 二等 | | 三等 | |
|---|---|---|---|---|---|---|---|---|
| | 白麦 | 混麦/红麦 | 白麦 | 混麦/红麦 | 白麦 | 混麦/红麦 | 白麦 | 混麦/红麦 |
| 2006 | - | - | 0.76 | 0.73 | 0.74 | 0.71 | 0.72 | 0.69 |
| 2007 | 0 | 0 | 0.76 | 0.73 | 0.74 | 0.71 | 0.72 | 0.69 |
| 2008 | 6.94 | 4.35 | 0.81 | 0.76 | 0.79 | 0.74 | 0.77 | 0.72 |
| 2009 | 12.99 | 15.28 | 0.91 | 0.87 | 0.89 | 0.85 | 0.87 | 0.83 |
| 2010 | 3.45 | 3.61 | 0.94 | 0.90 | 0.92 | 0.88 | 0.90 | 0.86 |
| 2011 | 5.56 | 8.14 | 0.99 | 0.97 | 0.97 | 0.95 | 0.95 | 0.93 |

图 2.7　　　2005~2010 年 CBOT 小麦和中国郑州商品交易所强筋小麦期货月平均价格

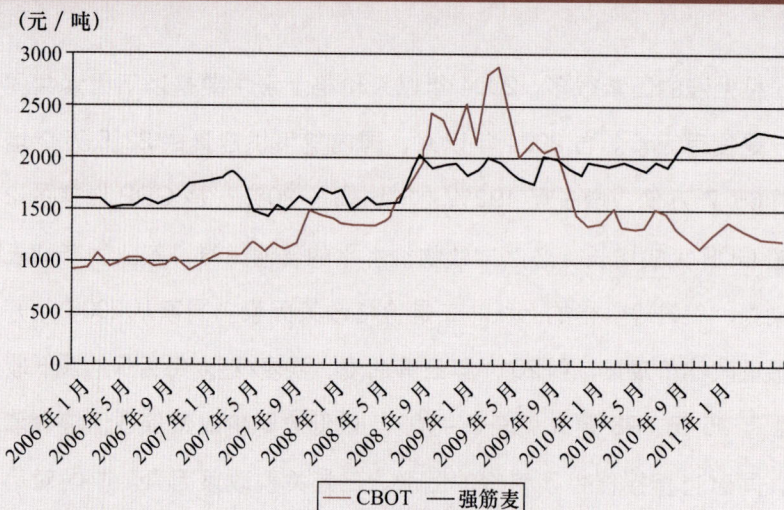

注：CBOT 小麦价格按当月平均汇率折算成人民币。
资料来源：国家统计局网页（http://www.stats.gov.cn/tjshujia/zggqgl/t20101018_402676865.htm）。

从目前形势看，中国小麦产量连续 5 年保持在 1 亿吨以上，2010/2011 年度库存消费比达到 99.85%，是 2003/2004 年度以来的最高水平，库存、供给充足，价格大幅上涨的可能性不大。需重点关注的问题，一是小麦品质。虽然中国

**中国主要农产品增长**
对 2004 年以来农产品增长的经济解释

优质专用小麦种植面积不断扩大，优质率不断提高，但目前小麦种植仍是小规模农户分散种植的生产模式，多品种混杂，混收混储等现象造成优质麦整体品质下降，难以满足企业加工要求。因此，对国际市场高档强筋和弱筋小麦都会有需求。二是外资企业的进入。根据 WTO 相关条款，2008 年以后外资进口中国粮食加工流通领域的设限消除，跨国粮商开始大举进入国内市场。外资进入最早从加工领域开始，2009 年以后投资规模扩大，并逐步进入流通领域，加剧了收购市场的竞争，对小麦价格上涨起到了一定的助推作用。还有外资企业在中国已经进入小麦育种领域，着手建立小麦品种开发基地。目前，外资在中国小麦产业据点所占的比重虽然不大，但其资本实力、市场网络以及品牌优势势必对国内企业形成强大竞争。

## 三、小麦调控政策及其效果

### （一） 生产和收入补贴政策

2004 年中国全面放开粮食购销市场和价格，对重点粮食品种（水稻和小麦）实施最低收购价政策，中央从粮食风险基金中拿出部分资金用于对种粮农民的直接补贴；2006 年出台农资综合补贴。到 2010 年，中央财政安排的补贴达到 1334.9 亿元，比 2004 年增长 9.2 倍。对小麦的补贴，种粮直补 10 元/亩，良种补贴 10 元/亩，良种补贴到 2009 年覆盖全国 31 个省（区、市），凡种必补。补贴政策调动了农民的种粮积极性，小麦产量和面积连年增加，单产和优质率快速提高。

### （二） 价格支持政策

从 2006 年起，在河北、江苏、安徽、河南、山东、湖北 6 个主产省实行小麦最低收购价政策，之后每年连续提高收购价格。最低收购价政策对稳定中国小麦市场起到了积极作用。2008年金融危机以及全球粮食增产，使国际小麦价格快速下跌，国内小麦连续增产，市场价格受到较大的下行压力，最低收购价政策使国内市场总体没有受到明显冲击，价格仍平稳略升。

### （三）托市收购及竞价销售政策

2006年启动了小麦最低收购价执行预案，到2010年5月国家托市收购量分别为4094万吨、2895万吨、4203万吨、4004万吨、2241万吨，分别占当年小麦商品量的69%、45%、64%、59%、34%。同时，按顺价原则公开销售。收购政策使国家掌握了较多的商品粮源，提高了市场调控能力。近年来小麦价格虽然上涨，但国家通过调控最低收购价小麦投放，使得市场基本平稳。

### （四）贸易政策

中国从1996年起对小麦进口实行配额管理；2007年起实行出口配额许可制度，取消小麦、稻谷等原粮及其制粉的出口退税；2008年起对粮食品种和制粉征收出口暂定关税，取消或下调粮食等产品的出口关税；2009年起取消部分粮食产品的出口暂定关税。贸易调控政策使国内小麦市场相对独立，减弱了国际市场波动产生的影响，对保护国内小麦产业发挥了积极作用。

## 四、提高小麦综合生产能力、完善调控政策的建议

### （一）加大投入，提高单产

中国耕地资源有限，小麦面积不可能有大的增加，继续增产仍要靠单产的提高，国家应进一步加大投入。一是加强农田水利设施建设，加快改造中低产田，

建设高标准粮田。目前，小麦单产最高的区域是北部冬麦区和黄淮冬麦区的北部及中部，包括河北、山东、豫北等地，属于北纬 35～39 度区域。该区域降水量偏少，地下水资源匮乏，严重限制了单产的进一步提高。在北纬 33 度左右地区，包括江苏、安徽、河南中部南部、湖北，光热资源丰富，降水量较多，地下水位较高，这一区域面积约 1 亿亩，是提高小麦单产、中国小麦增产潜力最大的地区。对这些地区，投入及支持政策应该给予重点倾斜。二是继续加大科研投入，提高科技对增产的贡献率，包括加快优良品种繁育和应用，推广优质高产栽培及田间管理技术，等等。

### （二）完善产业政策

加入世贸组织以后，中国依据 WTO 规则大幅度改革和调整了中国小麦产业政策，主要包括取消税费、实行各种补贴、最低收购价以及关税配额等新型支持保护政策。总的来看，目前符合 WTO 规则要求的中国小麦新型产业政策框架体系已初步形成，未来主要是不断完善。对补贴政策，需要不断改进政策效率，特别是如何与商品量挂钩、与经营规模挂钩、与优良品种推广挂钩。各项粮食补贴在保留已有补贴对象和水平的前提下，把增量资金向麦农合作社、种麦大户等规模经营户倾斜，通过补贴激励小麦的适度规模经营。同时，要充分认识到，依据 WTO 规则我们的补贴空间还有多大。

### （三）完善最低收购价政策

一是提高最低收购价。虽然近几年国家不断提高了最低收购价，但小麦生产成本不断增长，收益下降，应综合考虑生产成本变化、农民生产效益以及物价上涨水平，合理提高最低收购价格，使农民增产增收。二是对不同小麦品质进行差价调整，扩大优质小麦和普通小麦的差价，提高农民种植优质小麦的积极性。

## （四）健全主产区利益补偿机制

目前小麦比较收益还较低，主产区和主销区的利益在一定程度上是不平衡的，应健全利益协调机制，加大对主产区的利益补偿力度，调动主产区生产积极性。一是中央财政继续加大对产粮大县的奖补力度。按照与粮食生产挂钩、与对国家粮食安全的贡献挂钩的原则，增加对主产区的一般性转移支付，完善支农资金分配和财政转移支付机制；二是按照商品量给予补偿，取消产粮大县中央各种涉农投入要求的地方配套资金。三是全面取消主产区粮食风险基金地方配套，保证主产区粮食风险基金增长幅度不低于财政收入的增长幅度。四是支持主销区参与主产区粮食生产基地、仓储设施等建设。

## （五）利用好国内国际市场资源

中国小麦供求总量基本略有富余，但由于品种结构的不合理，优质小麦供不应求，近年来主要依靠进口来解决。因此，要利用好国内国际市场资源。在国际市场价格处于低位的时期，应适当多进口作为储备，同时投放市场满足加工需求；在国内供给充足时，适当出口，提高农民种植收益。

# 中国玉米供求、价格和调控政策

## 一、中国玉米需求刚性增长，新发展特点要重视

受全国人口刚性增长、居民收入水平不断提高、城镇化进程加快等国情因素的驱动，中国玉米需求一直保持刚性增长的趋势。近年来中国玉米消费呈现出新的发展特点，一是消费增长点多样化，主要由 20 世纪 80～90 年代的肉禽蛋奶消费推动为主向肉禽蛋奶消费和多样性食品消费双驱动的格局转变，其中多样性食品消费较大程度上形成了玉米深加工行业的需求基础；二是居民消费升级潜力巨大，玉米已经成为大豆和植物油消费升级之后粮食消费升级的代表；三是生猪和家禽的集约化和规模化养殖方式取代分散化和传统化养殖方式，客观上增加了玉米和豆粕原料需求，加大商品玉米消费数量；四是金融危机以来中国玉米有效需求呈现少见的爆发增长，突出表现为增长基数大、增长速度快、隐秘性较强。此外，为降低金融危机的冲击，国家在特定阶段进行的刺激玉米消费的非常规政

策，也导致玉米消费增长具有一定的政策导向性。

国家粮油信息中心估计，2009/2010 年度和 2010/2011 年度中国玉米消费合计增加了 2800 万吨。2010/2011 年度全国玉米消费量达到 1.76 亿吨，比 2000/2001 年的 1.07 亿吨增长 6900 万吨，年均增长 5.1%。从结构看，中国玉米消费以饲用和工业加工为主体，近年来国内玉米消费结构变化是饲用消费比重下降、工业加工消费比重增长、种用和食用消费相对稳定（见图 3.1）。

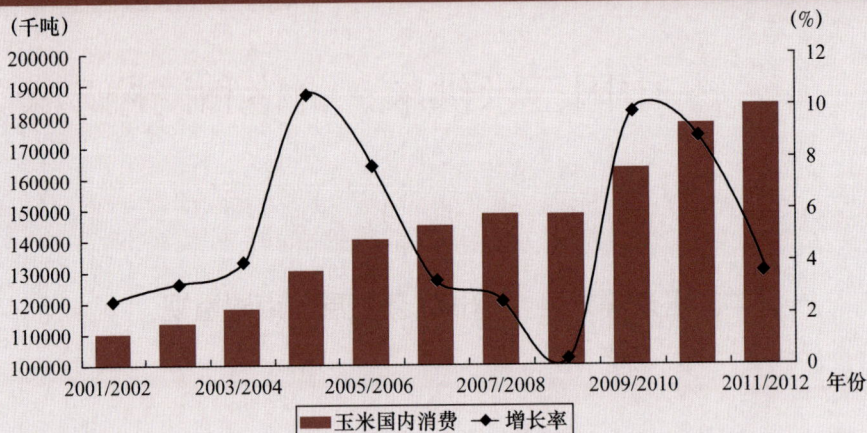

图 3.1　　　　1999/2000~2011/2012 年度中国玉米需求增长情况

资料来源：国家粮油信息中心。

### （一）玉米饲用消费刚性增长，占总消费比重逐年下降

随着中国经济和社会的发展，对动物性食品的需求将不断增加，玉米饲用消费保持刚性增长。2010/2011 年度中国玉米饲用消费量达到 1.07 亿吨，比 2000/2001 年度的 8960 万吨增长 2700 万吨，年均增长 3.0%。饲料工业是消费玉米最多的行业，但受玉米深加工业快速增长的影响，饲用消费占玉米消费总量的比重从 2000 年的 74.4% 下降到 2010 年的 60.7%，下降了 13.7%。

近年来中国大力发展畜禽规模化养殖，由于规模化养殖的生猪和肉禽、蛋禽饲料中添加 55% ~60% 的玉米，才能更好发挥饲料最佳效力，一般散养或者养

**中国主要农产品增长**
对 2004 年以来农产品增长的经济解释

殖户仅添加50%~55%玉米。规模养殖带来的能量饲料添加比例提高,增加了玉米消费。规模化养殖在动物疾病防治上有规模效应,仔猪成活率提高以及疾病损失降低,有利于降低料肉比,可以节省玉米。不过目前规模效应尚未发挥出来,短期内工业用饲料玉米转化率难有明显降低。

2010/2011年度,生猪、肉禽和蛋禽等行业的养殖效益持续增加,有利于刺激养殖需求刚性增长。受动物疾病偏重发生以及存栏结构调整的影响,2011年2月生猪存栏跌入谷底,生猪价格大幅上涨,养殖利润持续上升。4月份全国猪粮比价上涨到7:1的水平,6月底又超过8:1的水平,这刺激了养殖企业积极补栏,生猪存栏数量逐月增加。7月30日国务院发布《关于促进生猪生产发展稳定市场供应的意见》,开始实施能繁母猪补贴以及保险制度,地方政府随后也推出一系列扶持生猪养殖的优惠政策。到7月份全国生猪存栏已经高于2011年同期4.9%以上,随着生猪存栏继续攀升,后期生猪对玉米需求会继续增加。

### (二) 工业消费份额明显提高,增速快于饲料消费

近年来中国玉米深加工消费数量快速增长,占总消费比重逐年提高。中国玉米深加工业产品主要有玉米淀粉、酒精及其衍生产品,以淀粉、酒精、淀粉糖、柠檬酸、赖氨酸和味精等产品为主,下游产品数量多达500多种。2003年以来在玉米深加工业技术发展、国际能源和其他原料价格上涨以及玉米深加工业收益提高的共同作用下,一大批新建和改扩建的项目相继上马,玉米深加工进入快速发展期,年均增长速度超过15%。据国家粮油信息中心的保守估计,2011年全国玉米深加工能力达到7700万~7800万吨。从2007年开始国家开始限制深加工产能的进一步扩张,出台了一系列政策,但是效果并不显著,到2012年中国玉米生产能力比2007年扩大超过1000万吨。

2008年金融危机给全球农产品市场带来巨大冲击,当年秋粮上市之后国内玉米市场出现了工业消费低迷、玉米价格大幅下跌的情况,在2009年初的低谷期,

加工行业开工率已经不足50%。为刺激需求回升、保护农民利益，国家在2009年上半年出台了鼓励玉米深加工行业提高开工率的政策。随着整体经济企稳回升，2009年下半年深加工行业开工率明显提高，2009/2010年度开工率恢复到70%，将比2008/2009年度提高12.3%。从目前的开工水平看，国内玉米加工能力不属于总量过剩而是结构性过剩，高果糖浆等部分行业产能可能还有短缺。

2011年秋粮上市前国家明确重新加强玉米深加工项目审核，陆续出台政策加强深加工行业清理和整顿，要求加工用粮稳定在2009年的使用水平。目前看这一预期目标已经落空，2012年加工效益仍然较高，市场需求仍然旺盛，调控政策对于抑制用粮需求的作用有限，加工用粮继续惯性增长。2012年中国食糖市场存在供求缺口，白糖价格大幅上涨，刺激淀粉糖产销两旺，是最大的工业消费增长点。2010/2011年度中国玉米深加工业消费用量达到5250万吨，较2009/2010年度提高550万吨。与2000/2001年度的1280万吨相比，年均增长速度为15.2%，增长速度明显快于饲料消费。工业消费占玉米消费总量的比重从2000年的12%提高到目前的29%，上升了17%。

### （三）需求增长动力仍然强劲，工业和养殖争粮常态化

中国已经成为仅次于美国的全球第二大饲料生产和消费国。在"十一五"期间，饲料年均增长幅度为3.9%。未来随着国内经济的发展，养殖业将继续快速发展，玉米的饲料消费需求将继续提高。中国每年人口增加500多万，国民肉蛋奶消费水平提高和膳食结构改善，再加上工业化、城镇化进程加快，都促进饲料玉米需求的快速增长。以城镇化为例，现在年均提高0.8%左右。城市人口每年大约增加1000万以上。大量农民工进城，由农村粮食生产者转变为城市粮食消费者，粮食消费相应增加。畜牧业养殖方式的转变也增加了饲料粮的需求。

粮食深加工的快速发展加快对玉米消费的快速增长。随着全球玉米深加工技术的发展和化石资源供给紧张局面的加剧，以玉米或其初加工产品为原料，利用

**中国主要农产品增长**
对2004年以来农产品增长的经济解释

生物酶制剂、微生物发酵等现代生物工程技术，进行加工转化的玉米深加工业快速发展，消耗玉米数量占总消费量的比重逐年提高。玉米深加工行业的产品多与食品行业相关，可以预见，未来随着食品消费需求的增长，工业用玉米的需求将继续增加，但是由于国家政策的硬性控制，未来中国玉米深加工消费将由快速增长转变为稳步增长，增长速度会有明显的放缓。工业用粮与饲料用粮的矛盾将在较长时间内成为常态。

## 二、玉米产量持续提高，但是供应却变得脆弱

### （一）产量大幅提高的背景下，供应能力却越加脆弱

近年来中国玉米产量保持波动性增长态势，2010 年全国玉米产量达到 1.7725 亿吨的历史最高水平，比 2000 年累计增加 7124.4 万吨，平均每年增长约 5.3%。2000 年全国玉米产量下滑到 1.06 亿吨，随后玉米产量逐年增长，到 2004 年突破 1.3 亿吨关口，到 2006 年突破 1.5 亿吨关口，2011 年将突破 1.8 亿吨关口。2000～2010 年，中国玉米增产中面积贡献率达到 84%，单产贡献率达到 16%，其中高产品种增加、种植技术进步以及生产投入提高均起较大作用；从地区看，黑龙江、吉林、内蒙古、辽宁、河北、河南和山东等地玉米产量提高对全国产量的贡献率分别达到 21.5%，14.9%，11.74%，8.4%，7.86% 和 6.52%，玉米产量集中度继续提高。

近年来，中国玉米产量大幅提高主要靠面积增加的推动，既有耕地统计范围扩大的因素，也有油脂作物面积下降的因素。特别是 2004 年以来受国家"三免一补"扶农政策以及玉米价格快速上涨的刺激，全国玉米播种面积增长速度加快。国家统计局公布，2010 年中国玉米种植面积达到 48750 万亩，比 2000 年的 34584 万亩增加 14166 万亩，年均增长 3.5%。见表 3－1。

表 3 - 1 　　　　　　　　　　　　2000～2010 年中国玉米产量情况

| 年　份 | 2000 年 | 2005 年 | 2010 年 | "十五"期间 | | "十一五"期间 | |
| --- | --- | --- | --- | --- | --- | --- | --- |
| | | | | 增加量 | 年均增长（%） | 增加量 | 年均增长（%） |
| 面积（万亩） | 34584 | 39537 | 48750 | 4953 | 2.7 | 9213 | 4.3 |
| 单产（吨/公顷） | 4.598 | 5.288 | 5.454 | 0.69 | 2.8 | 0.166 | 0.6 |
| 产量（万吨） | 10600 | 13937 | 17725 | 3337 | 5.6 | 3788 | 4.9 |

资料来源：国家统计局。

　　中国玉米单产逐年增长。1999～2003 年的 5 年间玉米价格低迷，种植投入减少，田间管理下降，灾害过于频繁，单产水平停滞不前，平均单产水平为 4.80 吨/公顷，低于 5 吨/公顷，受灾严重的 2000 年玉米单产最低仅为 4.598 吨/公顷。2004 年以来中国玉米单产水平迅速提高，2010 年全国玉米单产水平达到 5.454 吨/公顷（2008 年最高为 5.556 吨/公顷），比 2000 年的单产水平提高 856 公斤/公顷，增幅 18.6%，年均增长 1.7%。

　　近年来中国将重点培育耐密植、抗倒伏、抗病虫、适应机械化作业的玉米新品种，重点改变耕种方式。其中，黄淮海适宜地区改套种玉米为直播，北方地区发展保护性耕作，均衡土壤肥力，重点推广增密技术、全膜双垄沟播、催芽做水种等技术。根据农业部测算，推广玉米增密技术单产每公顷可提高 750 公斤左右，全国有 3 亿亩面积（占总面积 60%）可推广增密技术。综合措施对于玉米单产提高有明显作用。

　　但严峻的现实是，与产量大幅增长不匹配的是中国玉米供应能力似乎表现为越来越脆弱，除了需求的刚性增加之外，最为重要的原因主要是中国玉米供应的耕地潜力和库存储备均呈下降趋势。过去中国玉米产量的统计数字相对低于实际情况，这得益于各主产省在上报耕地面积时普遍留有包袱，其中黑龙江、内蒙古、甘肃等省份"黑地"面积较大。未纳入统计范围的"黑地"可以看做是耕地储备，有利于调节灾害性天气对于玉米产量的影响。耕地越来越准确，统计越来越真实，但是玉米产量的自我调节空间却在缩小。2009 年东北地区玉米实际情况是大幅减产，统计数据是继续增产，直接导致玉米库存水平的继续下降和玉米价格的大幅上涨。由于没有多余的商品玉米进行缓冲，相对比较小的自然灾害都可能造成商品量急剧下降，也导致市场对于灾害天气高度敏感。玉米市场的这种情况在稻谷、小麦等市场中同样属于共性现象。

### （二）玉米增产潜力受到耕地、水和种子等资源的限制

在耕地增长空间逐渐消耗殆尽之后，未来几年玉米播种面积继续提高的空间有限。玉米需求快速增长会改变玉米与大豆、小麦、稻谷等农产品的比价关系，而且会使玉米的供应趋向紧张，玉米价格随供需关系的变化而上涨，玉米种植比较收益也将相应提高。但是，受耕地面积减少的影响，以及蔬菜、水果及经济作物播种面积不断提高的挤压，调整其他作物种植结构以增加玉米面积的余地已经不大。中国最大的玉米种植区域是北方春播玉米区和黄淮平原夏播玉米区，分别占全国玉米播种面积及产量的 40％和 33％，未来玉米产量增长主要看这两大产区。

从长期看，良种、水资源和灌溉条件、种植技术、农村土地流转以及土地使用权抵押的发展会改善玉米单产。但是，中国玉米单产很难在短时间内有显著提高，缓慢增长有可能，快速突破难度很大。现阶段很难提高玉米单产的主要原因如下。

1. 水资源缺乏长期制约农业生产

中国水资源的地理分布不均衡，绝大多数的玉米主产区都在水资源缺乏的北方。中国北方拥有全国 46％的人口，60％的耕地，却只有 20％的水资源。大约仅有 50％的玉米耕地具备灌溉设施，其中东北地区在 30％～40％左右，黄淮海地区在 60％以上。而且北方一些地区灌溉严重依赖地下水，由于大量开采地下水，已经导致部分地区地下水位持续下降、形成大面积地下水漏斗和地面沉降，引起土壤盐碱化和农田减产。山东沿海地区还出现海水倒灌，造成水质恶化。2009 年和 2010 年大规模打井抗旱保证粮食丰收的代价非常大，宝贵的地下水消

耗造成更大的生态损失，对于保证粮食单产也是不可持续的。

2. 测土配方施肥在技术、推广上存在较大困难

总体来看，中国的玉米施肥，氮肥和磷肥使用过量，而钾肥不足。化肥的过度使用，也造成了土地肥力的下降、土壤板结以及一系列环境污染问题。根据相关报道，全国耕地有机质含量平均已降到1.8%左右。目前农业部大力推广测土配方施肥服务，科学施用配方肥，实现各种养分平衡供应，有利于达到提高作物产量、改善农产品品质、节省劳力、节支增收的目的。但是，由于中国农民的施肥习惯根深蒂固，而且长期以来，乡镇一级的农业技术推广几乎缺失，要改变农户技术，达到按需施肥，从而充分发挥单产潜力，依旧任重道远。

3. 良种数量缺乏，密植种植受到地域限制

中国玉米生产存在品种多、乱、杂现象，除了郑单958、先玉335、浚单20等良种种植面积超过千万亩，耐密植、抗倒伏、耐旱、耐贫瘠、耐寒、耐高温等抗逆性良种普遍缺乏。中国玉米育种主流目标是适用中上等地力的高产品种选育，却忽视中低产田逆境条件的品种选育。受品种和地力限制，中国玉米密植种植存在明显的地域性，中低产省每亩玉米种植密度一般为2300~2800株，高产省为3000~4000株，中低产田块种植密度不足、保苗株数不够。目前，美国玉米带玉米每亩种植密度已经超过5500株，与发达国家相比中国玉米密植存在差距。玉米密植带来的问题就是倒伏，美国每年因为倒伏损失产量5%~10%，近年来通过培育矮秆抗倒品种有效解决了倒伏问题。2012年中国辽宁、吉林等地区玉米受台风影响发生大面积倒伏，玉米单产也受到一定影响。

4. 灾害防控能力不强，极端天气高发

中国玉米单产非常依赖天气情况，对于自然灾害的综合防控能力不强，干旱、早霜等常见灾害会严重影响玉米单产，如2005~2010年，除2007年和2008年出现低值和高值外，其他年份的单产都在5.3~5.4吨/公顷左右。近年来极端天气对于作物生产的影响越加突出。

**中国主要农产品增长**
对2004年以来农产品增长的经济解释

中国是世界第二大玉米生产大国，中国玉米 5 年平均单产高于世界单产 7.5%，低于美国、阿根廷和欧盟玉米单产的 44.7%、25.7% 和 18.7%。美国和阿根廷的转基因玉米种植面积都超过玉米面积的 85%，由于耕作方式不同，不能直接与中国比较玉米单产。欧盟国家主要种植非转基因玉米，也多是小规模耕地种植，单产能达到 6.9 吨/公顷，超过中国 27%，中国玉米单产有提升的空间。当前全球玉米生产有较大的不均衡性，全球 114 个国家和地区中 2010 年玉米单产水平低于 4 吨/公顷的国家有 84 个，占多数，仅有 19 ~20 个国家玉米单产水平超过 5 吨/公顷（见表 3 -2）。

表 3 -2 　　　　　　　最近 5 年世界主产国玉米平均单位产量 　　　　　　单位：吨/公顷

| 国　家 | 2006 年 | 2007 年 | 2008 年 | 2009 年 | 2010 年 | 5 年平均 |
|---|---|---|---|---|---|---|
| 中　国 | 5.33 | 5.17 | 5.56 | 5.26 | 5.45 | 5.35 |
| 美　国 | 9.36 | 9.46 | 9.66 | 10.34 | 9.59 | 9.68 |
| 欧　盟 | 6.34 | 5.63 | 7.09 | 6.91 | 6.94 | 6.58 |
| 埃　及 | 8.58 | 8.58 | 8.51 | 7.48 | 7.65 | 8.16 |
| 阿根廷 | 8.04 | 6.45 | 6.2 | 8.44 | 6.88 | 7.20 |
| 巴　西 | 3.64 | 3.99 | 3.62 | 4.34 | 4.14 | 3.95 |
| 墨西哥 | 3.03 | 3.22 | 3.31 | 3.24 | 2.99 | 3.16 |
| 南　非 | 2.52 | 3.99 | 4.34 | 4.11 | 4.14 | 3.82 |
| 世界平均 | 4.76 | 4.93 | 5.03 | 5.15 | 5.04 | 4.98 |

资料来源：美国农业部 2011 年 8 月份 WASDE 报告。

### （三）预计 2011 年玉米产量历史最高，供求仍然偏紧

2011 年玉米供求关系偏紧格局非常明显，2010 年全国玉米产量为 17725 万吨，较 2010 年的 16397 万吨增加 1328 万吨，增幅 8.1%。2010/2011 年度国内玉米进口量为 150 万吨，较上年度的 130 万吨增加 20 万吨；2010/2011 年度国内总消费量为 17710 万吨，同比增加 1425 万吨，增幅 8.8%。2011 年小麦大量用于饲料，以缓解玉米的供应压力，预计小麦饲用消费量达到 1700 万吨，将比上年度增

加350万吨。但从长期看，靠小麦生产饲料减轻玉米供应的压力是不可持续的。

　　国家粮油信息中心预计，2011年国内玉米播种面积继续增长，将达到3315万公顷，同比增加65万公顷，增幅2.0%。2011年"黑地"效应已经减弱，玉米面积增加主要是挤压大豆播种面积。由于中国玉米生产期间未遇过大灾害，预计单产可达到5.505吨/公顷，较上月提高30公斤/公顷，较上年增加52公斤/公顷，增幅0.9%。单产水平仍然低于2008年的历史最高水平，预计2011年中国玉米产量可达到18250万吨，较2010年增长525.5万吨，增幅2.9%，产量将再创历史新高（见图3.2）。

图 3.2　　　　　　　　　2001~2011年中国玉米产量增长情况

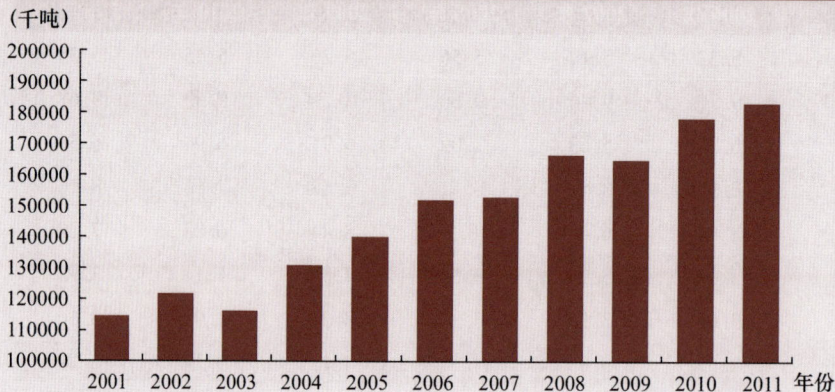

（千吨）

| 年份 | 产量 |
|---|---|

资料来源：国家统计局，国家粮油信息中心。

　　6~7月份全国大部分玉米产区光温条件好，土壤墒情适宜。7月份阵雨天气较多，转晴较快，光照良好，墒情好，北方两大主产区玉米长势良好。东北地区玉米长势较2010年延迟5~7天，月底进入授粉期或抽雄－孕穗期，作物发育接近常年同期；山东及河南地区夏玉米大部分进入拔节期；西南地区玉米进入成熟和收获期，广西地区早玉米已收获。8月初受台风和大风暴雨天气影响，山东、辽宁、吉林和黑龙江部分地区玉米发生倒伏，由于受灾面积有限而且有些玉米能够恢复生长，主产区玉米单产受影响相对不大。根据气象部门预报，2011年东

**中国主要农产品增长**
对2004年以来农产品增长的经济解释

北地区早霜危害发生概率相对较小，东北玉米丰收已成定局。

近年来中国玉米产量连续增加，耕地面积增加贡献率相对较大，其中包括了过去几年未纳入统计范围的耕地。换言之，中国玉米产量和需求在过去几年处于"低估"局面，供需平衡表需要根据统计局的产量统计数据对需求进行纠偏式调整。

展望 2011/2012 年度，国内玉米总消费为 18341 万吨，较上年增加 641 万吨，增幅 3.6%。其中，饲用消费预计为 11280 万吨，较上年增加 500 万吨，增幅 4.6%；工业用消费预计为 5350 万吨，较上年增加 100 万吨，增幅 1.9%。2011/2012 年度工业消费仍有较强的增长动力及上调空间，增幅有限主要考虑深加工行业受到国家调控政策的持续影响。预计 2011/2012 年度国内玉米进口量为 250 万吨左右，较上年度增加 100 万吨。2011 年中国进口了一部分玉米用于充实储备，其中有较大数量玉米在 2011/2012 年度到货。如果国际玉米价格能回落并达到中国的价格预期水平，进口数量还有望继续增加。预计 2011/2012 年度国内玉米结余量为 149 万吨，较上年度的 165 万吨减少 15.5 万吨。2011/2012年度内玉米供需偏紧局面将持续（见图3.3）。

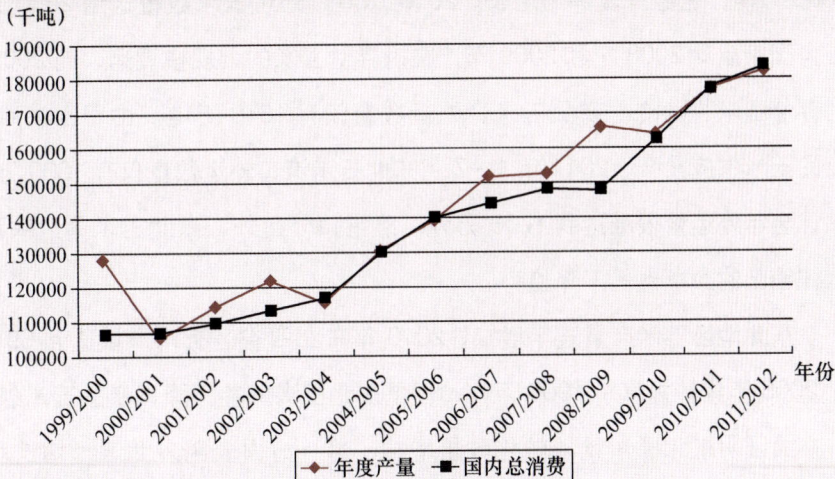

图 3.3　2011/2012 年度国内玉米产需形势

（千吨）

资料来源：国家统计局，国家粮油信息中心。

## 三、东北玉米外运能力下降，进口数量将逐年增加

### （一）东北玉米对销区玉米供应能力下降

中国东北地区是全国最大的商品粮基地，常年外运玉米数量超过3000万吨，其中超过一半要通过内海港口输出。近年来由于东北地区玉米深加工行业就地转化数量增长较快，玉米外运数量呈现下降趋势。当前东北粮食物流不仅面临基础建设"瓶颈"，更面临无粮可运的困境。长期以来，粮食产区不愿意为粮食销区背负粮食安全的责任，东北地区政府支持加工行业的发展，已经明确表明中国粮食产销区之间的利益补偿机制需要进一步完善。

2005年之前东北地区需要出口来减轻库存积压，就地转化有效需求不足导致库存压力。而2006年以来不仅玉米出口数量大幅减少，而且东北玉米在保障南方玉米需求的供应压力逐年增加。据国家粮油信息中心统计，2006～2010年辽宁省北良、大连、营口和锦州港口外运玉米（含出口）平均每年有1780万～1800万吨，已经呈现停滞增长。2010年港口外运玉米数量达到2030万吨，是因为国家启动2008年和2009年产临时存储玉米的大规模调运，而2009年因临时存储玉米收购挤占商品玉米，外运数量仅有1670万吨。由于玉米库存偏低，商品玉米供应紧张，2011年1～7月东北玉米港口外运数量仅有1000万吨左右，估计全年外运量很难达到1700万吨。除港口外运外，东北玉米通过铁路、公路运往销区的数量也呈下降趋势。

东北地区玉米产量连年增加，2010年东北四省区玉米产量达到6945万吨，比2005年累计提高了1900万吨，但是东北玉米库存下降，商品玉米外运停滞，一方面证明东北玉米就地转化数量增加，另一方面表明东北玉米增产可能存在"虚数"。未来东北地区玉米输出能力，不仅取决东北地区玉米生产能力建设，

还取决未来东北地区玉米加工布局。随着玉米深加工产能向产区进一步集中，未来东北地区玉米消费能力进一步扩大。2010/2011 年度东北地区玉米就地转化能力为 4000 万吨左右，玉米可输出能力在 2945 万吨。东北玉米外运数量停滞不前是不行的，很难做到完全满足销区需求。近年来广东等南方销区饲料养殖需求继续增长，未来就只能靠进口更多玉米平衡用粮需求缺口。虽然最近两年通过挖库存、增加小麦消费数量，减缓了玉米进口数量，但是从长期看，未来玉米供应可调控空间越来越小，进口拐点已经发生。

### （二）中国玉米大规模出口已经成为历史

2007 年之前中国是全球仅次于美国的第二大玉米出口国，在全球玉米贸易中占有重要位置。中国玉米出口的主要国家和地区是东亚韩国、日本，以及东南亚的印尼、马来西亚和菲律宾等，其中对韩国的出口量最大，占年均出口总量的 50% 以上，最高的年份接近 70%。1999～2007 年中国共出口玉米 6785 万吨，年均出口 754 万吨，特殊的目的就是为了解决国内库存积压，这是过去中国玉米有效需求不足、仓储能力有限的结果。2003 年出口最高为 1639 万吨，2004 年出口最低为 232 万吨，出口波动性相对较大，主要是受国家政策调控的影响。中国玉米的出口优势主要表现在两个方面，一是运距短、运费低，物流时间短，有阶段性的出口政策支持来保证价格优势。二是中国玉米为非转基因品种，韩国、日本等国家食用玉米进口愿意首选中国。

2003 年以来国内玉米供需关系由宽松转为平衡偏紧，玉米出口开始快速下降。2007～2008 年国内外粮食价格大幅上涨，国家出台提高玉米出口关税等政策，2008 年中国玉米出口下降到 25 万吨。受国际玉米价格大幅回落以及金融危机影响，2009 年中国玉米出口下降到 13 万吨。2010 年和 2011 年国内玉米供应紧张，出口受到国家严格控制。玉米出口下降态势在未来不会发生明显改变，大规模出口已经成为历史。

### （三）未来中国玉米进口数量将逐年增加

中国曾经在 1994 年和 1995 年大规模进口玉米，进口数量大约 560 万吨。1994 年和 1995 年国内粮食价格出现大幅上涨，国内通货膨胀较为突出，为缓解上述矛盾，中国连续两年降低玉米出口，增加玉米进口。随后数年中国再没有较大数量的玉米进口，1999~2008 年中国年均进口玉米仅 2.7 万吨，每年少量玉米进口转向来料加工或者用于食用消费，对于国内市场供求和价格影响不大。过去 10 年国内玉米供应充足，玉米价格稳定，国内无需进口饲料或者加工用玉米。2009 年中国进口玉米 8 万吨。2010 年受东北玉米减产、社会通胀预期增强以及国内玉米需求恢复增长的影响，中国增加进口美国玉米调节国内供需关系，进口数量达到 157 万吨的水平。2010 年玉米进口重新启动，时隔 15 年以后，再次从玉米的净出口国变为净进口国。2011 年中国进口玉米数量有可能增加到 370 万吨，用于充实储备，提前布局的做法被证明是完全正确的。

目前，很多研究机构都在预测，未来中国将大量进口玉米，有可能成为继大豆以后的下一个大规模进口的粮食品种。主要原因在于国内玉米生产能力已经跟不上玉米需求增长速度，一定条件下需要部分进口玉米缓解短期供应问题。中国在加入 WTO 组织时承诺的玉米进口配额数量为 720 万吨，其中非国营企业比重为 40%，数量为 288 万吨。保守地预计，到 2015 年中国玉米进口数量将上升到 1100 万吨，在世界玉米进口市场的地位要赶日超韩。

## 四、种植成本不断提高，玉米价格不断攀升

### （一）玉米种植成本不断提高的现实压力

中国的粮食生产正逐步进入高成本时代，"水涨船高"，粮食成本是推动粮价上涨的一个重要原因，玉米价格上涨受成本影响格外突出。由于煤、石油、天

**中国主要农产品增长**
对 2004 年以来农产品增长的经济解释

然气等石化能源资源价格上涨，CPI 持续攀升，带动了化肥、农药、种子等农资价格明显上涨。这几年土地流转承包费用也呈逐年上升之势，2009 年全国土地生产成本占玉米生产总成本的比重超过 20%，黑龙江、吉林和辽宁省该比重已经达到 30%，2010 年和 2011 年土地成本还将不断上涨。土地租金价格上涨有利于加快土地流转，形成规模种植，但是会推高种粮成本。此外，国家直补的收受人是土地使用权的所有者，而不是土地租种人，所以并未降低种粮成本。随着中国人口红利的结束，劳动力成本也呈现快速增加态势，将成为影响玉米种植成本的新因素。

据调查，2011 年玉米种植成本将继续提高，吉林省农民普遍反映玉米种子、化肥价格的上涨仍然是导致玉米种植成本增加的两个重要因素。国内化肥价格略有上升，目前底肥价格在每袋 160～170 元之间，较 2010 年普遍增加 10～40 元。人工成本亦出现了较大增长，雇工一天工资要 120 元，比如打药、收获季节掰玉米等的人工成本均出现了一定增加，其中打药的人工成本增加幅度竟达 50% 左右，使得玉米种植成本增加。耕种自家土地的农户玉米种植成本在每垧 4500～4800 元/垧左右，若是包地种植玉米，玉米种植成本在每垧 13000～14000 元上下。估计 2011 年吉林地区农民每公顷种植成本比去年增长大概在 10%～20%，种植成本的增加导致农户对玉米价格的期望提高，吉林省农户普遍希望玉米的开秤价格能达到 0.9～1.0 元/斤（见表 3 –3）。

### （二）2009～2011 年玉米价格波动情况与成因

近年来玉米价格上涨幅度大，波动幅度大，已经具有异常波动的特点。影响过去几年玉米市场最大的事件是 2008 年的金融危机以及应对危机的非常规托市政策。2008 年美国次贷危机引发金融海啸之后，全球经济遭遇重创，商品价格泡沫破灭，粮食价格急剧暴跌。国内市场无法独善其身，玉米消费能力快速下降，商品玉米库存销售缓慢，市场悲观情绪增强。2008 年秋粮上市时情况已经

表 3 - 3 2004 ~ 2009 年来东北和全国玉米成本变动情况

| | | 玉米价格 | 三大成本（元/百斤） | | | 各项成本占总成本比重（%） | | |
|---|---|---|---|---|---|---|---|---|
| | | （元/亩） | 物资成本 | 人工成本 | 土地成本 | 物资成本 | 人工成本 | 土地成本 |
| 东北三省平均 | 2004 年 | 46.71 | 17.63 | 8.85 | 10.96 | 47.1 | 23.6 | 29.3 |
| | 2005 年 | 46.73 | 16.99 | 8.76 | 10.97 | 46.3 | 23.9 | 29.9 |
| | 2006 年 | 56.86 | 16.96 | 8.76 | 11.49 | 45.6 | 23.6 | 30.9 |
| | 2007 年 | 56.86 | 16.96 | 8.76 | 11.49 | 45.6 | 23.6 | 30.9 |
| | 2008 年 | 67.77 | 23.91 | 10.32 | 14.15 | 49.4 | 21.3 | 29.2 |
| | 2009 年 | 70.48 | 23.99 | 12.40 | 17.88 | 44.2 | 22.8 | 33.0 |
| 全国平均 | 2004 年 | 58.06 | 20.51 | 16.58 | 7.25 | 46.3 | 37.4 | 16.4 |
| | 2005 年 | 55.53 | 20.83 | 17.56 | 8.02 | 44.9 | 37.8 | 17.3 |
| | 2006 年 | 63.39 | 22.24 | 17.70 | 8.67 | 45.7 | 36.4 | 17.8 |
| | 2007 年 | 63.39 | 22.24 | 17.70 | 8.67 | 45.7 | 36.4 | 17.8 |
| | 2008 年 | 72.48 | 26.61 | 19.35 | 11.28 | 46.5 | 33.8 | 19.7 |
| | 2009 年 | 82.01 | 28.03 | 22.40 | 13.66 | 43.7 | 35.0 | 21.3 |

资料来源：国家发改委。

到非常糟糕的局面，加工企业大面积停产停工，市场有效需求不足，多渠道主体纷纷退市，贸易企业拒收、限收、恐收，产区发生了多年罕见的严重卖粮难现象。玉米价格快速回落，农民增收面临严峻考验。在市场机制面临失灵、市场信心已经丧失的特殊情况下，国家在东北地区启动了非常规的临时存储玉米托市收购政策，这次政策在后期引起了一系列影响并招致巨大争议。但是政府强有力的介入在当时确有必要，大规模托市收购增强了市场信心，拉升了市场价格，保护了生产能力，避免了玉米产业崩溃。国家分四批共下达 4000 万吨国家临时存储玉米收购计划，占东北玉米商品率的比例达到 70%，形成了国家控制大部分商品粮源的局面，为国家调控玉米市场打下了坚实的基础。由于国家临时存储的粮食将由国家有关部门按照顺价销售的原则，择机在粮食批发市场公开竞价销售，在临时存储玉米托市收购和顺价销售的主导下，玉米价格逐步上涨。

**中国主要农产品增长**
对 2004 年以来农产品增长的经济解释

2009 年国内玉米价格触底反弹，3 月份之后市场价格稳步上涨，6 月底大连港口二等烘干玉米平仓价格为 1650 元/吨，3 个月上涨了 150 元/吨。7 月下旬以来东北产区发生严重旱情，玉米大幅减产，市场看涨预期明显增强，下半年玉米需求呈现 V 型反转并明显放大，推动下半年玉米价格继续上涨。7 月国家开始投放国家临时存储玉米，9 月开始投放跨省移库临时存储玉米，随着投放数量逐渐加大以及新粮上市的冲击，玉米价格逐渐趋向稳定。国家临时存储玉米顺价销售奠定了秋粮收购价格的高起点。11 月上旬关内地区发生严重暴雪灾害，玉米价格迅速攀升，东北地区秋粮开秤之后玉米收购价格也持续上行。产销区用粮企业急需补充库存，农户惜售心理严重，玉米上市数量不足，铁路和海运运输能力不足，市场供应紧张局面持续到 12 月中旬。年底山东地区加工企业收购价格为 1840～1920 元/吨，比 6 月上涨 180～240 元/吨，比 2008 年同期提高 560 元/吨。年底大连港口中等玉米平仓价格 1800～1810 元/吨，比 6 月上涨 150～160 元/吨，比 2008 年同期提高 320 元/吨。

2010 年国内玉米价格继续上涨，由于淀粉、淀粉糖、酒精等产品价格不断上涨，粮食深加工效益好，开机率高，产区粮食深加工企业积极入市收购新粮，并通过上调收购价格与其他入市企业争夺粮源，而农民对价格预期较高，持续惜售玉米，售粮习惯改变也推动玉米价格走高。玉米价格上涨较快的阶段是 3～5 月，大连玉米平仓价格由 3 月初的 1820 元/吨，上涨到 6 月初的 2000 元/吨，涨幅达到 180 元/吨，广东玉米价格由 1900 元/吨上涨到 2100 元/吨。5 月下旬国家调控政策出台之后，玉米价格回落，但是 6 月下旬以来国内玉米价格又恢复上涨。截止到 7 月底，大连玉米平仓价格为 1980 元/吨，比 6 月下旬上涨 40 元/吨，广东玉米小船板价格为 2080 元/吨，比 6 月下旬上涨了 60 元/吨。8 月以来玉米价格坚挺，受国储玉米库存逐渐下降、成交价格上涨以及期货价格增仓上涨的拉动，北方港口玉米平仓价格普遍超过 2000 元/吨，广东港口玉米成交价格在 2110～2120 元/吨。

### (三）反金融危机托市措施的反思与总结

2008 年应对金融危机的非常规措施影响深远，其不足之处将为未来中国玉米市场调控提供重要经验，主要如下。

#### 1. 托市收购启动和退出机制不够完善

近年来东北玉米市场在退出保护价收购之后，购销市场化程度逐年提高。当国家大量收储强势介入市场，政策主导市场势必会制约市场自身调整和恢复功能的发挥，而托市收购政策的启动和退出机制不完善以及政策执行过程中缺乏有效监管等原因导致问题更加突出。集中托市两年间，由于中储粮直属库收储能力有限无力承担全部托市责任，大量粮库和粮食企业受中储粮委托代收临时存储玉米。多元托市主体在市场运行中目标不一，缺乏相应的配套监管约束以及惩处机制，加之粮食流通改革前国有粮食企业问题突出显现，政策执行容易变形走样。粮食市场调控政策实施一旦启动，就难以刹车止步，2008 年临时存储玉米收购启动之后，地方政府不断要求追加临时存储指标，甚至要求敞开收购，最终导致 2008/2009 年度收储规模过大，多次追加计划也导致政策预期不明朗，各方多有怨言。在判断粮食丰收的前提下，2009 年国家继续在东北产区实行临时收储政策，并对南方 16 个饲料消费省份和中央直属粮食企业采购东北地区新产玉米给予每吨 70 元的费用补贴，推动玉米价格上涨。但是到 2010 年 2 月市场价格高于临时存储玉米托市收购价格近 180 元/吨，中储粮在产区临时存储收购仍在进行；市场价格高于国家规定的停止运输补贴的价格上限仅 80 元/吨，几家中央直属企业采购东北玉米外运到销区仍能享受到补贴政策，政策一直执行到时效期结束，托市收购政策退出不及时最终导致政策性逆向推高粮价。

#### 2. 供求形势判断不准影响到政策制定和执行

中国玉米供求关系呈现长期偏紧局面，但是 2008 年全国玉米大丰收，玉米库存迅速增加，导致国家对于供求偏紧的判断有所偏差，实际上当年供求关系只是阶段性好转。国库增加属于明显的"库存搬家"现象，是企业不存粮、农民

**中国主要农产品增长**
对 2004 年以来农产品增长的经济解释

不存粮导致玉米大量集中于国库的结果。为刺激消费的复苏和恢复市场机制的作用，南方16个饲料消费省份和中央直属企业采购东北地区新产玉米给予运输费用补贴。在有利政策刺激下，当国内玉米需求恢复、企业增库存化进程加快时，国库玉米库存呈现快速下降局面。2009年秋粮上市之前，各方面均预测玉米将继续丰收，但是实际情况表明，玉米减产幅度较大，估计全国减产5%～10%，东北主产区减产幅度达15%～20%。在8月东北玉米减产局面逐渐清晰时，东北地区加工企业却享受到临时存储玉米定向销售，从而导致加工利润增加和开工率继续提高，加快了国库玉米下降程度。2009年以来中国临时存储玉米和国储玉米累计销售数量已经超过5000万吨，库存下降速度之快超过预期，对于玉米市场供求和价格的影响非常大。

3. 政策执行主体定位不清，执行政策缺乏监管

中储粮正在向大粮商的方向转变，在政策性粮食经营的庇护下可能演变为最大的市场性经营企业，企业自身利益最大化的追求会影响到宏观调控政策的效果。在现有体制下，中储粮在执行政策方面缺乏强有力的监管，建立高效合理的储备吞吐轮换机制还需要多年的努力。中储粮执行国家政策的突出问题有，一是在收购环节加价收购现象越加严重，收储企业在收购时将收购补贴和仓储补贴全部贴入，以求以更高价格完成储备轮入，但是在玉米销售环节提高出库费用，形成两次推高粮价的局面，偏离国家保供稳价的政策目标。二是部分收储企业持库寻租，导致出库难现象发生，影响到调控政策落实。三是也有收储企业参与投机。《临时存储粮食（移库玉米）销售竞价交易细则》修改之前，每吨100元的竞价交易保证金过低，杠杆作用过高，不少贸易企业拍得粮食，进行囤积、炒作和倒手等投机活动，搅乱了市场秩序，在竞价交易交割环节中，如果没有收储企业的参与，这样的投机活动基本没有成长土壤。

（四）2011 年市场仍受非常规托市后遗症影响

2010 年 10 月底华北黄淮地区玉米收购价格高于 2010 年同期 300～360 元/吨，东北地区玉米收购价格高于 2010 年同期 280～300 元/吨。受新玉米上市数量不足、东北陈玉米供应紧张、台风不利天气袭击、期货价格大幅上涨等因素影响，10 月以来玉米价格持续上扬，玉米上市进度反常，农户对于玉米价格预期较高，惜售心理严重，造成新玉米上市不足；用粮企业库存薄弱，淀粉、酒精、饲料加工利润回升，不断提高收购价格。

11 月下旬到 12 月上旬，受国家物价调控政策的影响，市场预期降低，农户惜售心理减弱，国内玉米产区迎来玉米上市高峰，产区玉米收购价格持续小幅下调。用粮企业收购数量明显增加，春节之前的备货需要得到满足。受国家落实最高库存责任、银行信贷资金明显收紧、市场看涨预期减弱等因素影响，国内央企、外资购销企业以及其他大型购销企业收购积极性明显减弱，国内产区收购市场力度受到抑制。

2011 年 1 月下旬华北黄淮地区率先出现涨价迹象。2～5 月国储玉米入市收购、用粮企业竞争采购、市场担心供求缺口连续推高玉米价格，特别是 4～5 月玉米价格上涨速度过快，上涨幅度很大。由于国家调控市场力度的持续加大，6 月市场看涨心态较前期已经明显减弱，玉米价格震荡。7～8 月玉米价格继续上涨，主要原因一是国家未投放年初收购的国储玉米，青黄不接之时玉米市场供应粮源紧张，二是市场需求旺盛。2011 年 8 月底大连平仓价格达到 2420 元/吨，广东港口交货价格达到 2530 元/吨，分别比 2010 年同期上涨 420～440 元/吨。

（五）2011 年调控政策成效较好，但仍存较多问题

1. 国家完善调控政策取得较好成效

2011 年国家进一步完善收购调控政策，国务院在 2010 年秋粮上市期间先后出台了"国 11 条"和"国 16 条"，基本明了了 2011 年市场调控的主基调。东

**中国主要农产品增长**
对 2004 年以来农产品增长的经济解释

北玉米不进行临时收储，玉米中央储备要增加规模，国储玉米收购实行以中储粮公司为单一执行主体，中储粮不能从事轮换之外的经营活动，引导国有骨干企业发挥积极作用，取消参与收购的央企和南方的饲料厂运输补贴政策。针对玉米市场出现的复杂形势，2011 年特别强调整顿粮食收购秩序，严格粮食收购资格审核，加强粮食收购资金监管，落实最高库存责任。为控制需求，要求关停违规建设的玉米深加工企业，确保玉米加工能力不超过 2009 年的水平。加强农产品期货和电子交易市场监管，抑制过度投机行为。重点打击恶意囤积、哄抬价格、变相涨价以及合谋涨价、串通涨价等违法行为，严厉查处恶性炒作行为。完善信息发布，稳定社会预期。

2011 年 4 月多部门联合发文加强玉米市场调控，控制玉米深加工发展、整顿粮食收购秩序成为新一轮调控重点。要求严格限定深加工玉米用量，各地逐个企业限定玉米用量，对加工数量已经达到 2009 年实际用量的或加工量和现有库存数量合计已经达到 2009 年实际用量的，不允许其再购买玉米；严肃处理玉米深加工违规企业，对土地、环保等手续不齐备或未经投资主管部门核准的拟建、在建项目，一律责令其停止建设，对未经投资主管部门核准已经建成投产的项目，一律责令其停止生产，坚决遏制住玉米深加工盲目发展的势头；为控制玉米深加工过快发展，国家调整了玉米深加工增值税政策；加大玉米深加工行业兼并重组和淘汰落后产能力度。同时，提出引导贸易粮的销售。多渠道企业已收购相当数量的玉米，为防止企业囤积，国家要求各银行业金融机构在 2011 年 6 月底前，暂停对中央和地方储备企业以外的各类经营者发放贷款收购玉米，已发放的贷款不得展期，并督促贷款企业加快玉米销售，及时收回贷款。收紧非储备企业玉米收购的信贷资金；继续加强对于大型骨干企业粮源和监控；进一步规范粮食收购市场秩序。

从密集出台的调控政策和措施看，国家已经大力推进市场调控力度，继续加快 2008 年和 2009 年两年非常规调控政策的退出，消除玉米市场发生异常波动的种种制度因由,重塑并发挥玉米市场化机制分担政府沉重的调控压力。从政策运行效果看,保供稳价政策取得了较好的成效。

2. 调控政策仍然存在较多问题

受非常规托市政策的各种遗留问题难以在短期全部解决、基层企业执行政策出现变形和失误以及粮食流通体制问题等因素的影响,2011 年玉米流通环节的市场调控仍然非常被动,突出表现为以下几个问题,需要在今后逐渐加以解决。

(1) 国有玉米库存消耗殆尽,库存补充难度较大。两年实施临时存储玉米托市收购政策,导致市场粮源集中到国家手中,国有储备常规供应化趋势明显,市场主体对于国家库存变化非常敏感,对政策变化反应非常敏感。然而仅过一年时间,国家临时存储玉米就全部消耗,而且国家储备库存还有大量出库,玉米库存下降到近几年的最低水平,引发市场的种种猜测和不稳定预期,国家调控市场能力受到置疑。由于玉米供求紧张价格居高,2011 年充实国家储备难度很大,在物价调控压力之下,市场调控甚至有边收储、边投放的打架现象。2011 年 2 月以来中储粮入市随行就市收购议价粮,随后转入中央储备,还在华北黄淮几个主产省增加了收购计划,以加快入库数量,也要求中央直属企业和国有贸易企业转入部分储备,以及从国外进口一部分玉米进行储备,玉米库存水平终于有所上升。

(2) 收储对于市场价格的推高作用仍然明显。中储粮部分企业为完成收储任务,加价收购玉米,出库时以各种名义收取费用以转移成本,托市收购主体利用垄断地位谋取利润最大化,已经成为近年来收储一大弊病。2011 年国家在收储上取消了多元主体托市,但是仍然难以避免收储对于粮食价格的推高作用,导致国家调控物价目标偏离。2011 年 1 月底河北省国储收购启动之后,市场收购价格由 1940 ~1960 元/吨抬升到 2040 ~2060 元/吨,最高达到 2100 元/吨;吉林省国储开秤价格 1940 元/吨,最高上升到 2060 元/吨,平均收购成本已经临近 2000 元/吨。国储入库容易出库难,国储玉米数量增加意味着市场粮源减少,受供应紧张预期影响贸易企业以及用粮企业暗自与中储粮竞争收购(国家要求加

**中国主要农产品增长**
对 2004 年以来农产品增长的经济解释

工企业停收以保证国储收购），销区用粮企业签订合同锁定粮源的数量比常年明显增加，造成玉米市场粮源竞争加剧。市场继续博弈国家竞价交易政策，2011年玉米储备坚持投放，由于投放数量少，有资格参与竞价交易的企业数量少，实际调控效果受到制约。由于国储收购减少市场粮源，2011年7~8月玉米青黄不接，玉米价格持续上涨，如果不是因为大量小麦（包括投放的芽麦）进入饲料消费，玉米市场可能发生阶段性的供应短缺。

（3）加工企业用粮未得到有效抑制。秋粮上市以来各省都要求加工企业落实最高库存，限制企业存粮数量，甚至要求加工企业暂停收购以保证储备收购。这样的政策设计不够合理，可执行性差，多数加工企业采取减少场内库存、增加委托收购合同订购的方式逃避监管，实际上东北地区多数加工企业掌握的合同数量，都足够一年消费使用，粮食实际上并未少用。受多年粮食流通体制改革以及粮食法尚未出台的影响，粮食部门在粮食流通市场的监管职能已经弱化，无人、无钱、无力，已经不适应计划形式的行政性、直接性、大面积的人为监管活动。再如，财政部为控制玉米深加工过快发展，经国务院批准，2011年4月20日起至6月30日暂停玉米深加工企业收购玉米增值税抵扣政策，意图控制加工企业收购，但是山东、河北等地区深加工企业采取成立贸易公司收购、委托其他贸易公司收购等变通方式，除了挂牌收购出现了有增值税发票和无增值税发票两种价格外，玉米收购丝毫未受影响，而玉米价格反而因政策调整而提前被推高。

（4）市场预期调控难度仍然较大。2011年宏观经济面临的形势仍然复杂，日本地震、欧洲债务危机和美国债务危机不断干扰国内经济的增长势头，国内流动性过剩局面难以改变，商品市场投机现象仍然存在，物价上涨压力仍然严重，仍然属于粮价看涨预期增强、市场波动加剧的敏感时期。2010年下半年以来国际市场粮价大幅上涨，玉米价格不断攀升，对国内市场压力还在累积、快速传导、正在放大。国内玉米供需偏紧矛盾突出，区域矛盾突出，结构矛盾突出，玉米涨价预期强烈。由于各类企业纷纷入市，扰乱了玉米收购秩序，进一步推高了收购价格。媒体对粮价、猪价问题给予了高度的关注，部分报道涉嫌炒作。不少媒体利用了 2009 年玉米大幅减产的事实，继续煽动玉米减产预期，甚至得出中国玉米供求缺口 2000 万吨，有 1500 万吨需要进口的误导性结论，在媒体传播速度加快情况下投机炒作影响已经不容忽视。在粮食生产能力达到一定限度时，频发的极端自然灾害对于粮食生产和粮食市场心态影响加剧，2011 年春季华北大旱以及南方几个省份春夏连旱，都曾造成小麦、籼稻期货价格大幅上涨，也影响到玉米市场的价格预期。

3. 秋粮即将上市需要进一步理顺调控政策

后期国内粮食市场阶段性、区域性、结构性矛盾仍然突出，影响后期玉米市场走势的最根本因素是玉米需求增长势头能不能得到抑制、秋粮丰收能不能填补玉米供求缺口、国家调控市场的能力能不能提高。有效防止粮价异常波动引发整个粮价乃至食品价格的全面上涨，对管理好通胀预期、保持经济平稳较快发展大局意义重大。2011 年秋粮丰收，粮价稳定预期形成；库存恢复提高，政府具有粮食宏观调控的坚实物质基础；只要调控政策进一步理顺，确保后期价格合理、市场稳定、农民增收上的成效就会进一步转好。


## 五、国际市场供求偏紧，价格高位运行


未来一段时间，全球范围内粮食生产将面临消费刚性增长、生产的资源性约束增强，以及极端气候影响程度加深等不利影响。联合国粮农组织、国际谷物理事会、经合组织等众多机构均预测，未来全球粮食供求将长期趋紧。过去几年愈演愈烈的全球性能源紧张、油价高企局势未见缓解，促使各国利用粮食转化生物能源的积极性持续提高，新能源发展与传统食品业发展的矛盾日益突出，进一步恶化全球粮食供求紧张局面。

**中国主要农产品增长**
对 2004 年以来农产品增长的经济解释

## （一）全球玉米供求偏紧，价格高位运行

全球粮食库存消费比仍处较低水平。根据美国农业部8月关于世界农产品供需报告预测，世界2011/2012年度谷物库存消费比为19.0%，较2010/2011年度同期下降1.1%，三大主粮中以玉米供求关系最为紧张。2010/2011年度世界玉米产量预计为8.22亿吨，同比增长约790万吨，为历史最高水平。但是，世界玉米饲用消费和工业用消费已从2008年金融危机阴影中快速恢复，特别是工业消费在美国、中国有较大幅度增长，世界总消费预计达到8.43亿吨，同比增长约3300万吨。消费大幅度超过产量增长，导致库存消费比将下降至14.6%，同比下降3.2%，为1973/1974年度以来的最低水平（见图3.4）。

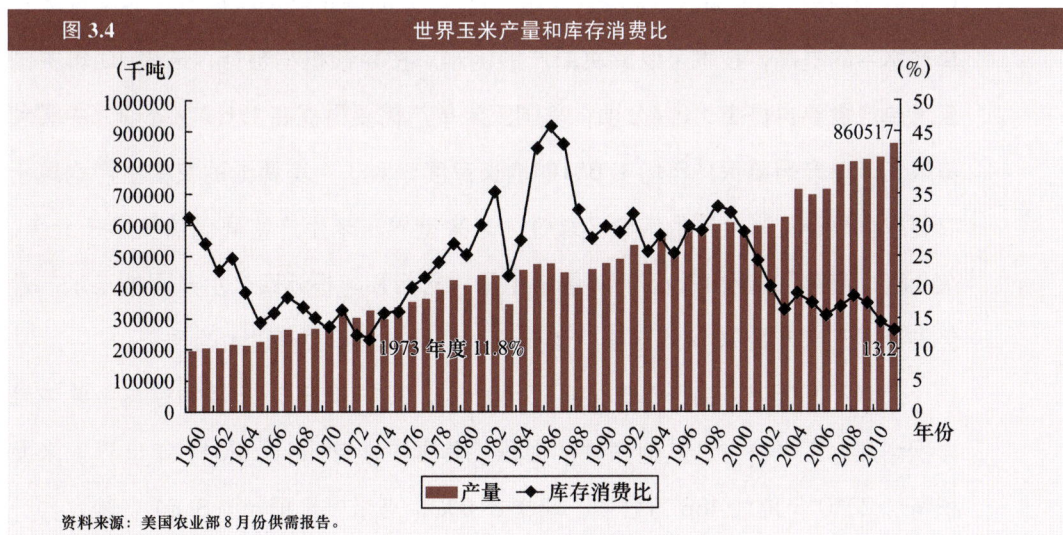

图3.4　世界玉米产量和库存消费比

资料来源：美国农业部8月份供需报告。

### 1. 过去10年世界玉米产量稳步增加，2011年产量预增

2000~2010年世界玉米产量稳步增长。2000年世界玉米产量为5.91亿吨，2010年世界玉米产量为8.21亿吨，较2000年增加2.3亿吨，增幅为38.9%，年均增长率为3.3%。播种面积与单产的同步增加，使得世界玉米产量增速迅猛。2000年世界玉米收获面积为1.37亿公顷，2010年收获面积则达到1.62亿

公顷，比 2000 年增加 0.25 亿公顷，增幅为 0.84%，年均增长 1.5%。不过此轮玉米播种面积的增长，已经耗尽了美国、中国和印度等主产国的大部分耕地潜力，世界玉米产量增长空间将受到限制，而未来巴西、阿根廷和乌克兰等国家耕地面积增加很难满足需求。全球单产水平也提高较快，2000 年世界玉米平均单产为 4.37 吨/公顷，2010 年则达到 5.05 吨/公顷，比 2000 年提高 0.74 吨/公顷，增幅为 17.2%，年均增长 1.5%。

美国食品和农业政策研究所（FAPRI）在 2011 年 4 月 11 日公布的《2011年世界农产品展望报告》预计，预计到 2020 年世界玉米产量将达到 9.82 亿吨，平均每年增长 1.8%，其中面积年均增长仅有 0.3%，单产年均增长预计为 1.5%。在该机构看来，世界玉米产量仍有较大的增长空间，增产更多要依赖于单产水平的提高，技术可以解决单产的困难。按照该机构预计，未来 10 年中国玉米单产需要再提高 1 吨/公顷，美国玉米单产需要再提高 1.6 吨/公顷，中国和美国玉米单产需要保持年均 1.6% 的增长速度，对于中美两国的农业生产均属于高要求。限于玉米生产的气象区域性，未来世界玉米生产格局仍然集中于北美、东北亚、南美和东欧等地区，美国、中国、巴西和阿根廷四个主产国的玉米产量仍占世界玉米产量 70% 的比重，世界玉米贸易市场不会有过大的改变。

远水不解近渴，由于单产短期不会质变，2011 年玉米产量的提高主要依赖面积增加，玉米挤占了其他作物的面积。美国农业部预计，2011 年世界玉米面积将比 2010 年增加 486 万公顷，增幅 3.0%，玉米产量预计为 8.61 亿吨，预计比 2010 年增加约 4000 万吨，增幅 4.8%。由于美国主产区 5 月份播种延迟和 7 月份炎热天气对单产构成威胁，单产仅维持上年水平。

2. 世界玉米消费增速较高，贸易数量继续扩大

近年世界玉米总消费量呈现上升趋势。美国农业部估计，2000 年度世界玉米总消费量为 6.08 亿吨，2010 年度则达到 8.43 亿吨，比 2000 年度增加 2.35 亿吨，年均增长 3.0%。其中，饲料消费量呈现缓慢增长的态势，2000 年度饲

**中国主要农产品增长**
对 2004 年以来农产品增长的经济解释

料消费量为 4.27 亿吨，2010 年度饲料消费为 4.94 亿吨，较 2000 年度增长 6700 万吨，年均增长 1.3%。由于燃料乙醇的快速发展，食品和工业消费量呈现快速增长态势，2000 年度食品和工业消费量为 1.81 亿吨，2010 年度为 3.49 亿吨，较 2000 年度增长 1.68 亿吨，年均增长 6.1%。由于世界人口的持续增长以及生物能源消耗量的增加，未来世界玉米消费仍将刚性增长；由于食品和工业消费量的增速放缓，玉米消费增长速度应有明显放缓。

2000~2010 年世界玉米贸易量呈现逐年增加。2000 年度世界玉米进口贸易量为 7500 万吨，2010 年度增加到 9100 万吨，增加了 1600 万吨，增幅为 21.0%，年均增长率为 1.8%。玉米贸易量在 2006 年度、2007 年度快速增加，并于 2007 年度达到历史高点 9849 万吨。世界玉米贸易在这两年快速增加，主要是由于墨西哥国内饲料需求激增导致国内产量无法满足需求，进口大量增加造成。

3. 世界玉米价格呈现高位运行

近年来世界玉米价格总体保持上涨态势，随着能源价格频繁波动，玉米价格波动幅度加大。2006 年下半年以来世界玉米价格持续快速上涨，其动力主要是美国使用玉米生产燃料乙醇的数量快速增长，导致美国玉米出口能力不足，美国及世界玉米库存消费比持续下降。美元贬值和原油价格持续上涨，导致玉米的能源属性、金融属性和投机属性大为增强，价格波动性扩大。玉米价格受到能源价格上涨的拉动，2008 年原油价格最高上涨到 140 美元/桶，导致玉米价格上涨势头强劲，2008 年美国海湾 2 号玉米现货出口价格比 2006 年上涨 84.3%，年内出口价格最高达到 317 美元/吨。2008 年 7 月之后美国次贷危机爆发引发金融海啸，全球商品价格大幅下挫，全球玉米产量明显增加，玉米价格连续回落，2009 年和 2010 年国际玉米价格基本稳定。从 2010 年下半年开始，伴随世界粮食产量遭遇严重自然灾害以及美国启动二次量化政策导致世界范围流动性过剩，玉米价格再次迅速飙升，到 2011 年 3 月美国玉米出口价格已经超过了 2008 年的价格高点（见图 3.5、图 3.6）。

**2006~2011 年 CBOT 玉米期货价格和原油期货价格**

（美元／蒲式耳）　　　　　　　　　　　　　　　　　　　　　　（美元／桶）

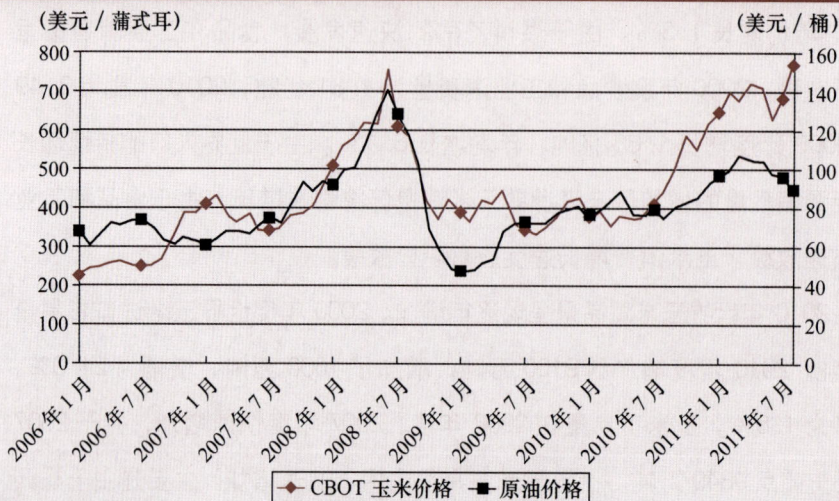

CBOT 玉米价格　　原油价格

资料来源：FAO 粮食价格数据库。

---

**2006~2011 年美国墨西哥湾二号玉米现货出口价格**

（美元／吨）

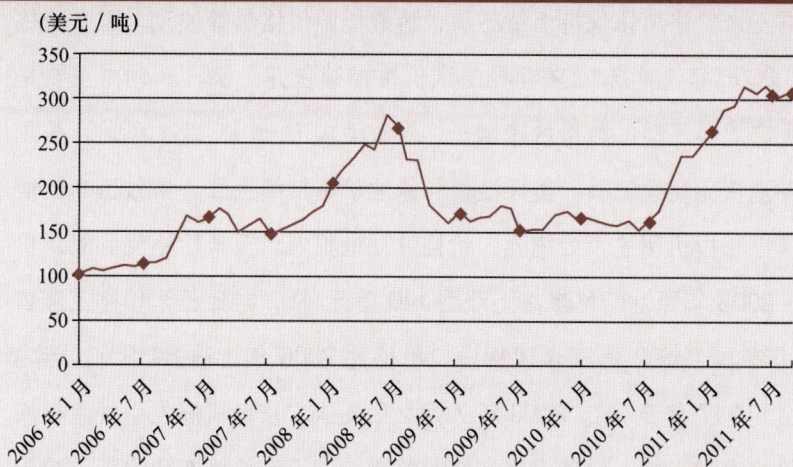

资料来源：国家粮油信息中心期货价格数据库。

---

## （二）美国玉米供求关系和燃料乙醇前景

### 1. 美国玉米供求关系偏紧，玉米生产能力存在高估

美国玉米大力推进燃料乙醇生产对于世界玉米供求和价格的影响要明显大于

中国和印度需求的增长。2010/2011 年度，美国燃料乙醇消费玉米数量达到 1.27 亿吨，已经占到当年玉米产量的 40.2%，成为决定价格水平的主要因素之一，短时期内对于其他国家进口需求和饲料玉米消费均构成严重影响。2010/2011 年度美国燃料乙醇消费玉米数量，已经超过美国农业部在年初发布和 BASELINE 基准模型所预测的水平。美国农业部 8 月份供需报告显示，2010/2011 年度美国玉米产量下降 4.9% 至 3.16 亿吨，加上燃料乙醇推动需求增加 3.0% 至 2.9 亿吨，造成美国玉米供需异常紧张。2010/2011 年度美国库存消费比预计降至 8.2%，为 1995/1996 年度以来最低，推动玉米价格大幅上涨。2011 年美国玉米产量需要大幅增加才能满足需求和补充库存，尽管玉米播种面积达到预期，但受不利天气影响单产仅能维持上年水平，玉米产量预计恢复增长 3.8% 到 3.28 亿吨，美国玉米库存消费比仍然处于 6.3% 的低水平，导致玉米价格居高不下（见图 3.7、图 3.8）。

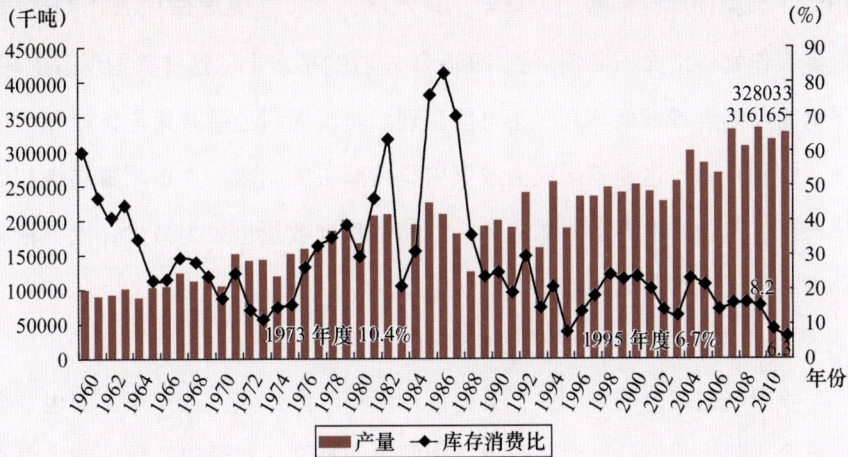

图 3.7　美国玉米产量和库存消费比

资料来源：美国农业部 8 月份供需报告。

显然美国政府高估了现阶段该国玉米生产能力，但为满足燃料乙醇生产，美国玉米播种面积从 2001 年的 7600 万英亩扩大到 2011 年的 9230 万英亩，共增

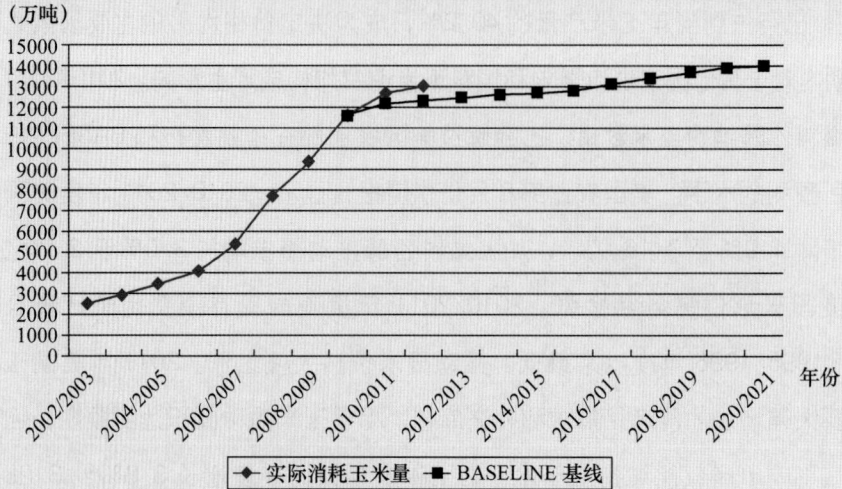

图 3.8　　　　美国燃料乙醇实际消耗玉米量以及 2011 年 BASELINE 基线情况

资料来源：美国农业部 8 月份供需报告和 2011 年 BASELINE 展望报告。

加 1630 万英亩种植面积，年均增长 2.1%；玉米产量由 2001 年的 2.41 亿吨增长到 2010 年的 3.28 亿吨，年均增长 3.1%。1990 ~ 2009 年平均库存消费比为 18%，如果使库存消费比恢复到正常水平，至少还需要增加 700 万英亩的土地，全美农作物耕地面积要恢复到 1985 年左右的高水平，这在美国现有的环保政策、作物轮作制度等框架下几乎不可能实现。美国燃料乙醇政策与休耕和环保政策存在冲突和矛盾，这是美国农业政策中亟待解决的问题。大量闲置耕地和休耕地种植玉米，美国和世界应对供应下降的储备耕地数量也大为减少，世界粮食供应受到灾害性天气的影响幅度加大（见表 3 - 4）。

2. 美国燃料乙醇政策调整不影响玉米消费总量

美国根据自身国家利益，坚持推行燃料乙醇政策。近年来美国生物燃料政策有三个主要组成部分：对乙醇掺兑缓解给予补贴、对进口乙醇征收关税和硬性规定乙醇消费量的最低标准。生物燃料用量强制规定在 2005 年首次获得立法支持，2007 年《能源独立和安全法案》开始对特定类型的生物燃料使用量做出强制规定，2010 年美国环境保护署通过法案决定允许在部分州的汽油中添加 15% 的乙

**中国主要农产品增长**
对 2004 年以来农产品增长的经济解释

表 3 – 4　　　　　　　　2009～2011 年美国主要农产品播种面积情况　　　　单位：百万英亩

| 品　种 | 2009 年 | 2010 年 | 2011 年 | 比 2010 年增加 |
|---|---|---|---|---|
| 玉　米 | 86.5 | 88.2 | 92.3 | 4.1 |
| 大　豆 | 77.5 | 77.4 | 75.2 | -2.2 |
| 小　麦 | 59.2 | 53.6 | 56.4 | 2.8 |
| 棉　花 | 9.0 | 11.0 | 13.7 | 2.8 |
| 高　粱 | 6.6 | 5.4 | 5.3 | -0.1 |
| 大　麦 | 3.6 | 2.9 | 2.8 | -0.1 |
| 燕　麦 | 3.4 | 3.1 | 2.6 | -0.6 |
| 稻　谷 | 3.1 | 3.6 | 2.7 | -1.0 |
| 总面积 | 248.9 | 245.2 | 251.0 | 5.8 |

资料来源：美国农业部。

醇，原标准为 10%。

2009 年 1 月 1 日美国政府决定下调乙醇补贴标准，2010 年补贴继续获得立法支持，直到 2011 年 6 月 16 日国会参议院才通过了一项修正案，要求政府下半年终止对乙醇工业提供每年高达 60 亿美元的补贴，主要的目的就是平衡美国财政收支，主要出发点并不是考虑粮食原料紧张以及价格的上涨。修正案要求美国政府不得再向乙醇提炼商提供每加仑 45 美分的搀兑补贴，要求取消对进口乙醇征收每加仑 54 美分进口关税。

美国原三项生物燃料政策只留下一项，燃料乙醇消费发展的确受到一些影响，主要有：一是取消补贴将加大美国乙醇市场竞争，提高了巴西甘蔗酒精的竞争能力，从而降低燃料乙醇对玉米需求；二是降低了玉米和原油价格之间的关系。研究结果表明，过去当纽约原油期货价格超过 80 美元/桶时，CBOT 玉米价格和纽约原油价格均具有极高的相关性，原因是燃料乙醇消费提升而且加工效益转好，反之，当原油价格低于 80 美元/桶时，玉米价格走势往往强于原油价格，因为法案强制添加比例会支撑燃料乙醇消费。预计补贴取消之后原油价格需要更高才能与玉米价格更好联动，边际水平应提高到 85 ~88 美元/桶。

有研究认为，燃料乙醇是推动粮价上涨的原因但未必是主要原因，乙醇补贴对于粮食价格上涨的影响相对有限。美国艾奥瓦大学世界食品和农业政策研究所发布的一份研究报告表明，2006 ~2009 年玉米价格比 2004 年平均上涨 1.65 美元/蒲式耳，其中燃料乙醇产量增长和乙醇补贴造成的上涨贡献率只有 36%，其他 64% 由自然灾害、投机和货币等因素贡献。进一步细化，燃料乙醇补贴对于该期间价格上涨的贡献率仅有 8%，这意味着取消补贴，粮食价格受益不大。

美国燃料乙醇不会受到补贴取消的过大影响，原因主要有：一是 2011 年美国环保署提高酒精掺兑标准到 15%，通过法案保证了庞大的生物燃料消费量，对酒精行业实施补贴不会影响消费总量；二是玉米燃料乙醇产能和产量尚未达到峰值，对于玉米市场供求影响未见减弱；三是未来世界原油价格还有继续上涨的空间。2011 年 8 月份原油价格大致为 80 ~90 美元/桶（见表 3 -5）。

表 3 -5　　　　　　2005 年以来 CBOT 玉米价格和原油价格相关关系

| 阶　段 | 2005 年 1 月~ 2007 年 9 月 | 2007 年 10 月~ 2008 年 9 月 | 2008 年 10 月~ 2010 年 8 月 | 2010 年 9 月~ 2011 年 6 月 |
|---|---|---|---|---|
| 原油价格 | <80 美元 | >80 美元 | <80 美元或附近 | >80 美元 |
| 相关系数 | 43.0% | 89.3% | -15.5% | 90.9% |

资料来源：国家粮油信息中心期货价格数据库。

# 六、主要政策情况以及建议

## （一）努力提高玉米产量，依靠科技提高单产

中国玉米供应关系长期偏紧，玉米产量增长缓慢和玉米消费刚性增长之间存在难以调和的矛盾，饲料粮短缺将是未来中国粮食安全面临的最大挑战。受玉米

**中国主要农产品增长**
对 2004 年以来农产品增长的经济解释

耕地面积增长有限、单产提高缓慢的影响，未来几年玉米产量平均每年仅能增长2.2%，而全国玉米需求将以年均3.3%的速度增长，将出现有相当数量的玉米需要从国际市场调剂的被动局面。目前，美国等出口国耕地面积进一步增长空间有限，美国燃料乙醇生产消费玉米量占到美国玉米产量的40%，美国玉米增产可能难以满足中国进口需求。在玉米面积增长乏力的情况下，依靠科技提高单产是增加国内玉米供应的主要出路。

如果中国无法从世界市场大量进口玉米，那么单产提高的压力将迫使我们考虑放弃非转基因玉米生产，在坚持非转基因玉米生产和保证粮食安全之间，后者更加重要和更加务实。目前美国转基因玉米单产高于中国将近70%~80%，这为中国提高玉米单产提供了一种选择和路径。目前中国还不允许转基因玉米种子的商业化种植，2009年11月由中国农业科学院生物技术研究所培育的转植酸酶基因种子（BVLA430101）获得转基因生物安全证书，中国转基因玉米种子研发还需继续加快。

育种专家对于转基因玉米品种和非转基因品种在单产提高方面的作用争议不休，需要尽快进行论证。如果转基因技术在中国确能提高单产，可以考虑在华北、黄淮和南方地区逐步放开转基因玉米生产，以满足南方销区快速增长的饲料粮需求。不过按照美国推广转基因玉米种子的经验，转基因玉米无法在短期内快速增加单产。美国自1996年推广转基因玉米种子，但是其后5年转基因玉米种植面积只达到玉米种植总面积的25%左右，玉米单产年增长率仅有1.87%，而且单产增长不仅归功于转基因种子技术，种植综合技术的提高也是原因之一。

（二）深加工调控破除困境，加强需求管理为当务之急

中国玉米产量增长缓慢，深加工业与饲料养殖业争粮的矛盾仍然突出，依靠进口玉米补足国内玉米缺口，对于国家粮食安全和保护农民利益方面的影响还没有衡量清楚，进口就已经成为事实。在世界上鲜有国家进行玉米的大规模工业应

用，只有美国有条件浪费大量耕地和水资源推行燃料乙醇生产，中国深加工发展道路并不符合资源短缺的国情。未来几年工业用粮必须得到有效的控制，才能确保国家粮食安全。

深加工调控难以破除困境的深层次原因涉及粮食主产区和主销区之间粮食安全利益补偿机制。机制不顺畅，调控深加工不会有好效果，调控就会进入上有政策下有对策的死胡同。近年来主产区大量推进玉米深加工的初衷，就是甩掉粮食生产和库存包袱、提高地方税收、扩大地方 GDP，国家调控深加工行业势必遭遇地方保护。2007 年国家清理整顿深加工项目，项目审批由备案制改为审核制，大批未上马项目叫停，但是金融危机之后，地方政府借刺激需求之名，重新改变项目用途，不少项目死而复生，已有项目继续扩大产能。如果内蒙古、黑龙江和辽宁省多个在建项目完工，未来中国玉米加工能力还将增加，到 2012 年全国玉米加工能力估计超过 8000 万吨。

近年来居民对环保、卫生、健康等生活水平要求提高，淀粉、酒精等加工产品市场需求旺盛，加工用粮有较大的增长空间。从需求控制的角度看，玉米加工可以调整的空间主要有：一是引导和转移部分加工产品的消费，比如味精、柠檬酸等产品；二是限制加工产品出口，立足国内需求搞好生产。近年来主要深加工产品出口折玉米原粮大约 400 万吨，考虑出口产生的连带效应，禁止加工产品出口能够节省更多粮食；三是退出粮食生产燃料乙醇。

抑制深加工消费的当务之急是加强食品需求管理，这需要改变观念。20 世纪 90 年代玉米深加工行业起步以来，玉米深加工就和浪费粮食联系在一起，调控中长期存在"一刀切"的惯性思想。必须认识到加工需求强劲是中国食品消费升级的必然结果，单纯抑制产能难以取得好效果，经济规律决定有需求就会有供给。引导食品消费和转移工业用途消费已有急迫性。美国人已经担忧大量食用高果糖浆导致肥胖率提高，在中国可乐等饮料中却在大量使用，嘉吉、中粮等企业继续扩大果葡糖浆产能。

必须调整粮食深加工产业政策，转变粮食产业发展方式，才能促进优化玉米供需结构，逐步缓解玉米供求区域性和阶段性矛盾。应该坚决控制加工行业在非食品方向的过度开发，严控粮食用于工业酒精、燃料乙醇、涂料等非食品链生产，禁止粮食深加工产品出口，从政策上要更加严格地限制高能耗、高污染的柠檬酸等深加工产业，引导玉米加工产业调整结构、转变发展方式。应该强制性要求深加工企业建设饲料生产的配套能力，开发出有别于玉米为主或者小麦为主的配合饲料，缓解工业用粮和饲料用粮之间的矛盾。

### （三）压缩粮食燃料乙醇发展，加快退出使用粮食原料

在美国、巴西等国家已经调整燃料乙醇产业政策的情况下，中国也应该考虑加快粮食生产燃料乙醇退出过程，以缓解国内粮食供求紧张的矛盾。燃料乙醇消耗玉米占全国玉米产量的3%左右，根据中国酿酒工业协会的数据，2009年中国粮食燃料乙醇产量为156.9万吨，估计要消耗500万吨粮食，其中大部分为玉米原料，此外燃料乙醇每年需要消耗20万吨标准煤、1万吨汽油以及15亿元中央财政补贴。在国内玉米扩大生产代价越加沉重、国内玉米供求已经出现缺口、进口玉米数量增加的情况下，500多万吨玉米对于平衡供求有重大作用。中国难以做到一边大量进口玉米，一边大量生产燃料乙醇替代汽油。随着粮食供应弹性继续缩小、粮食进口压力逐渐增加，中国已不具备使用粮食生产燃料乙醇的基本条件。粮食生产乙醇汽油产量相对于国内的汽油需求来说微不足道，转为原油进口数量也不大。应该加快其他生物质燃料乙醇的发展，逐渐把粮食燃料乙醇生产企业推向市场，逐步退出粮食生产燃料乙醇。

中国燃料乙醇刚刚起步时，汽油价格处于低位，燃料乙醇和汽油价格倒挂，需要国家提供高额补贴来消化陈化粮食。燃料乙醇价格为国家政府定价，与汽油价格按照0.9111的系数联动，随着汽油价格不断上涨，燃料乙醇补贴逐年下降，到2007年时燃料乙醇价格已经高于酒精价格，可以无需国家补贴。2009年

粮食价格处于低位，燃料乙醇比酒精价格最多高出 1700 元/吨左右。两年来由于玉米价格快速上涨，燃料乙醇和酒精差价逐渐缩小，2011 年 8 月底，汽油价格比两年前上涨了 23%，同期玉米酒精价格却上涨了 55%；黑龙江省汽油价格为 9335 元/吨，折算后减税后燃料乙醇价格为 7400 元/吨，玉米酒精价格 6800 元/吨，还有 600 元/吨价差，燃料乙醇企业直接从市场收购玉米酒精经过一道工序转为燃料乙醇，还有 500 元/吨的利润水平，高油价和燃料乙醇定价机制维持着高生产利润。

### （四）准确规划玉米进口战略，尽快完善进口管理机制

中国逐渐成长为玉米净进口国已是大势所趋，利用国外资源，以合适的价格扩大玉米进口，填补供需缺口，符合未来形势。应该树立新的粮食安全观。粮食安全并不等同于"自给自足"。2011 年中国进口玉米主要用于充实储备，对于缓解国内通胀预期会有明显的作用。建立进口玉米储备，有利于缓冲国际市场的剧烈波动对于中国玉米市场安全的影响。中国粮食需求的增长潜力非常巨大，一旦进口大门打开，进口数量增长可能呈现加速之势，玉米市场进口管理要早做战略规划。为了应对进口玉米的复杂局面，应该尽快完善玉米进口管理机制。一是目前私人进口配额管理严格，需要进口的饲料企业缺少进口配额，应该建立进口配额的按需分配的流转机制；二是中国粮食的进口模式需要突破，努力改变玉米进口依赖几家主要的国际贸易商，至少应做到分散进口；三是应该尽快落实与阿根廷、南非等国家转基因玉米贸易协定和质检协定的协商工作，以免造成进口过于集中美国一个国家的情况；四是对于进口相关信息的发布做到尽量透明，使得外界有个相对稳定的预期。

### （五）提高储备数量，优化储备结构，强化市场调控能力

中国的玉米中央储备规模，是在 2001 年粮食流通体制改革推行之初确立的，

多年来总基数基本未动，而这几年国内玉米产量和商品量已经明显增加，现有中央储备规模已经偏小，暴露出难以胜任调控市场的重任。现阶段中国玉米储备70%布局在北方，仅有30%布局在南方，储备地区分布影响到玉米市场调控效果。通过进口玉米来充实储备，开辟了新的增加储备的途径，有利于改善玉米储备地区结构矛盾和供求区域矛盾，但是进口玉米储备还要确定合适规模，才能保证国家储备收购在保护农民利益方面的重要作用。中国的中央储备粮是指中央政府储备的用于调节全国粮食供求总量，稳定粮食市场，以及应对重大自然灾害或者其他突发事件等情况的粮食和食用油。最近几年中央储备已经频繁作为常规供应使用走入误区，中央储备战略储备的基本定位发生弱化，反而托市保价方面的职能更加突出。中央储备不应该频繁参与短期性的价格调控。

# 中国棉花供求分析与政策

目前，中国棉花产业在世界上享有"三个最大"：最大的棉花生产国，产量占全球 25%；最大的棉花加工转化国，纺织用棉总量占全球 40%；最大的纺织服装国，出口纺织品服装占全球市场 25%，出口依存度高达 50%。中国棉花产业在国家经济社会发展与稳定中占有重要位置，主要表现在增加农民收入、稳定就业和出口贸易等三大方面。棉花种植为 1 亿多农民提供经济收入来源；纺织服装业就业 2000 多万人，其中 80% 是农民工。纺织服装业是中国重要的外汇储备来源，目前年创汇达到 2000 多亿美元，仅次于机电行业，居第二位。根据国家统计局公布的国民经济投入产出表分析，纺织业每增加 1 个单位的投入，对国民经济的影响力系数是 1.25，高出各行业平均值 25%。

## 一、总体生产特点：波动增长

进入 21 世纪以来，随着中国纺织业的快速发展，中国棉花生产出现了长足发展，其总体特点是"波动增长"，即总产、种植面积、价格都在波动之中增长，而总产水平跃上新台阶。

1. 总产跃上新台阶

2001~2005 年，总产从 400 万吨逐步上升到 500 万吨、600 万吨水平；2006~2011 年，除 2009 年、2010 年为 600 万吨水平，其余 4 年达到 700 万~750 万吨水平。总体上看，目前中国棉花生产能力能够保持在 700 万~750 万吨水平，稳定越过 20 世纪 90 年代的 500 万吨水平。

总产水平明显波动。21 世纪头 11 年，最高总产与最低总产相差多达 270 万吨，差幅 35%；前 5 年，年度之间总产多在 50 万吨数量增减，波幅在 10%；后 6 年，年度之间总产主要在 650 万~750 万吨之间增减，波幅高达 15%（见图 4.1）。

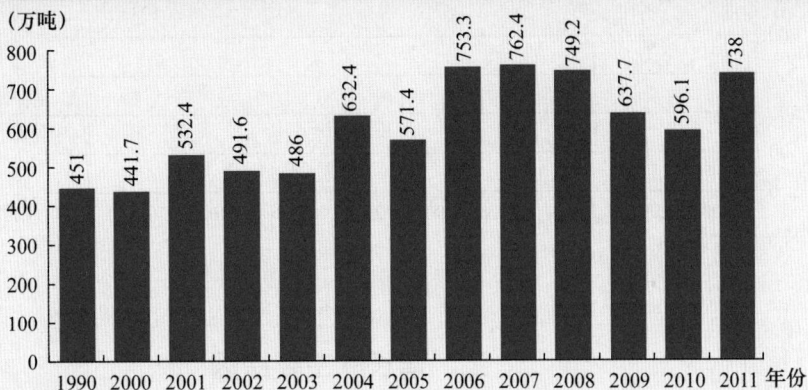

图 4.1　1990~2011 年各年棉花总产

（万吨）

| 年份 | 1990 | 2000 | 2001 | 2002 | 2003 | 2004 | 2005 | 2006 | 2007 | 2008 | 2009 | 2010 | 2011 |
|------|------|------|------|------|------|------|------|------|------|------|------|------|------|
| 总产 | 451 | 441.7 | 532.4 | 491.6 | 486 | 632.4 | 571.4 | 753.3 | 762.4 | 749.2 | 637.7 | 596.1 | 738 |

注：2011 年为中国棉花协会估计数。
资料来源：《中国统计摘要》（2011）。

2. 种植面积波动增加

21 世纪头 11 年最高面积为 2007 年的 9000 万亩，未能超过 1991~1992 年的 1 亿亩水平，但多数年份处于 7500 万~9000 万亩水平，超过 20 世纪 90 年代多数年份的 7500 万~8000 万亩水平。

21 世纪头 11 年种植面积波幅比 20 世纪 90 年代有所下降。20 世纪 90 年代最多年份与最少年份相差 4600 万亩，相差幅度达 42%；21 世纪头 10 年最多年份与最少年份相差 2600 万亩，相差幅度达 30%。种植面积在 2001~2007 年是上升阶段，增减波动主要是在 2008~2010 年，由 2007 年的 8900 万亩持续减少到 7300 万亩，相差幅度达 18%。

### 3. 生产者价格波动上升

2000~2009 年，棉花生产者价格增长 28.6%，前期最大波幅近 100%，后期最大波幅 27%，整体上有平缓之势（见图 4.2）。

**图 4.2　2000~2009 年棉花生产者价格**

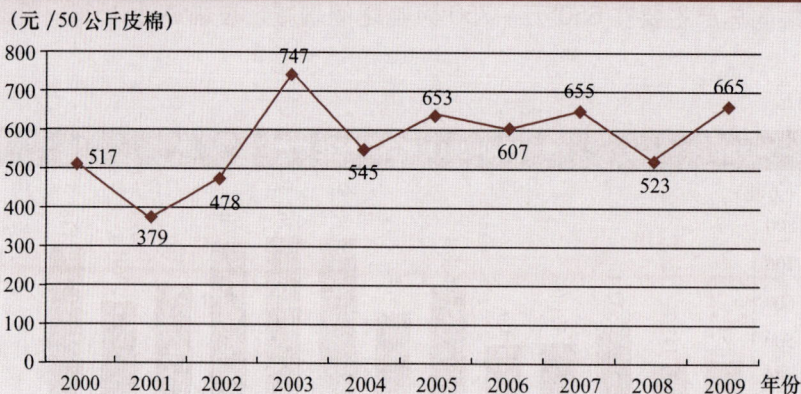

（元/50 公斤皮棉）

资料来源：《中国农村统计年鉴》。

## 二、增长的主要原因

近 10 年中国棉花总产增加的原因是多方面的，主要的是用棉需求强劲、棉农收入增长、政策支持、科技进步四大因素。

### 1. 纺织业飞速发展，出口需求拉动是主要因素

2000~2008 年，中国纺织品服装高速增长，年均出口额达 17.5%，从而拉

中国主要农产品增长
对 2004 年以来农产品增长的经济解释

动用棉需求。2002~2007 年，全国纺纱量均以每年 18% 的速度递增，2010 年达到 2700 多万吨。按照国家统计数据，2005 年以后的纺纱量折合用棉量每年在 1000 万吨左右。

### 2. 棉农收入稳中增长

用棉需求强劲，刺激价格上升，棉农收入总体增加。2000~2009 年，棉花产值、成本、收益（元/亩）变化对棉农是比较有利的，每亩现金收益从接近 300 元上升到接近 1000 元，其中 2004~2009 年跃上 600~900 元台阶（见图 4.3）。

**图 4.3**　　　　　　　　　　　　　　**中国棉花产值、成本、收益**

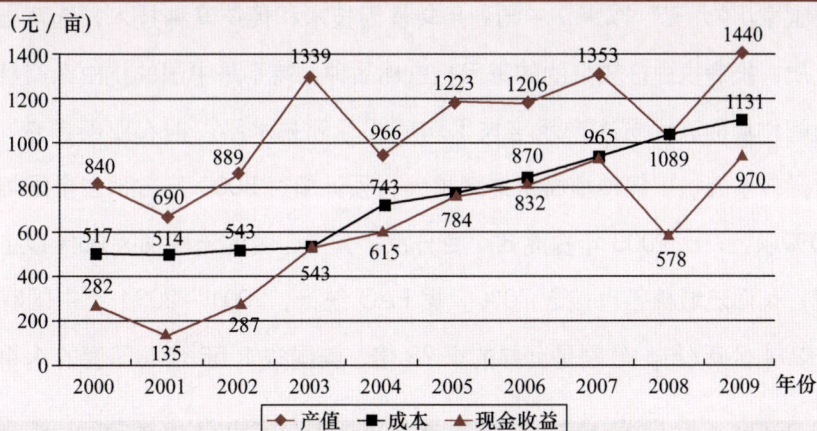

资料来源：《中国农村统计年鉴》。

实际上，棉农收入还应当加上相当可观的自用工折价。在统计上，用工费用计入生产成本，一般占成本的 35%~40%，其中自用工与雇用工之比大致为 8∶2，这 80% 的用工折价实际上是棉农支付给自己的"劳务"收入。以近几年收益较低的 2008 年为例，家庭用工折价 464 元，雇工费用仅 63 元，棉农现金收益应加上家庭用工折价，当年达 1051 元。按此计算，2003 年以来棉农现金收益多数年份在 800 元以上，少数年份超过 1000 元。

### 3. 政策多方面支持

国家采取了多方面的政策支持棉花生产，实行国家收储制度，以稳定市场价格和生产；出台滑准税、配额管理政策，减缓低价进口棉的冲击，保护棉农利益；2007年国家启动实施棉花良种补贴项目；国家投资扶持转基因抗虫棉产业化发展；大力扶持新疆增加棉花生产，包括生产基地建设投资、出疆棉花和棉纱等制品运费财政补贴等。

4. 科技创新是主力

与1995年的单产60公斤/亩相比，2000年以来棉花单产连续跃上70公斤/亩、80公斤/亩水平（见图4.4）。单产不断提高，主要得益于育种技术重大突破。1995年中国研发出Bt抗虫基因，成为继美国之后第二个拥有此类知识产权的国家。"九五"以来，中国利用转基因技术和传统育种技术，选育出一批丰产优质、抗病抗虫性较好的转基因抗虫棉品种，特别是中国的抗虫杂交棉育种、棉田间作套种等优质高产栽培技术均属国际领先水平。据农业部调查，2004年，全国转基因抗虫棉种植面积继续扩大，预计超过5000万亩，占全国棉花面积的60%以上，比2003年提高8个百分点。其中，黄河流域棉区95%以上都是抗虫棉，长江流域棉区也接近70%。据FAO统计，2001~2004年中国籽棉平均单产214公斤/亩，分别是世界的1.79倍、美国的1.56倍、印度的4.46倍。

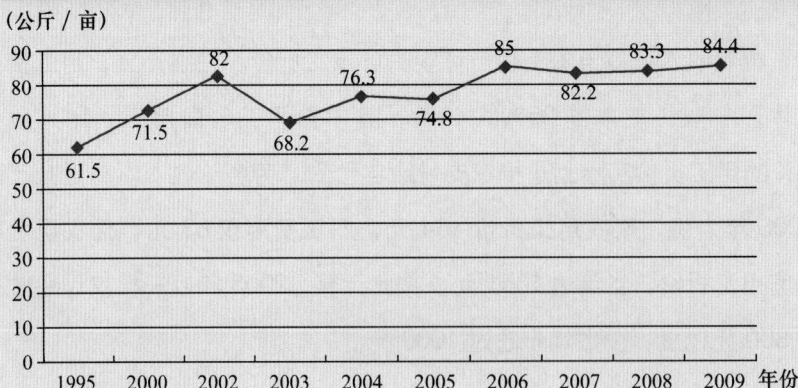

图4.4　1995~2009年棉花单位产量

（公斤／亩）

资料来源：《中国农村统计年鉴》。

**中国主要农产品增长**
对2004年以来农产品增长的经济解释

# 三、未来 10 年棉花生产能力分析

有关部门曾规划，2010 年棉花总产为 780 万吨，2015 年达到 810 万吨左右。实际结果是，2001～2011 年总产量均未达到 780 万吨，其中 2009～2010 年还大幅度下降到不足 650 万吨。可见，未来中国棉花总产的增长不容乐观。

目前到 2020 年中国棉花生产发展趋势很可能是，多数年份总产在 700 万～750 万吨，个别年份接近 800 万吨。棉花生产取决于诸多因素的综合作用，本文着重分析全国种植面积、水资源、单位产量和新疆生产能力的可能变化趋势。

## （一）播种面积估计

20 世纪 80～90 年代，全国棉田种植面积多次达到 9000 万～10000 万亩。21 世纪头 10 年，仅在 2007 年达到 9000 万亩；2010 年没有恢复到有关部门规划的 8500 万亩。这表明，未来全国耕地回旋空间更加窄小，棉花种植面积将主要在 7000 万～8000 万亩之间波动，最多为 8500 万亩。

1. 目前大规模"进口土地"已经成为常态，扩大棉花种植面积越来越困难

目前，中国农作物总播种面积中，粮食占 70%，油料占 8%～10%，棉花占 3%～4%，蔬菜占 15%，似乎增加棉花种植面积还有余地。但是，21 世纪头 10 年，中国进口大豆和食用植物油迅速增加。2010 年进口大豆 5300 万吨，按照国内大豆亩均产量 120 公斤计算，需播种面积 4.4 亿亩，相当于国内现有播种面积的 18.3%；2007～2010 年年均进口食用植物油约 800 万吨，约占中国年消费总量的 40%，按大豆出油率计算相当于进口大豆 4000 多万吨，年需播种面积 3 亿多亩，相当于国内现有播种面积的 12%。

2. 继续大规模占用耕地难以逆转，宜农后备耕地资源不足以弥补占用缺口

据有关规划，到 2020 年中国建设耕地约 4500 万亩。国土资源部公布，中国集中连片耕地后备资源 8000 万亩，主要分布在北方和西部的干旱地区。但实际上这是不现实的，由于水资源严重缺乏，长期内西北地区不可能提供大规模可耕之地。2003 年、2010 年中国工程院课题组的《西北地区水资源配置、生态环境建设和可持续发展战略研究》、《新疆可持续发展中有关水资源的战略研究》报告指出，西北地区（新疆、青海、甘肃、宁夏、陕西和内蒙古）水资源量多年平均仅占全国总量的 5.8%，水资源开发利用率高出全国的 150%，农牧业过度消耗水土资源造成严重的荒漠化危机，未来 50 年即使转为"暖湿型"气候，也不可能根本改变其干旱区的基本状态，即使南水北调西线工程，也不能根本改变西北部地区严重缺水状态。该报告提出，西北地区今后应减少农业生产用地用水，以改善生态环境。

（二）水资源供给估计

长期以来，中国水资源总量不足与分布严重失衡是制约农业发展的主要因素之一。据国家气象局预测，中国未来气候条件不容乐观，与 2000 年相比，2020 年中国年平均气温将升高 0.5℃~0.7℃，降水的不确定性较大，水资源的供需矛盾更加尖锐。水利部判断，"十二五"时期，在全球气候变化和大规模经济发展双重因素的交织作用下，中国水资源形势将更加严重，北少南多的水资源格局可能进一步加剧。水资源评价最新成果显示，1980~2000 年水文系列与 1956~1979 年水文系列相比，黄河、淮河、海河和辽河 4 个流域降水量平均减少 6%，地表水资源量减少 17%；黄河出境的平均年水量，50~70 年代为 413 亿立方米，1997 年以来直到 2002 年小于 200 亿立方米，严重威胁下游用水。华北平原"水危机"更加严重，河北、北京地下水的开采程度超过 100%。50 年来，华北平原地下水超采总量约 1300 亿立方米，在 14 万多平方公里区域形成了 7 万平方

公里的地下水大漏斗，为世界之最。

### （三）棉花单产增长估计

目前，对棉花现有单位产量的测量存在分歧。一种是较高水平。农业部《棉花优势区域布局规划（2008~2015年）》认为，"五五"至"十五"的30年间，中国棉花单产平均每年增加1.2公斤，增幅2.2%。2007年全国棉花单产为85.7公斤/亩，若按1%~2.2%的增长速度，到2010年和2015年分别可达92公斤/亩、95公斤/亩。另一种是较低水平。据国家统计局数据，2007~2009年棉花单产分别为82.2公斤、83.3公斤、84.2公斤/亩。本文采国家统计局数据。

2000~2009年，棉花单位产量总体提高到并稳定在80~85公斤水平，主要取决于两个因素，一个是良种棉培育与推广，另一是新疆宜棉耕地大规模增加。目前，新种棉培育难度较大，新疆宜棉耕地大规模增加也将受限。如果没有重大技术突破，依照现有生产条件的常规改善，估计到2020年提高到90~95公斤水平。

### （四）新疆棉花增产估计

21世纪头10年，新疆棉花发展迅速，其产量约占全国棉花总产量的40%和世界总产量的10%。统计数据显示，2010年，新疆棉花种植面积2120万亩，产量248万吨，单产117公斤/亩，较2000年分别增加600万亩、98万吨和18公斤/亩，分别增长了40%、65%和18%。有一种乐观估计，由于新疆较好的光热、耕地资源条件，未来棉花产量将大幅度增加，2015年达300万吨，2020达350万吨，成为中国棉花总产增长主力。这一估计值得商榷。

新疆棉花产量能否大幅度增加，关键取决于其水资源条件能否支撑。因此，必须估计新疆棉花增产可能需要的用水量，而前提是需弄清其实际种植面积及单产状况。有关研究指出，新疆耕地实际面积大于统计面积 20%~30%（含5%~10%的轮歇地）。按大于统计面积 20% 计算，2010 年新疆实际棉花种植面积应为 2544 万亩，单产应为 97.5 公斤/亩。如按单产 100 公斤/亩计算，增产 50 万吨需 500 万亩，增产 100 万吨需 1000 万亩。增加种植面积 500 万亩、1000 万亩，以 1000 立方米/亩的普通灌溉标准计算，分别需要 50 亿和 100 亿立方米用水；以 500 立方米/亩的节水灌溉标准计算，分别需要 25 亿和 50 亿立方米用水。

新疆水资源目前已经用水 530 多亿立方米，其中农业用水占 95%。前述中国工程院课题组 2003 年、2010 年的两个研究报告指出，水资源开发利用过度，灌溉面积过度扩张造成农业用水量过大，造成新疆生态环境恶化，其根本出路是调整经济结构，发展节水高效现代农业，水资源配置应首先满足生态补水等。2011 年，中国科学院寒区旱区环境与工程研究所冰冻圈科学实验室研究小组发布研究成果：近 30 年来，随着气温升高，新疆冰川出现剧烈的消融退缩，在所研究的 1800 条冰川中，过去 26~44 年间，总面积缩小 11.7%，特别是在塔里木河流域、天山北麓水系中，冰川加速消融使该地区水资源已经处在不断恶化之中。鉴此，新疆维吾尔自治区已经规划，"十二五"期间用水总量控制在 515 亿立方米，逐步削减地下水超采量，天山北坡、吐哈盆地、塔额盆地等地下水超采区要压缩 20% 以上的超采量，这些地区恰恰大多是棉产区。由此判断，新疆未来棉花增产主要依靠提高单产而不是扩大种植规模，总产将在 250 万~300 万吨之间；如果勉强达到 300 万~350 万吨，也难以持续，对改善新疆生态更加不利。

## 四、2020 年棉花需求估计

目前到 2020 年国内棉花需求将继续增长，但增速将明显下降。估计 2020

年纱产量达到 3600 万吨，比 2010 年增长约 35%，年均增加 90 万吨；纺织用棉比例按 40% 计算，2020 棉花需求约 1500 万吨，比 2010 增长 50%，年均增加 50 万吨。

## （一）外需

在经历了 2002~2008 年出口"爆发式"增长之后，2009 年出口下降 9.6%，创近 30 年来最大跌幅，预示中国纺织品服装出口结束高速增长时代，进入稳定发展阶段，未来 10 年仍然将保持头号出口大国地位。

首先，全球纤维消费 21 世纪以来呈现加快增长趋势。据国际货币基金组织分析，2000~2007 年，全球纤维产量年均增速近 5%，比 20 世纪 90 年代高出 2.3 个百分点；2000~2008 年全球纺织品服装出口贸易额年均增速为 7%，比 20 世纪 90 年代高出近 2 个百分点。目前全球纺织品服装出口贸易额每增长 1%，其绝对额约 60 亿美元。因此，尽管未来国际市场存在诸多不利因素，但发展空间依然可观。

其二，中国纺织品服装业在国际市场仍然具有原材料和劳动力要素资源优势。目前中国棉花自给率在 65% 以上，到 2020 年估计保持在 50% 左右。中国劳动力比较优势仍然存在。据德国威纳国际管理咨询公司（Werner International Management Consultants）分析，在统计的国家和地区纺织业劳动工资成本中，中国 2000 年列第 48 位，2007 年列第 41 位。2007 年中国纺织业工人平均工资为 0.8 美元/小时，主要是中国沿海地区纺织业人工费用较高，但内陆地区纺织业人工费用低于印度、印度尼西亚。总体看，中国劳动力比较优势与东南亚国家相比优势正在弱化，但与大多数国家比较仍然具有优势。

其三，在全球纺织品服装业分工中，中国具有明显的产业集群优势。一方面，中国强大的产业配套与销售能力，全球对中国纺织品服装供应链体系的依赖性已经形成。目前中国在国际主要市场的份额为日本 80%、美国 40%、欧盟

40%，即使在金融危机期间也没有影响。另一方面，中国强大的产业链配套供应能力，能够影响东南亚纺织品服装业。东南亚国家近年来服装业发展迅速，但普遍缺少上游化学纤维、纺纱、制造、印染等产业链配套供应，严重依赖进口。目前，东盟国家从中国的进口额中近70%是作为原料的纺织品。

（二）内需

未来国内市场棉花消费需求将保持稳定增长趋势。目前，世界主要国家人均纤维消费量：北美40公斤、西欧30公斤、日本和韩国20多公斤。中国居民人均纤维消费量，从2000年的7.5公斤增加到2008年15公斤，超过世界平均水平。2010年中国人均衣着消费支出，城镇居民1444元，农村居民264元，二者相差5.5倍。未来10年，中国经济社会将进入一个全面快速发展的新阶段，城乡居民收入将实现倍增，特别是农村居民收入增长将较大幅度增加对纺织品消费需求。估计到2020年，居民纺织品消费水平将增加到约18公斤/人，按全国14.3亿人口计算，纺织纤维消费总量接近2600万吨；用棉比例按照30%计算，居民棉花消费总需求接近780万吨，人均消费用棉5.5公斤。

# 五、政策建议

综合以上分析，到2020年，中国棉花供求的大致格局是：总需求1500万吨左右，其中国内和国际需求各占约50%；国内生产约750万吨，基本能够满足国内需求，总供给中进口比重将超过50%。

未来政策目标，主要是确保生产稳定增长与增加棉农收入，其关键是要减小棉花供求波动和增加国家投入。主要由于气候和市场变化影响，棉花生产波动是世界性现象，近10年全球棉花总产在2000万~2600万吨之间波动。自1999年

**中国主要农产品增长**
对2004年以来农产品增长的经济解释

中国实行棉花流通由市场决定供求以来，经过初期激烈震动，政府、棉农、棉花购销企业积累了初步经验，提高了生产经营适应市场的能力，波幅明显减少，促使生产在波动中增长，但波动依然存在。在未来棉花供求规模较大的情况下，同样的波幅将会引发较大的供求数量波动，对棉花生产、纺织品服装生产和出口产生的连锁负面影响将更大。总体来看，国家层面应当进一步研究国内外棉花供求状况，制定符合实际的发展规划，增强政策措施的针对性、时效性，提高棉花产业各环节的协调性，平衡相关生产经营主体的利益分配关系，防止国际市场剧烈波动影响国内市场，保障棉花产业的中长期稳定发展。其重点如下。

一是确保棉花年种植面积在 8000 万~8500 万亩水平，保障国内棉花供给基本稳定。中国棉花种植 8000 万~8500 万亩，总产可以达到 700 万~750 万吨。经验表明，8000 万~8500 万亩种植规模，既能够抵御不利气候带来的影响，保证总产不致下降过多，又能够保持年度之间总产的基本均衡，不致大起大落；如果种植面积过多，总产过高，反而不易持续，容易造成其后大幅下降；种植面积过低，又容易产生连续下滑，恢复耗时较长。

二是建立用棉企业与流通企业（包括进口企业）中长期合同定购制度。目前国内棉花市场大幅度波动，除了气候、国际市场变化影响之外，重要原因之一是国内用棉企业与流通企业（包括进口企业）之间不协调，相互之间信息不对称，预期不定，行为错位。应当考虑从运输、信贷、财政、税收方面给予优惠，鼓励用棉企业与流通企业（包括进口企业）建立中长期合同定购制度，形成合理稳定的市场供求预期，避免大起大落。

三是逐步提高对棉农的补贴支持水平。目前，种粮可以得到直接补贴、良种补贴和农资综合补贴，而种植一亩棉花仅 15 元良种补贴。应当参照种粮补贴政策，逐步增加棉农补贴。

四是加强对黄河流域、长江流域优势产区棉花种植的保护支持。未来 10 年，工业化、城镇化的推进，黄河中下游流域、长江流域的耕地占用压力越来越大，同时，黄河领域的水资源约束趋紧，对其棉花生产十分不利。因此，在黄河流域、长江流域优势产区，政策上要加强耕地保护，保持棉田基本稳定，并鼓励使用各类技术以提高单位产量。在黄河流域优势产区，国家要加大棉田水利设施建设投入，鼓励培养推广优质抗旱棉种和节水灌溉技术。

五是对新疆棉花生产采取有利于长期稳定发展的扶持政策。新疆是西北内陆优势产棉区的主体，也是未来中国棉花增长的主力。这首先是鉴于新疆资源条件，目前到 2020 年总产目标确定在 250 万 ~300 万吨为宜，过高则缺乏可持续性，对政府、棉农都不利。其次是要调整新疆棉花良种补贴至其他产区水平。目前每亩棉花良种补贴，其他产区为 15 元，新疆仅 10 元，而新疆棉花生产成本高于其他区域。再次是将新疆棉花生产纳入农资综合补贴范围。中国农资综合补贴是按粮食面积进行核算，新疆是棉花调出区，粮食面积少于棉花，单纯按照粮食面积发放农资补贴，对新疆增加农民收入、发展棉花不利。

# 中国食用植物油产业战略问题研究

食用植物油是重要的人民生活必需品。近年来，随着国民经济快速发展和人民生活水平不断提高，食用植物油消费量逐年递增。中国已经成为世界最大的食用植物油生产、消费和油料油脂进口国。稳定植物油供给对确保中国粮食安全具有重要意义。近年来，有关部门出台了多项政策，在增加国内油料供给、满足城乡居民生活需求、稳定市场价格、促进农民增收等方面发挥了积极作用。但在发展过程中也出现了油料生产长期徘徊不前、油料油脂供给对外依存度较高的问题，内资企业市场占有率较低和油脂加工行业产能过剩问题也仍然存在。

为科学引导油料油脂产业的健康发展，保障国家食物安全，需全面系统地加强对油脂油料产业的研究，提出具有针对性和可操作性的政策建议。

# 一、发展现状

## （一）食用植物油供给和消费状况

随着城乡居民生活水平的提高和膳食结构的改善，食用植物油、食用植物蛋白和饲料蛋白消费快速增长，推动了中国食用植物油产业稳步发展。

### 1. 产量持续增长

2010 年，中国植物油产量 1996 万吨（不含进口毛油精炼，基本用于食用，下同），比 2000 年的 1224 万吨增加 772 万吨，增长 63.1%，年均增长 5.01%。菜籽油产量下降，其他品种植物油产量增加，其中：豆油产量 1018 万吨，占 51.0%，比 2000 年增加 669 万吨，增长 191.69%，年均增长 11.30%；菜籽油 452 万吨，占 22.79%，比 2000 年减少 34 万吨，减产 7%，年均减产 0.72%；花生油 221 万吨，占 11.9%，比 2000 年增加 10 万吨，增长 4.92%，年均增产 0.48%；棉籽油 125 万吨，占 6.26%，比 2000 年增产 30 万吨，增长 31.58%，年均增长 2.78%。其他植物油产量 180 万吨，占 9.02%，比 2000 年增加 97 万吨，增长 116.87%，年均增长 8.02%。

### 2. 消费量快速增加

2010 年，中国植物油消费量为 2685 万吨，比 2000 年的 1389 万吨增加 1296 万吨，增长 93.30%，年均增长 6.81%。其中，植物油食用消费量为 2410 万吨，比 2000 年增长 1130 万吨，增幅为 88.28%，年均增长 6.53%。花生油消费量略有下降，其他品种消费量增加，其中：豆油 1105 万吨，占 41.15%，比 2000 年增加 752 万吨，增长 213.03%，年均增长 12.09%；菜籽油 485 万吨，占 18.06%，比 2000 年增加 28 万吨，增长 6.13%，年均增长 0.60%；棕榈油 570 万吨，占 21.23%，比 2000 年增加 380 万吨，增长 200%，年均增长

11.61%；花生油 205 万吨，占 7.64%，比 2000 年减少 8 万吨，下降 3.76%，年均下降 0.38%；棉籽油 120 万吨，占 4.47%，比 2000 年增加 27 万吨，增长 29.03%，年均增长 2.58%。人均消费量从 2000 年的 10.1 公斤，增长到 2010 年的 18.0 公斤，年均增长 5.94%（见表 5 −1）。

表 5 −1　　　　　　　　　　中国植物油产量和消费量变化　　　　　　　　单位：万吨

| | 产　量 | | | | 消费量 | | | |
|---|---|---|---|---|---|---|---|---|
| | 2000 年 | 2010 年 | 累计增长（%） | 年均增长（%） | 2000 年 | 2010 年 | 累计增长（%） | 年均增长（%） |
| 植物油 | 1224 | 1996 | 63.10 | 5.01 | 1389 | 2685 | 93.30 | 6.81 |
| 其中：豆油 | 349 | 1018 | 191.69 | 11.30 | 353 | 1105 | 213.03 | 12.09 |
| 　　菜籽油 | 486 | 452 | −7.00 | −0.72 | 457 | 485 | 6.13 | 0.60 |
| 　　花生油 | 211 | 221 | 4.92 | 0.48 | 213 | 205 | −3.76 | −0.38 |
| 　　棉籽油 | 95 | 125 | 31.58 | 2.78 | 93 | 120 | 29.03 | 2.58 |
| 　　棕榈油 | 0 | 0 | — | — | 190 | 570 | 200.00 | 11.61 |
| 小品种植物油 | 83 | 180 | 116.87 | 8.05 | 83 | 200 | 140.96 | 9.19 |

资料来源：国家粮油信息中心。

国内食用植物油消费增长表现出以下特点。

一是豆油消费增长速度最快。2000 年国内豆油食用消费量只有 300 万吨，2002 年达到 500 万吨，2004 年突破 700 万吨，2010 年突破 1000 万吨。目前，豆油消费量占国内植物油消费的比重为 41.15%，而 10 年前只有 25.41%。中国快速发展的蛋白粕消费需求是豆油生产量和消费量快速增长的主要动力。近年来，中国城镇居民肉禽蛋奶消费快速增长，拉动了养殖饲料行业以及大豆加工行业的发展，为满足蛋白粕需求而不断扩大大豆进口数量，间接为豆油产量和消费量增长提供了基础。

二是小品种植物油消费增加。近年来，以玉米胚芽油、葵花油、芝麻油、油茶籽油为主的小品种植物油得到快速发展，部分缓解了国内油料资源不足问题。

2010 年，玉米胚芽油、葵花油等 8 种小品种植物油产量 180 万吨，占当年全国植物油产量的 9.02%，较 2000 年的 83 万吨增加 97 万吨，增长 116.87%，年均增长 8.05%；占当年国产油料榨油产量 959 万吨的 18.77%，比 2000 年提高 8.78 个百分点；消费量 200 万吨，较 2000 年的 83 万吨增加 117 万吨，增长 140.96%，年均增长 9.19%。

三是餐饮业消费是推动植物油消费增长的重要动力。2000 年之后，中国人均 GDP 超过 1000 美元/人，人们开始将更多的收入支出至在外就餐消费，促进了中国食用植物油消费量的快速增长。根据国家统计局的调查，2000 年中国城镇居民人均在家消费植物油为 8.16 公斤/人，2010 年人均在家消费增长至 8.84 公斤/人，年均增幅仅为 0.8%。但如果加上在外就餐消费量，2010 年中国人均植物油消费量已经达到 18 公斤/人，比 2000 年人均消费量 10.1 公斤增长 178.02%，年均增长 5.94%。中国饮食业营业额在过去的 20 年里，年均增长速度达到 18%。

四是质量安全水平不断提升。经过多年发展，中国食用植物油市场品种日益丰富，产品风味和营养价值不断提高，满足了不同的消费需求，饼干和面包用起酥油、人造奶油产品，方便面、膨化休闲食品用煎炸油，速冻食品、冰淇淋专用油脂以及巧克力、糖果等产品的专用油脂生产，得到了较快发展。植物油食用安全得到全行业的普遍重视，产品质量和安全水平显著提高。原料和辅料质量基本得到保证；产品质量检验设备和质检人员配置不断加强，检测技术水平取得较大提高；产品标准体系进一步完善，安全指标更加严格；QS 质量安全认证全面推广；小包装食用植物油消费量持续增加，有效降低了散装油带来的安全隐患。

3. 油脂油料进口数量快速增长

中国是油脂油料消费大国，在大量进口油籽满足国内蛋白粕需求的同时，还大量进口棕榈油、豆油和菜油等食用植物油脂。2010 年中国大豆进口已经达到 5480 万吨，占世界大豆贸易量的 55.9%；植物油进口量已经达到 826 万吨（包

中国主要农产品增长
对 2004 年以来农产品增长的经济解释

含棕榈油硬脂），占世界贸易量的 13.7%。

（1）大豆进口。自 1996 年开始，中国已由大豆净出口国转化为净进口国，此后除 2002 年及 2004 年由于国家政策原因，中国大豆进口量较上年度略有减少外，中国大豆进口量一直呈逐年增长势头。2010 年大豆进口量达到 5480 万吨。伴随着大豆进口量的增加，中国在全球大豆贸易市场中的地位明显提高。2010 年中国大豆进口量占全球大豆贸易量的 55.9%。而 1998 年以前，中国大豆进口量不足全球贸易量的 10%。

（2）豆油进口。2001 年中国豆油进口只有 7 万吨。2002 年中国对植物油进口实行关税配额管理制度，豆油配额内关税由原来的 13%降到 9%，同时豆油配额数量也逐年增加，这使得 2002~2004 年中国豆油的进口数量连续三年大幅增加。2004 年中国豆油进口数量达到 252 万吨，较低谷阶段的 2001 年增加了 245 万吨。2005 年进口大豆数量大幅增加，豆油产量增加导致进口豆油数量明显下降。2005 年中国豆油进口量为 169 万吨，较 2004 年减少 83 万吨，减幅超过三成。2006 年进口量继续减少到 154 万吨。2006 年中国取消植物油关税配额，加上 2007 年国际大豆价格上涨较快，推动豆油进口需求增长，2007 年豆油进口量重新增长，达到创纪录的 282 万吨。随后两年豆油进口量稳定在 240 万~260 万吨之间。2010 年国家质检总局加强了对豆油进口的检验，豆油进口量下降至 134 万吨。

中国进口豆油主要来自阿根廷、巴西和美国，其中阿根廷豆油长期占据主要市场份额。2000 年中国进口豆油中，阿根廷豆油占 44.7%，巴西占 23.7%，美国占 20.3%。此后，随着中国豆油进口量增长，阿根廷豆油市场份额进一步提高，并长期稳定在六成以上，2006 年最高达到 81.4%。在此过程中，巴西豆油进口量总体呈现增长态势，所占比重则在 20%~35%之间；而美国豆油进口量多数年份里被压缩至 7%以下。但 2010 年上述局面有所变化。由于阿根廷豆油溶剂残留超标，国家质检总局自当年 4 月 1 日起加强了进口阿根廷豆油质量检测，导致阿根廷豆油进口量出现明显下降，其市场份额也出现了明显萎缩。2010 年，中国进口豆油中阿根廷豆油的比重为 11.6%，较 2009 年下降 66.8 个百分点，为 2000 年以来最低水平；而巴西豆油比重达到 67.3%，较 2009 年提升 46 个百分点，为 2000 年以来最高水平；美国豆油比重提升了 18.7 个百分点，至 21.0%。

（3）棕榈油进口。2001 年中国棕榈油进口量为 152 万吨，2002 年中国植物油实行进口关税配额管理制度，棕榈油配额内关税由原来的 10% 降为 9%，同时棕榈油配额数量逐年增加。国内迅速增长的需求及植物油进口政策的变动，促进棕榈油进口数量迅猛增长，2004 年进口量达到 386 万吨。2006 年中国取消植物油关税配额，棕榈油进口量出现明显增长，达到 514 万吨。2009 年棕榈油进口增长至创纪录的 644 万吨。进入 2010 年以后，随着国内融资资金进入农产品进口领域，棕榈油到港价格长时间低于到港成本，进口数量回落至 570 万吨。

中国进口棕榈油主要来自马来西亚和印度尼西亚，其中马来西亚棕榈油占据主要市场份额，两者合计比例达到 99% 左右。自 2000 年以来，马来西亚棕榈油所占比重长期稳定在 60%~77% 之间；其中，2002 年最高为 76.5%，2009 年最低为 60.9%。印度尼西亚棕榈油所占比重长期稳定在 22%~39% 之间；其中，2002 年最低为 22.6%，2009 年最高为 38.9%。

（4）菜籽油进口。菜籽油进口数量在中国植物油进口中所占的比例较小。2010 年中国菜籽油进口量为 98.5 万吨，是过去十年中进口量最高的年份，占当年植物油进口总量的 11.9%。中国进口菜籽油主要来自加拿大。2000 年以来，除个别年份外，中国进口菜籽油中加拿大菜籽油所占比重长期达到九成以上，其中，2005 年最高达到 99.6%，2002 年最低为 21.4%，2006 年次低为 88.7%。2010 年这一比例为 92.7%，较 2009 年略降 0.7 个百分点。

## （二）食用植物油产业发展状况

1. 食用植物油加工业规模快速发展

进入 21 世纪以来，在国内食用植物油和蛋白粕消费需求的强劲拉动下，大

**中国主要农产品增长**
对 2004 年以来农产品增长的经济解释

豆、油菜籽、花生、棉籽等油料压榨产能快速发展，已经由 1996 年的 3500 万吨，扩大到目前的 1.6 亿吨以上，植物油年精炼能力达到了 3400 万吨以上。植物油加工业规模提高的同时也促进了生产技术和设施装备的升级改造。目前，中国植物油加工业的生产工艺已经基本达到了世界先进水平。

2. 涌现一批大型国有和民营骨干企业

经过长期发展，一批国有和民营企业逐步成长，加工能力不断提高，技术和装备已达到国际先进水平，国际采购和风险管理能力开始形成，销售网络日益完善，涌现出一批规模大、装备水平高、技术先进、具有一定竞争力的加工企业。大豆加工业中，2010 年中粮集团、九三集团、中纺集团、广东东凌、河北汇福等 5 家企业跻身行业前列，市场占有率为 31.2%。油菜籽、花生、棉籽以及小品种油料加工业，国有和民营企业仍是主要力量。

3. 技术装备水平显著提高

通过技术、设备引进，形成了一批规模大、装备水平高、技术先进的大豆初榨和油脂精炼生产线，大豆脱皮预处理、负压蒸发浸出、物理精炼等技术得到广泛应用，技术和装备水平大幅提高，成套装备实现大型化、自动化，单耗指标接近国际先进水平。

通过自主创新，涌现出一批拥有自主知识产权的油料油脂加工技术和装备，掌握了大豆脱皮新技术，调质器、破碎机、轧坯机、软化锅、膨化机、浸出器、蒸脱机、脱色器、脱臭塔等关键单机实现了自主化。油菜籽制油技术日趋成熟，国际水平的大型蒸炒锅、榨油机等关键装备得到大量推广，脱皮、冷榨技术开始应用。花生油 "5S" 物理压榨工艺市场推广面超过 40%，以加工浓香花生油为特色的蒸炒锅、榨油机、过滤机等关键设备大面积普及。具有国际领先水平的 "液－液－固" 脱酚浸出棉籽制油技术应用率达到 10%，匹配的大型棉籽仁壳分离筛、脱酚浸出器、脱液机等关键设备全部自主化。葵花籽脱壳冷榨、油茶籽冷榨技术和装备得到推广。

4. 对外开放促进产业整体水平提高

2003 年以来，跨国粮商加快了进入中国大豆、棕榈油加工业的步伐，带来了期货和现货相结合、生产和物流相结合、加工和贸易相结合、大批量加工、快速周转等现代粮油经营模式，提高了抗风险能力和运营效率；带来国际先进的生产技术和设备，促进了浸出制油、全精炼工艺的普及，大豆、棕榈油加工业基本实现规模化经营，降低了加工成本，提高了经济效益。这些为其他油料加工业的发展发挥了良好的示范和带动作用。

5. 近年内资产能快速增长，外资大豆压榨产能占比有所下降

2010 年全国食用油加工业内资企业加工能力占总能力的比重为 74.2%，较 2007 年提高 3.6 个百分点，外资企业降至 25.8%。在大豆压榨领域，中粮集团、中纺集团、九三集团的一批大型新建和改扩建内资大豆油脂项目陆续达产，扩大了内资企业的市场份额。2010 年内资大豆压榨能力为 5820 万吨，占总能力的 67.5%，较 2007 年提高 3.5 个百分点，外资产能占比降至 32.5%。内资企业压榨量为 3344 万吨，占总压榨量的 61.4%，较 2007 年提高 5.4 个百分点（见表5-2）。

表5-2　　　　　　　规模以上大豆加工企业产能与压榨量变化　　　　　　单位：万吨

| | 年　份 | 2005 | 2007 | 2010 | | 年　份 | 2005 | 2007 | 2010 |
|---|---|---|---|---|---|---|---|---|---|
| 加工能力 | 外资产能 | 1995 | 2778 | 2808 | 实际压榨 | 外资压榨 | 961 | 1541 | 2106 |
| | 内资产能 | 4917 | 4920 | 5820 | | 内资压榨 | 2439 | 1959 | 3344 |
| | 合　计 | 6912 | 7698 | 8628 | | 合　计 | 3400 | 3500 | 5450 |
| | 外资占比（%） | 28.90 | 36.10 | 32.50 | | 外资占比（%） | 28.30 | 44.00 | 38.60 |
| | 内资占比（%） | 71.10 | 63.90 | 67.50 | | 内资占比（%） | 71.70 | 56.00 | 61.40 |
| | 合　计 | 100.00 | 100.00 | 100.00 | | 合　计 | 100.00 | 100.00 | 100.00 |

资料来源：国家粮油信息中心。

**中国主要农产品增长**
对2004年以来农产品增长的经济解释

# 二、主要问题

## （一）食用植物油消费面临的挑战

### 1. 人口增长、城镇化发展推动植物油消费增长

根据国家统计局公布的数据，1995～2003 年中国人口年均增长率为 0.89%，2004～2009 年的年均增长率为 0.53%。2010 年中国人口总数为 13.4 亿人。国家人口和计划生育委员会预计，2020 年中国人口总量为 14.5 亿人，2033 年左右达到峰值 15 亿人。按此推算，2011～2020 年中国人口还要增长 1.1 亿左右，年均增长 1100 万人。如果国内植物油人均食用消费量保持 2010 年 18.0 公斤不变计算，2020 年新增人口因素也将使国内植物油消费总量增加 198 万吨。

在人口增长的同时，中国城镇化进度也在稳步推进。2000 年中国城镇人口占总人口的比重仅为 36.2%，2010 年达到 49.7%，城镇总人口为 6.656 亿。城镇化的发展使每年约有 2070 万的农村人口向城镇转移。2020 年中国城镇化率预计达到 55%，城镇人口约 7.975 亿，比 2010 年增加 1.319 亿。城镇化进程推进后国内居民将消费更多的食用植物油。根据中国植物食用油人均消费量增长趋势预测，到 2020 年中国植物油人均消费量将由 2010 年的 18 公斤增加至 23 公斤，由于人均消费水平增长导致的国内食用植物油消费增长量约为 182 万吨。

### 2. 国产油料压榨量下降，大豆降至不足一成

国内油脂消费不断扩大，国内油料生产不能适应消费需求。近几年受国内托市政策影响，国产油料压榨量呈急剧下降态势。2010 年，四种主要国产油料压榨量仅为 3170 万吨，较 2005 年的 3575 万吨降低 11.3%，年均降低 2.4%；占油料压榨总量比重从 2005 年的 57.1% 降至 2010 年的 38.4%。其中，大豆压榨

量为500万吨，较2005年的740万吨下降32.4%，年均下降7.5%；国产大豆压榨量占大豆压榨总量比重降至9.2%，较2005年降低12.6个百分点（见表5-3）。

表5-3　　　　　　　　　　　国产油料榨油数量变化　　　　　　　　　　单位：万吨

| 国产压榨 | 2005 年 | 2010 年 | 增幅（%） | 年增幅（%） |
|---|---|---|---|---|
| 大 豆 | 740 | 500 | -32.40 | -7.50 |
| 菜 籽 | 1195 | 1120 | -6.30 | -1.30 |
| 花 生 | 680 | 650 | -4.40 | -0.90 |
| 棉 籽 | 960 | 900 | -6.30 | -1.30 |
| 合 计 | 3575 | 3170 | -11.30 | -2.40 |

资料来源：国家粮油信息中心。

### 3. 进口依赖日趋严重

近年来植物油以及油料进口数量快速增长，大豆、大豆油和棕榈油表现尤为突出。2010年中国进口大豆5480万吨，较2005年的2659万吨增长106.1%，年均增长15.6%。占世界大豆贸易份额从2005年的41.9%提高到2010年的55.9%。油用大豆进口依存度从2005年的78.2%猛增到2010年的90.8%。2010年食用油进口依存度达64.4%，较2005年扩大了近10个百分点，给保障食用植物油供给安全带来很大风险。

### （二）食用植物油加工业面临的挑战

### 1. 外资依然占据产业中的重要地位

外资企业经多年发展，已在国内形成多方面的优势。一是通过规模进口实现大豆议价优势；二是布局较早、产能发展快，已实现在国内大豆压榨领域的区位优势和规模优势；三是市场定位准确，在小包装油加工领域的规模扩张，已形成了对终端产成品市场的良好美誉度和品牌优势。

**中国主要农产品增长**
对2004年以来农产品增长的经济解释

（1）外资产能依然较大。中国进口油料及植物油大多来自于美国、南美、印尼及马来西亚，这些国家正是跨国粮商传统的经营区域。几家跨国粮商凭借雄厚资本、技术实力，利用其对全球油料及植物油贸易的垄断地位，大规模进入中国食用植物油产业。2010年，中国植物油供应量2822万吨中（产量和进口量之和），近2/3受其直接或间接控制。

2008年发布的《关于促进大豆加工业健康发展的指导意见》，减缓了外资企业快速扩张的势头，但外资市场份额仍然不容忽视。2010年外资大豆压榨企业压榨能力为2808万吨，实际加工量2106万吨，分别占全国的32.5%和38.6%，其加工数量的变化仍对市场供应状况和价格有重要影响力。2010年进口大豆中外资进口量超过50%，前三位外资企业进口量超过总量的30%，对市场价格变化有重要影响力。

（2）普遍采取多元化全产业链经营模式。在国内投资的主要外资企业均有百年以上历史，已经形成多元化经营模式，行业覆盖了种植业、养殖业、食品加工业、能源化工业、仓储物流业等，油脂加工业仅为其中的部门之一。这些企业大多在美国和南美拥有原料生产基地，以及比较稳定的收购渠道、独立的运输体系、仓储和港口设施，普遍通过期货市场避险工具加强风险管理，在国内已经建立了比较完善的营销网络，业务范围涵盖从原料种植、收购、仓储、运输、加工、贸易，到产成品销售等产业链的各个环节，上、下游产业联系紧密，市场竞争力和抗风险能力强。

（3）产品市场占有率高。外资企业经营的食用植物油已在国内食用植物油市场中占据主导地位。2010年益海嘉里、嘉吉、来宝、托福国际和邦基等前五位外资企业大豆油产量为352万吨，占当年总产量的34.6%。特别是在小包装食用植物油市场上，受2011年初开始实行的限价政策影响，益海嘉里小包装食用油市场份额不断扩大，市场占有率超过50%。

## 2. 产业布局不尽合理，国内优势产品发展不足

经过多年发展，中国基本形成了沿海进口大豆加工产业带和东北国产大豆加工产业群、长江中下游油菜籽加工优势产业带、黄淮海花生加工区以及黄河和长江流域棉区的棉籽加工区。但大豆加工业存在严重的一港多厂、一地多厂现象，东北花生产区、部分西北油菜籽产区加工能力不足，棉籽加工布局与生产布局不匹配，粮食加工副产品利用率低，木本油料发展缓慢。

## 3. 产业链条有待延伸

国外油脂加工企业大多拥有包括种植、收购、储存、运输、加工、贸易、风险管理等各环节的完整产业链，业务多元化、国际化程度高，竞争力、抗风险能力强。内资企业与国际巨头相比，还有很大差距：大多数企业只从事单一油脂加工业务，产业链短，产品品种单一；企业缺乏稳定的原料供应渠道和必要的仓储设施，油料收购、加工期短，产能利用率低；缺乏有效的风险管理工具和意识，期货市场也不成熟，相关交易品种少，不能满足企业进行套期保值的需要。

## 4. 传统大豆食品工业化和标准化有待提高

中国非转基因大豆蛋白含量高，适宜加工优质蛋白食品，在国内外市场上具有品质和价格优势。发展大豆食品是未来的重点，但是目前国内大豆食品加工业小企业和小作坊占主导，设备简陋，工业化和标准化程度低，产品质量不稳定。大豆分离蛋白优质产能不足，加工层次低，系列产品少，应用范围窄。

# 三、面临形势

展望今后一个时期，中国食用植物油需求量增长势头不减，国产油料榨油量有增产潜力，油料和油脂的进口将继续增长，中国油料和油脂进口仍将面临一定风险。

## （一）消费需求刚性增长

根据《国民经济和社会发展第十二个五年规划纲要》的预期目标，利用时间序列的预测方法，参考中国人口增长速度和城镇变化速度，预计到 2015 年中国植物油需求量将达到 3280 万吨，年均增长 4.08%，其中，食用植物油消费量为 2960 万吨，年均增长 4.2%。根据与中国消费结构类似的中国台湾地区和中国香港地区食用植物油需求的增长趋势，考虑到中国食用植物油需求量在达到一定数量后增长速度出现降低的情况，预计到 2020 年植物油需求量将达到 3700 万吨，年均增长 3.26%，其中，食用植物油消费量为 3340 万吨，年均增幅为 3.32%（见表 5-4）。

从表 5-4 可以看出，分品种看，预计到 2015 年豆油需求量为 1400 万吨，年均增长 4.85%；预计到 2020 年豆油需求量为 1590 万吨，年均增幅为 3.71%。预计到 2015 年菜籽油需求量预计为 610 万吨，年均增长 4.69%；2020 年需求量预计为 660 万吨，年均增长 3.13%。预计到 2015 年花生油需求量预计为 230 万吨，年均增长率为 2.33%；2020 年需求量预计为 260 万吨，年均增长率为 3.13%。预计到 2015 年棉籽油需求量为 140 万吨，年均增长率为 3.13%；预计到 2020 年需求量为 160 万吨，年均增长率为 2.92%。预计到 2015 年棕榈油需求量为 630 万吨，年均增长率为 2.02%；预计到 2020 年需求量为 700 万吨，年均增长率为 2.08%。其他油脂需求量预计到 2015 年为 270 万吨，年均增长率为 6.19%；预计到 2020 年需求量为 330 万吨，年均增长率为 5.14%。

## （二）国产油料榨油有增产潜力

随着国家扶持油料生产各项政策措施得到落实，食用植物油生产多元化发展不断推进，国产油料榨油量具有一定的发展潜力。但从长期看，耕地减少、水资源短缺、气候变化等因素对油料生产的约束日益突出，产量增长面临诸多的不确

| 名　称 | 2010 年 | 2015 年 | 2020 年 | 2000 ~ 2015 年均增长（%） | 2015 ~ 2020 年均增长（%） | 2010 ~ 2020 年均增长（%） |
|---|---|---|---|---|---|---|
| 1. 植物油总产量 | 1996 | 2420 | 2700 | 3.92 | 2.21 | 3.07 |
| （1）大豆油产量 | 1018 | 1235 | 1370 | 3.94 | 2.10 | 3.02 |
| 国产大豆（折油） | 56 | 85 | 95 | 8.70 | 2.25 | 5.43 |
| 进口大豆（折油） | 962 | 1150 | 1275 | 3.64 | 2.09 | 2.86 |
| （2）菜籽油产量 | 452 | 560 | 610 | 4.38 | 1.73 | 3.04 |
| 国产菜籽（折油） | 390 | 490 | 540 | 4.67 | 1.96 | 3.31 |
| 进口菜籽（折油） | 62 | 70 | 70 | 2.46 | 0 | 1.22 |
| （3）花生油产量 | 221 | 230 | 260 | 0.77 | 2.48 | 1.62 |
| （4）棉籽油产量 | 125 | 155 | 170 | 4.40 | 1.86 | 3.12 |
| （5）其他植物油产量 | 180 | 240 | 290 | 5.92 | 3.86 | 4.88 |
| 2. 植物油进口量 | 826 | 890 | 1010 | 1.49 | 2.56 | 2.03 |
| （1）大豆油 | 134 | 180 | 220 | 6.08 | 4.10 | 5.08 |
| （2）菜籽油及其他 | 99 | 50 | 50 | -12.68 | 0 | -6.56 |
| （3）棕榈油 | 570 | 630 | 700 | 2.02 | 2.13 | 2.08 |
| （4）其他油脂 | 24 | 30 | 40 | 4.65 | 5.92 | 5.28 |
| 3. 植物油总消费量 | 2685 | 3280 | 3700 | 4.08 | 2.44 | 3.26 |
| 其中：食用消费 | 2410 | 2960 | 3340 | 4.20 | 2.45 | 3.32 |
| （1）大豆油消费量 | 1105 | 1400 | 1590 | 4.85 | 2.58 | 3.71 |
| （2）菜籽油消费量 | 485 | 610 | 660 | 4.69 | 1.59 | 3.13 |
| （3）花生油消费量 | 205 | 230 | 260 | 2.33 | 2.48 | 2.41 |
| （4）棉籽油消费量 | 120 | 140 | 160 | 3.13 | 2.71 | 2.92 |
| （5）棕榈油消费量 | 570 | 630 | 700 | 2.02 | 2.13 | 2.08 |
| （6）其他油脂消费量 | 200 | 270 | 330 | 6.19 | 4.10 | 5.14 |
| 4. 植物油自给率（%） | 36.2 | 36.6 | 36.6 | | | |
| 其中：食用植物油自给率（%） | 40.3 | 40.5 | 40.6 | | | |

表 5 - 4　　　　　　　　中国植物油需求量预计　　　　　　　　单位：万吨

资料来源：国家粮油信息中心。

**中国主要农产品增长**
对 2004 年以来农产品增长的经济解释

定性。预计到 2015 年，以国产油料为原料的豆油、花生油、菜籽油、棉籽油和其他油脂产量达到 1200 万吨，较 2010 年增加 241 万吨，年均增长 4.58%。到 2020 年，预计为 1355 万吨，年均增长 3.51%。

1. 大豆

（1）播种面积预计。近年来，中国出台了多项促进大豆生产发展方面的措施，这些政策措施的实施在一定程度上保证了中国大豆播种面积的稳定。但也要注意到，随着中国工业化、城市化进程的加快，尽管中央自 2004 年起对耕地实行了更为严格的保护政策，但也仅能延缓耕地面积下降的速度，中国耕地面积长期继续减少已是不争的事实。同时，随着居民收入水平和消费水平的提高，对肉蛋奶等动物性食品的需求将大幅增长；未来养殖业对玉米和豆粕的需求也将逐渐扩大，而大豆是和玉米争地的作物。在饲料工业和玉米深加工业对玉米需求快速增长所引致的玉米价格高位运行的背景下，2010 年中国大豆播种面积出现了下降，当年大豆播种面积为 12774 万亩，比 2009 年降低 1011 万亩。

综合以上因素，并考虑到大豆和其他作物之间的合理轮作和间套复种等影响，根据时间序列预测方法，预计到 2015 年播种面积增长至 14000 万亩，较 2010 年增加 1226 万亩，年均增长率为 1.85%；2015 年以后，受耕地面积的制约和其他作物面积增长的影响，中国大豆种植面积继续较大幅度提高的可能性较小，小幅缓慢增长的可能性较大，预计到 2020 年播种面积增长至 14400 万亩，较 2015 年增加 400 万亩，年均增长率为 0.57%。2015 年之前中国大豆播种面积将呈现恢复态势，2015 年之后东北地区通过大豆、玉米合理轮作和恢复第三积温带大豆面积，可扩大面积 250 万亩；曾经是中国最大大豆主产区的黄淮海地区，通过间作套种可扩大大豆面积 100 万亩；南方地区采用玉米—大豆、棉花—大豆、小麦—大豆、大豆—甘蔗等间混套复种等多种方式，也可以扩大面积 50 万亩。

（2）单产预计。从今后看，由于中国大豆单产水平一直较低，近 5 年来平均单产水平为 219 斤/亩左右，为世界平均水平 318 斤/亩的 69%，为美国、巴西、阿根廷等大豆主产国单产水平的57%，因此，中国大豆单产还有很大的提高空间。同时，国内不同地区之间的单产水平差距也比较大，西北、东北、黄淮海和南方地区大豆最高亩产分别可达到750斤、650斤、600斤和500斤，而大豆面积最大的黑龙江省2006年平均亩产为232斤。这些都说明中国提高大豆单产的潜力非常大。

预计"十二五"期间随着良种良法、"测土配方"施肥、改善耕作制度、良种补贴等各种提高单产措施的逐步落实和实施力度的加强，中国大豆靠天吃饭的局面将有所改观，单产水平将持续稳步提高。预计到2020年，中国大豆单产将达到250斤/亩，较2010年的236斤/亩提高14斤/亩，年均增幅为0.58%。

（3）产量预计。综合考虑中国大豆播种面积的恢复和单产水平的提高以及耕地面积逐年的减少，预计未来10年，中国大豆产量将逐步恢复，并有望超过历史最高水平。预计到2015年，中国大豆总产量将达到1650万吨，较2010年的1508万吨提高142万吨，年均增幅为1.82%；预计到2020年，中国大豆产量增长至1800万吨，较2010年增长292万吨，年均增幅为1.79%（见表5-5）。

表5-5 中国大豆产量预计

| 年 份 | 2010年 | 2015年 | 2020年 | 2010～2015年均增长（%） | 2010～2020年均增长（%） |
|---|---|---|---|---|---|
| 播种面积（亩） | 12774 | 14000 | 14400 | 1.85 | 1.21 |
| 单产（斤/亩） | 236 | 236 | 250 | -0.03 | 0.58 |
| 产量（万吨） | 1507 | 1650 | 1800 | 1.82 | 1.79 |

资料来源：国家粮油信息中心。

2. 油菜籽

（1）播种面积预计。受到种植收益降低、劳动力成本偏高以及机械化程度低的影响，近年来中国农民种植油菜籽的积极性降低。2000～2010年，中国油菜籽种植面积逐年递减。油菜籽由最高年份2000年的11241万亩减少到2010年的11055万亩，累计减少186万亩。针对油料生产逐步下滑、自给率大幅降低的局面，中国政府出台一系列扶持油菜籽、花生等油料生产的措施。油菜籽生产方面的扶持措施包括：①设立油菜良种补贴项目。从2007年起，在长江流域"双低"油菜优势区（包括四川、贵州、重庆、云南、湖北、湖南、江西、安徽、河南、江苏、浙江），实施油菜良种补贴，中央财政对农民种植油菜给予每亩10元补贴，鼓励农民利用冬闲田扩大"双低"油菜种植面积。在实施油菜良种补贴时，要注意避免粮油争地，影响粮食生产。②建立对油料生产大县的奖励政策。③在长江流域油菜产区建设一批生产基地。④促进油菜籽产业化经营。

随着上述措施的逐步落实，农民种植油菜籽的积极性将逐步得到恢复，从而有利于扭转油料面积下降的局面。同时，长江流域目前还有可利用的冬闲耕地9000多万亩、滩涂荒地约3000万亩，只要政策措施到位，农民种植收益预期看好，部分冬闲耕地和滩涂荒地将被开发用于发展油菜籽。由此预测，今后一个时期油菜籽种植面积出现较大幅度提高的可能性比较大。预计到2015年，中国油菜籽面积将增长至11500万亩，较2010年增长445万亩，年均增幅为0.79%；到2020年，中国油菜籽面积将增长至12000万亩，较2010年增长945万亩，年均增幅为0.82%。

（2）单产预计。从中国油菜籽单产增长潜力来看，2005年以来，全国油菜区域试验中，长江上游审定品种不仅抗病性、抗逆性显著增强，而且平均亩产提高到350斤左右，长江中游和下游区已接近400斤/亩的水平。随着这些品种与高产栽培配套技术的推广以及上述诸多扶植政策的实施，全国油菜平均亩产有望进一步提高。预计到2015年，中国油菜籽单产将提高至252斤/亩，较2010年提高15斤/亩，年均增幅为1.27%；到2020年，油菜籽单产将提高至267斤/亩，较2010年提高30斤/亩，年均增幅为1.20%。

（3）产量预计。根据油菜籽的播种面积和单产增长预测，未来10年，中国油菜籽产量将出现增长，贡献主要来自于播种面积的恢复和单产水平的提高。预计到2015年，油菜籽产量将增长至1450万吨，比2010年增加142万吨，年均增幅为2.07%；预计到2020年，油菜籽产量增长至1600万吨，比2010年增加292万吨，年均增幅为2.03%（见表5-6）。

表5-6　　　　　　　　中国油菜籽产量预计

| 年　份 | 2010年 | 2015年 | 2020年 | 2010~2015年均增长（%） | 2010~2020年均增长（%） |
|---|---|---|---|---|---|
| 播种面积（亩） | 11055 | 11500 | 12000 | 0.79 | 0.82 |
| 单产（斤/亩） | 237 | 252 | 267 | 1.27 | 1.20 |
| 产量（万吨） | 1308 | 1450 | 1600 | 2.07 | 2.03 |

资料来源：国家粮油信息中心。

### 3. 花生

预计到2015年，花生种植面积恢复至6850万亩，较2010年增加60万亩，年均增幅为0.18%；预计到2015年，中国花生单产将提高至473斤/亩，较2010年提高13斤/亩，年均增幅为0.56%。预计到2020年，花生种植面积恢复至6900万亩，较2010年增加110万亩，年均增幅为0.16%；到2020年，花生单产将提高至493斤/亩，较2010年提高33斤/亩，年均增幅为0.69%。预计到2015年花生产量将增长至1620万吨，比2010年增加58万吨，年均增幅为0.74%；预计到2020年花生产量增长至1700万吨，比2010年增加138万吨，年均增幅为0.85%（见表5-7）。

表5-7　　　　　　　　中国花生产量预计

| 年　份 | 2010年 | 2015年 | 2020年 | 2010~2015年均增长（%） | 2010~2020年均增长（%） |
|---|---|---|---|---|---|
| 播种面积（亩） | 6790 | 6850 | 6900 | 0.18 | 0.16 |
| 单产（斤/亩） | 460 | 473 | 493 | 0.56 | 0.69 |
| 产量（万吨） | 1562 | 1620 | 1700 | 0.74 | 0.85 |

资料来源：国家粮油信息中心。

## 4. 棉籽

棉籽是中国重要的油料作物之一，2000 年以来随着棉花产量的增加，棉籽产量增长。根据全国棉花发展规划，预计到 2015 年棉籽产量将达到 1430 万吨，预计到 2020 年棉籽产量达到 1480 万吨。

### （三）大豆和豆油进口仍将增加

在国内产量扩增空间有限而需求继续增长的情况下，未来 10 年大豆进口量预计仍将呈现增长态势。预计到 2015 年，中国大豆进口量将达到 6200 万吨，较 2010 年增加 720 万吨，年均增幅 2.50%；到 2020 年，大豆进口量将进一步增至 6900 万吨，较 2015 年增加 700 万吨，年均增幅 2.16%。预计 2015 年中国豆油进口量将达到 200 万吨，较 2010 年增长 49.3%，年均增幅 8.3%；到 2020 年豆油进口量将进一步增至 220 万吨，较 2015 年增长 8.3%，年均增幅 1.9%。

### （四）进口风险依然存在

中国油料油脂进口价格与国际市场的关联越来越紧密，随着国际资本深度介入，加上由少数跨国粮商主导的油料油脂国际贸易格局短期不易打破，增加了价格变化的不确定性。为应对可能出现的能源问题，不少国家把发展生物能源如生物燃料乙醇、生物柴油等作为国家战略，可能导致全球油料油脂供给减少，油料油脂主要出口国也有可能调整出口政策，由于中国油料油脂进口贸易缺乏主动权，进口的稳定性难免受其影响。

# 四、发展目标

总体发展目标是：生产保持平稳增长，产业结构得到优化，节能减排取得成效，自主创新有所突破，供给保障水平提高，产品质量和食用安全得到保障，食用植物油工业健康发展。

### （一）产量稳步增加

到 2015 年植物油产量达到 2420 万吨，比 2010 年增长 21.2%，年均增长 3.9%，其中豆油 1235 万吨，比 2010 年增长 21.3%，年均增长 3.9%。到 2020 年植物油产量达到 2700 万吨，比 2015 年增长 11.6%，年均增长 3.1%。

### （二）供给保障水平基本稳定

国产油料榨油量从 2010 年的 972 万吨分别提高至 2015 年的 1200 万吨、2020 年的 1355 万吨，占食用植物油消费量的比重从 2010 年的 40.3% 分别提高至 40.5%、40.6%。除大豆油、棕榈油外，其他主要食用植物油品种的自给率保持在 90% 以上。力争使中国内资企业直接控制的大豆、棕榈油等进口数量达到年进口总量的 40% 以上。

### （三）油脂加工能力控制在合理规模

到 2015 年油料加工总能力控制在 1.80 亿吨，其中大豆加工能力降至 9700 万吨。到 2020 年总加工能力控制在 1.68 亿吨，其中大豆加工能力降至 9200 万吨。

### （四）产业结构不断优化

产品结构得到改善，油脂品种多元化发展成效明显，形成多种油脂均衡发展的市场格局。内外资企业协调发展，培育一批规模合理、生产加工销售一体化、拥有知名品牌和较强竞争力的国有和民营骨干企业集团。区域布局更加合理，形成与资源供给能力相适应、分工合理、各有侧重、特色鲜明、区域优势明显的产业发展格局。

# 五、政策措施

## （一）大力扶持国内油料生产发展，努力稳定自给率

要从全局和战略的高度充分认识抓好油料生产的重大意义，认真贯彻落实《国务院办公厅关于促进油料生产发展的意见》（国发〔2007〕59号），在统筹粮油生产、避免与粮食争地的前提下，采取切实可行的政策措施，充分调动农民的生产积极性，适当恢复油料和大豆种植面积，确保国家食用油的市场稳定和安全。一是加大基础设施投入，改善农田水利条件，努力提高土地产出水平，增强抗风险能力。二是提高科技水平，转变油料和大豆生产增长方式，运用生物工程技术培育新的品种，加快品种选育进程，增强油料的内在品质，提高出油率。三是普及推广油料作物先进栽培技术，推广高产高油新品种，着力提高油料单产水平。四是发挥区域优势，重点扶持东北地区大豆、华北黄淮地区花生和长江中下游地区油菜籽生产，在上述地区分别建立相应品种的生产基地，大力发展国内生产，提高自给率。有步骤地推进大豆产业发展，引导资金、技术、管理等要素向优势产区集中，加快大豆优势产业带建设。在湖北、湖南等南方11省（市）利用近9000万亩冬闲田，促进油菜籽生产发展。增加油菜籽种植补贴并增加专项资金鼓励油菜籽机械收割方式推广，降低成本，调动农民生产积极性，促进油菜籽生产发展。五是有条件的地区要积极挖掘小品种油料如芝麻、葵花籽等的生产潜力，努力开拓本地区油源。六是大力推进以粮食加工副产品为原料的玉米油、米糠油生产。七是扶持油茶等木本油料生产，加快中低产林改造，重点支持适宜地区利用荒山荒坡资源发展木本油料。

## （二）提高油料生产流通的组织化程度

一是大力扶持农民专业合作组织。落实扶持农民专业合作组织发展的各项政策措施，在东北和黄淮海地区支持组建一批规模较大、覆盖面较广、产业链条长的大豆专业合作社，促进大豆生产专业化、区域化、规模化、标准化，从而促进大豆分品种单收、单储、单销，实现优质优价。二是推动油菜籽产业化经营。积极推动一批生产规模较大、效益较好的油脂加工企业，在主产区建立原料生产基地，与农户签订产销订单，开发低芥酸菜籽油及其他精深加工产品。积极支持"企业＋基地＋农户"的农业产业化经营模式，继续扶持各种形式的产销衔接活动，大力推进农民专业合作经济组织建设，努力提高油料生产组织化程度。

## （三）扩大大豆和食用植物油储备，夯实保障食用植物油安全的物质基础

进一步扩大大豆和食用植物油中央储备规模，完善食用植物油储备品种，增加花生、葵花等小品种油的储备规模。预计 2015 年中国油料总体消费数量超过1.1 亿吨，植物油消费数量超过 3280 万吨，原先的中央储备规模已经不能满足在必要时稳定市场价格和保护农民生产积极性的作用。要在适当时机，将油料中央储备数量扩大至全年消费数量的 10% ~ 15%，食用植物油中央储备数量扩大至全年消费数量的 15%。

## （四）加强对食用植物油工业发展的产业政策引导

国家制定大豆及油脂工业专项规划，引导行业健康、持续发展。环保、土地、信贷、工商登记等相关政策要与产业政策相互配合，充分体现有保有压的调控作用。油料主产区也要制定本地区发展专项规划。鼓励国有和民营油脂加工骨干企业编制本企业中长期发展规划。食用植物油加工新建项目单线加工能力不得低于起始规模要求（年加工能力按 300 天折算）。油脂加工项目按照《外商投资

产业指导目录》执行。外商兼并、重组国内油脂加工企业，严格按照国家有关外商投资的法律法规及外商投资产业政策办理。

（五）加强产品标识管理，发挥国产非转基因优势

加强对转基因食品、非转基因和转基因大豆的宣传教育，让公众充分享有知情权和选择权；严格执行《农业转基因生物安全管理条例》、《农业转基因生物标签的标识》和《农业转基因生物标识管理办法》；建立非转基因大豆保护区；通过财政、信贷、物流等支持政策，引导和鼓励大豆加工企业使用国产非转基因大豆。工商、质检和农业等部门要明确分工，加强食品安全管理。

（六）实施"走出去"战略

支持符合条件的国内企业到境外建设大豆原料基地和棕榈加工项目及其配套原料基地，中央对外经济技术合作基金和国家投资性公司应加大支持力度，中央财政为其境外基地生产、加工的油料油脂提供回程运费补贴；政策性银行等金融机构要给予融资支持；适当调高贷款贴息比例、年限及单个项目贴息上限；修改担保标准，创新担保形式，设立专门险种；完善税收优惠政策，避免双重征税。将国有企业"走出去"的利润单独考核，不纳入年度考核指标中。

（七）建立协调机制，完善市场监测预测预警体系

针对国内油料加工企业、贸易企业与跨国企业在掌握相关信息数据方面存在着的严重不足，尽快建立全面、系统、准确的油料产业信息报告制度和发布平台。一是建立国内与国际油料主要生产国的产量监测评价系统，随时收集信息，定期对全球油料产量和可供量进行预测与分析，并向社会公布；二是建立国内油料消费量定期监测评价系统，根据监测的蛋白粕、食用植物油等产品的实际消费情况，预测年度油料消费量，并向社会发布；三是建立国内油料进口量定期监测

评价系统，根据国产油料的可供量和国内油料预测需求量的差额，预测油料进口水平，并向社会发布；四是建立油料加工企业定期生产监测评价系统。根据国家相关统计制度的规定，建立国内 500 吨以上规模油脂加工企业的产、销、存动态监测体系，及时收集原料的购进数量与平均价格、原料的库存数量与平均价格、产品的销售数量与平均价格、产品的预售数量与平均价格、原料的库存数量与平均价格、产品的库存数量与平均价格、产品生产结构与库存结构等信息。

### （八）发挥国内期货市场规避风险功能

在国内油脂油料市场对国外市场已经形成高度依赖的情况下，要积极推动国内期货市场相关油脂油料品种上市交易，为国内企业提供规避风险的工具。从国内市场的发展情况看，需要调整有关转基因产品流通和消费法规，提高进口转基因大豆的流通性。目前，国内豆油、豆粕期货市场已发展得较为成熟，为油脂油料企业的产品销售提供了有效的避险工具，但是，这些企业却无法在国内期货市场上锁定其原料大豆的采购价格。由于中国对进口转基因大豆流通限制十分严格，大连商品交易所黄大豆 2 号期货（以进口转基因大豆为标的，适合大豆压榨企业套期保值）的交易一直不活跃，黄大豆 2 号期货市场极度缺乏流动性，大豆和豆粕、豆油套期保值市场分割，影响了压榨企业规避市场风险。要组织大豆等作物的种植农户开展套期保值，提高产业客户对油脂油料期货市场的参与度。目前，国内大豆等种植农户普遍存在着规模小、期货专业知识缺乏的特点，直接参与期货市场的条件尚不具备，但是，这些农户在生产过程中却面临着很大的价格风险，有避险需求。要在主产区成立大豆生产合作组织，指导参与合作组织的农民，从事套期保值交易，积极发挥期货市场为产业发展保驾护航的作用。探索新的油料品种上市交易。规范期货交易管理，在发挥期货市场服务功能的同时，加强期货市场管理，防止进入期货市场的资金恶意炒作，进而影响现货市场的稳定。

### （九）加强市场管理，保障食用植物油消费安全

强化食品生产经营单位的食品安全责任意识，严格执行生产卫生标准和操作规范。积极推广实施放心粮油工程，不断提高放心油的覆盖面和市场占有率，坚决杜绝不合格油脂进入市场和消费领域。要加大市场监督管理力度，在有条件的大城市，停止在零售市场供应散装油，防止不合理油品流入消费市场。要对小包装食用油生产企业进行整顿，淘汰一批根本不具备安全卫生生产条件的落后企业。督促落实国务院办公厅《关于加强地沟油整治和餐厨废弃物管理的意见》，杜绝地沟油回流餐桌，确保居民食用油消费安全。

### （十）大力提倡科学健康的食用植物油消费观念

加强营养健康知识的宣传和教育普及，倡导科学健康消费，合理用油，养成科学健康的饮食习惯，抑制不合理消费。通过各类媒体、公益广告、讲座、论坛和出版科普读物、建立粮油科普示范教育基地等多种形式，为公众提供相关信息和咨询服务；在全社会大力宣传普及科学、卫生、健康的烹饪方式方法；推动营养健康知识走进中小学课堂，普及科学营养、低脂健康膳食教育；建立食堂、饭店等餐饮场所节约用油的文明规范。

专题六

# 中国生猪产业发展问题研究

    中国是农业大国，养猪业在中国有着六七千年之久的历史。猪为"六畜之首"，猪肉是中国居民的主要肉食，占肉类总消费量的比重长期保持在60%以上，高峰时曾达90%。2009年中国生猪养殖业产值9178亿元，占畜牧业总产值的比重达47%，养猪业在中国畜牧业和农业生产中的地位举足轻重。从国际上来看，中国生猪饲养量和猪肉消费量约占世界总量的一半，几十年来均居世界第一位，在世界生猪产业发展中也有着十分重要的地位。猪粮安天下，养猪业的发展关系到中国食物安全、社会稳定和国民经济协调发展。改革开放以来，中国生猪生产快速发展，取得了较大成就。然而，随着经济和社会发展，近年来制约中国生猪业发展的内外部因素日益复杂多样，存在的问题日益突出，已经影响到中国生猪产业的健康发展和城乡居民的正常生活消费，引起了政府、学者和社会各界高度关注。

# 一、中国生猪业发展历程

新中国成立以来，中国生猪业发展大致经历了五个阶段：改革开放前的曲折发展期（1949～1976 年），改革发展期（1977～1984 年），快速发展期（1985～1997 年），结构调整期（1998～2006 年）和标准化、规模化、产业化的转型发展期（2007 年至今）。

## （一）改革开放前的曲折发展期（1949～1976 年）

这一时期生猪生产波动很大，经历了三个低谷，可分为三个小阶段。

### 1. 恢复发展时期（1949～1957 年）

新中国建立以后，1949～1954 年，生猪呈现快速增长，年均增长率11.99%。随后 1955 年和 1956 年，受农业合作化的影响，农民纷纷杀猪、卖猪，再加上当年下半年因水灾严重，粮食减产，国家粮食实行统购统销，造成生猪存栏大幅下降，1956 年生猪存栏 8403 万头，比 1954 年下降了 17.4%。这是第一个低谷。随后国务院随即制定了"私有、私养、公助"的养猪方针，并将收购价提高 15%，促进生猪生产发展，1957 年生猪存栏达到 1.46 亿头。

### 2. 曲折发展时期（1958～1966 年）

1957 年生猪存栏刚出现增长，接着又是第二个低谷 1958～1961 年。1961 年生猪存栏由 1957 年的 14590 万头下降到 7552 万头，降幅超过 50%，主要原因是大跃进、生猪发展政策把私养的猪收归集体，大办"万头猪场"，加上当时严重的自然灾害，农业减产，饲料奇缺，生猪生产遭到了巨大破坏。1962 年国民经济开始整顿调整，贯彻国务院制定的"公养与私养并举，以私养为主"的养猪方针，养猪业又获得迅速发展，1966 年生猪存栏达到 1.93 亿头，生猪在

1962～1966 年呈现快速增长，年均增长 17.92％，是 1949 年增长最快的时期。

3. 缓慢发展时期（1967～1976 年）

"文化大革命"开始后，由于一系列"左"的政策，实行"三收一改变"（即收回自留地、自留畜和自留树，基本核算单位由生产队改为大队），取消生猪私养的好政策，1967～1969 年生猪存栏进入第三个低谷，受"文化大革命"的影响，在两年内生猪存栏下降 11％。尽管后来采取一切措施进行纠正，鼓励农户养猪，但这些措施并没能贯彻执行，致使出栏率下降，出肉率偏低，1978 年和 1979 年生猪出栏率降至 55％左右，这个阶段生猪生产发展非常缓慢。

1949～1976 年中国生猪存栏及出栏量见图 6.1 所示。

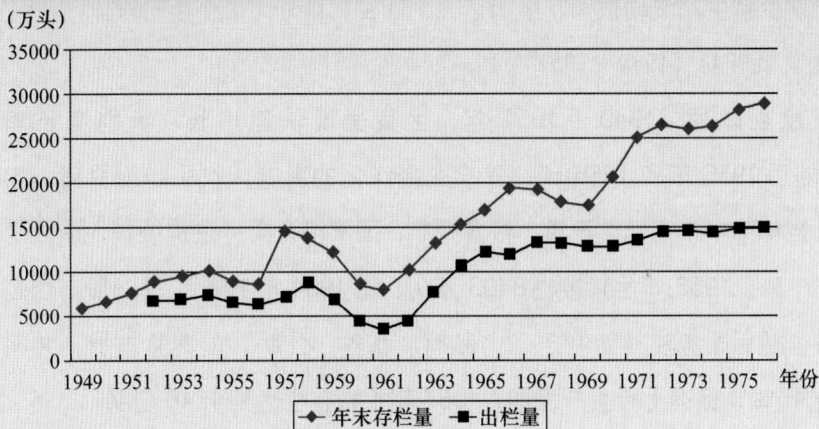

图 6.1　1949~1976 年中国生猪存栏及出栏量

资料来源：根据历年《中国畜牧业统计》整理。

## （二）改革发展期（1977～1984 年）

中共十一届三中全会以后，中国畜牧业所有制和生产体制出现了新的格局，1978 年家庭联产承包责任制的推行使农户有了生产经营自主权，养殖畜禽的积极性大大提高，独立自主的市场主体开始形成，带动中国生猪业进入新的发展阶段。1979 年《中共中央关于加快农业发展若干问题的决定》指出要大力发展畜牧业，提高畜牧业在农业中的比重，并提出鼓励社员家庭养猪养牛养羊，积极发展集体养猪养牛养羊，重申了奖励饲料粮等措施，同年将生猪收购价提高26.3%。这些措施的贯彻执行使1979年生猪存栏增至3.2亿头，出栏1.9亿头。20世纪70年代末80年代初，在新旧政策的交替之时，"卖猪难"情况时有发生和粮食价格上涨等原因使农民增加养猪的积极性降低，1981～1983年生猪生产处在徘徊时期。1984全国粮食大丰收，年生猪存栏恢复到3.07亿头，出栏2.20亿头，分别比1978年增长了18.26%和36.86%，猪肉总产量与人均占有量均有大幅上升（见图6.2）。

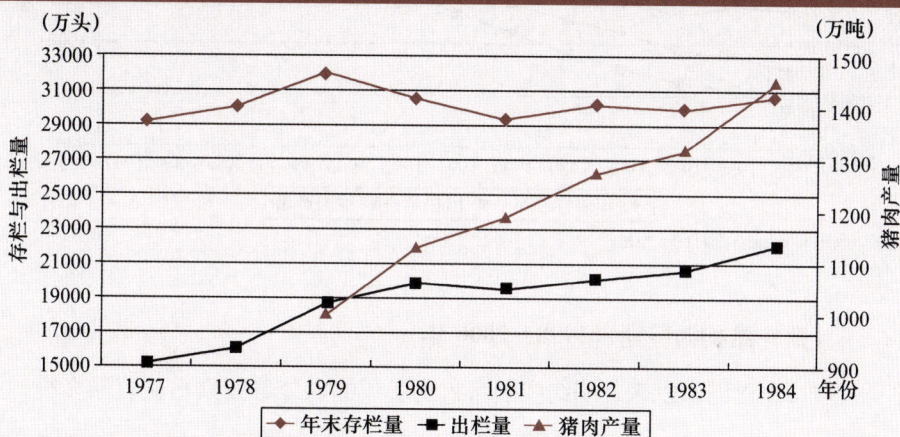

图6.2　　　　　　1977~1984年中国生猪存栏、出栏量与猪肉产量

资料来源：根据历年《中国畜牧业统计》整理。

### （三）快速发展期（1985～1997年）

1985年1月，中共中央、国务院发出《关于进一步活跃农村经济的十项政策》，决定逐步取消生猪派养派购，实行自由上市，自由交易，随行就市，按质论价，并取消多数畜产品的统一定价，生猪购销政策全部放开，为养猪业的发展提供了契机，各地生猪饲养专业户不断发展。1988年，农业部提出建设"菜篮子工程"，建立了一大批中央和地方的肉、蛋、奶等生产基地，促进生猪业向商品化、专业化和社会化发展。进入20世纪90年代，随着中国生猪产销经营体制改革的不断推进，1994年生猪存栏41462万头，首次突破40000万头大关；

1995～1996 年由于生猪和猪肉价格大幅下降，生猪生产出现下降，1997 年生猪生产又出现发展势头，当年全国人均猪肉占有量达到 29 公斤，猪肉市场第一次出现供求平衡略有富余的买方市场（见图 6.3）。

图 6.3　1985~1997 年中国生猪存栏、出栏量与猪肉产量

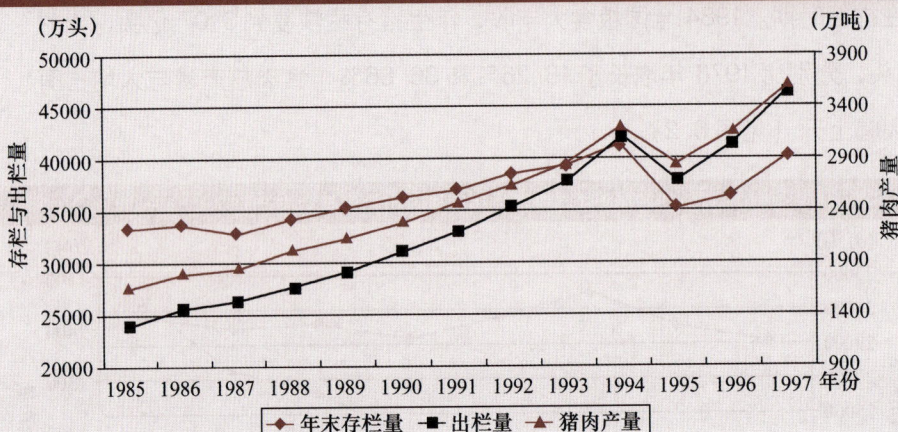

资料来源：根据历年《中国畜牧业统计》整理。

### （四）结构调整期（1998～2006 年）

　　自 20 世纪末以来，制约中国畜牧业发展的内外部因素日益复杂多样，如畜产品出现结构性过剩、饲料资源和劳动力出现短缺、能源价格上升、畜禽疫病、畜产品质量安全和环境问题等，生猪业也同样面临着市场和资源的双重约束和保护生态环境的压力，这些制约因素促使生猪生产进入以市场为导向，以提高质量、优化结构和增加效益为主的发展阶段。1999 年《关于当前调整农业生产结构的若干意见》和《关于加快畜牧业发展的意见》等中央文件也提出要推广优新品种，降低成本，提高效益，实现均衡供应；改变养殖方式，大力调整、优化畜牧业结构和布局，加强良种繁育、饲料生产和疫病防治体系建设，提高畜产品质量安全水平。生猪生产逐步由数量增长型向质量效益型转变。养殖品种不断优化，由以土杂猪向杂交猪和良种猪发展，养殖方式由散养向专业化和规模化转变，饲料生产也向标准化、专业

化发展，生猪生产逐步向优势区域集中，产业整合速度在加快，以养猪龙头企业带动农户养猪的产业化体系成效显著（见图6.4）。

图 6.4　1998~2006 年中国生猪存栏、出栏量与猪肉产量

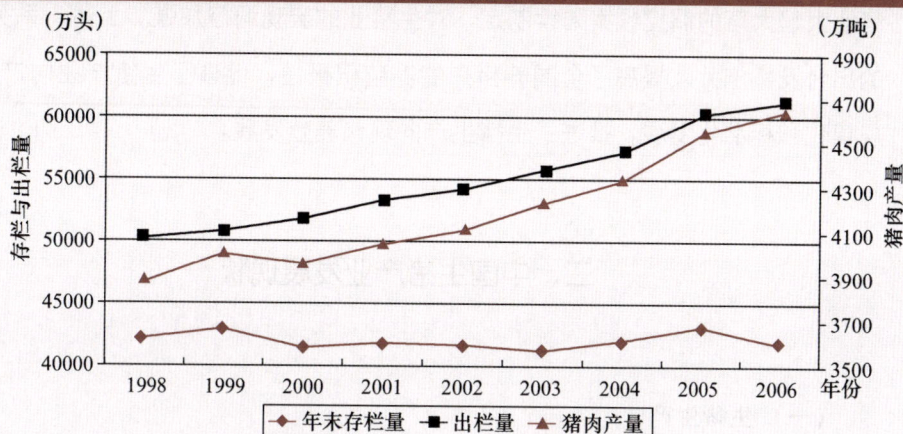

资料来源：根据历年《中国畜牧业统计》整理。

## （五）转型发展期（2007 年至今）

进入 21 世纪以来，生猪产业继续保持快速发展，但波动较大。2007 年以来生猪生产和价格的波动异常剧烈，暴露了中国生猪生产中存在的新问题、新挑

图 6.5　2000~2009 年中国生猪存栏、出栏量与猪肉产量

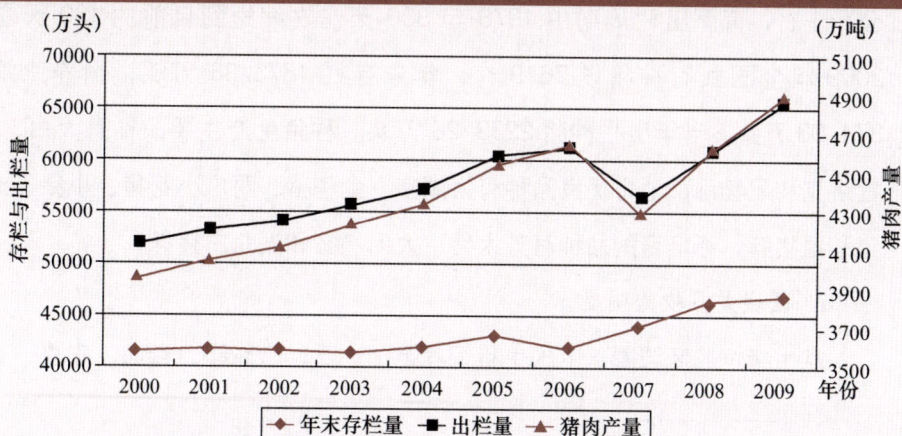

资料来源：根据历年《中国畜牧业统计》整理。

战，引起了国家对畜牧业发展的高度重视。2007 年国务院陆续下发了一系列重要文件，提出要大幅度提高标准化规模养殖水平，提升养殖业科技含量，加大生猪生产政策支持力度，使国家对生猪业发展的支持水平跃上新台阶，同时防止生猪业大起大落的调控预案陆续制定，对生猪业的宏观调控加强。上述一系列政策的出台及实施大大提高了全国养猪户的养殖积极性，促进了生猪产业向产业化、规模化和标准化发展，推进了生猪生产向现代养殖发展。

## 二、中国生猪产业发展现状

### （一）生猪生产

#### 1. 生产水平快速提高

改革开放以来，中国生猪生产快速增加。2009 年，中国生猪存栏量达到 46996 万头，出栏 65439 万头，猪肉产量 4891 万吨，分别是 1978 年 1.6 倍、4.1 倍和 6.1 倍。与此同时，生猪生产水平明显改进，生猪出栏率由 1978 年的 53.4% 增加到 2009 年的 139%，胴体重由 1978 年的 50 公斤提高到 2009 年 86 公斤左右，育肥出栏周期由 1978 年 300 天左右缩短到目前的 180 天左右[1]。2009 年全国共有种猪场 7619 个，年末存栏 1673.38 万头，饲养能繁母猪 374.03 万头，当年出栏种猪 2239.28 万头。种猪生产主要品种有大白、长白、杜洛克和配套系，地方优良品种有太湖猪、金华猪、两广小花猪、小猪、五指山猪和藏猪等，新培育的品种有苏太猪、大河乌猪和湖北白猪等。

#### 2. 区域差异较为明显

从生猪饲养区域看，中国生猪饲养范围广泛，除新疆、青海、宁夏、西藏和

---

① 孙政才：《农业农村改革发展 30 年》，中国农业出版社 2008 年版，第 46 页。

**中国主要农产品增长**
对 2004 年以来农产品增长的经济解释

海南等地没有饲养量或饲养量较少外，其余省份都有规模不同、数量不等的饲养量。当前，中国生猪生产主要集中在在四川盆地、黄淮流域和长江中下游三大地区。生猪养殖需要消耗大量的玉米等粮食作物，这些地区粮食资源丰富，饲料粮可就地转化为畜产品，以降低成本，提高农作物附加值，具备一定的区域优势。2008年，全国生猪存栏46291.3万头，排名前十位省份分别是四川（11.5%）、河南（9.6%）、湖南（8.5%）、山东（5.9%）、云南（5.8%）、湖北（5.3%）、广东（5.1%）、广西（5%）、河北（4.4%）和江苏（3.7%）[①]，10个省份生猪存栏合计占全国存栏总量的64.8%。另外8个省、市（包括贵州、辽宁、重庆、江西、安徽、福建、黑龙江、浙江）存栏量也都在1000万头以上，这8个省的存栏占全国的24.7%。2008年全国生猪出栏量为61016万头，有20个省、市的生猪出栏量超过1000万头。四川省是中国生猪生产第一大省，出栏量超过6000万头，占全国出栏量的比重达10.5%；其次是湖南省，出栏量超过5000万头，占全国出栏量的比重为8.4%；河南、山东、湖北、广东、河北的出栏量超过3000万头，占全国的比重均在5%以上。出栏量排名前十位的省份生猪出栏量合计占到全国总出栏量的63.6%（见图6.6）。

中国生猪外调量大的省份主要有四川省、河南省和湖南省等，主销区是北京、上海、天津、广东、福建及浙江等省、市。2006年四川全省外调猪肉92万吨，传统主产区四川的调出能力已经接近最大，继续增加调出能力的潜力已经不大，但河南和东北等地正在成为新的主要调出区域。2006年河南省有607家养猪企业和41家猪肉加工企业，年供沪生猪350万头，占上海调进总量的80%以上。

3. 规模养殖比重持续提升

生猪饲养业在中国是传统产业，生猪养殖长期以来一直作为农民的家庭副业经营，生产方式粗放，生产规模较小。改革开放以后，随着生猪生产的快速发

---

① 括号内数字表示相应省份生猪存栏占全国的比重。

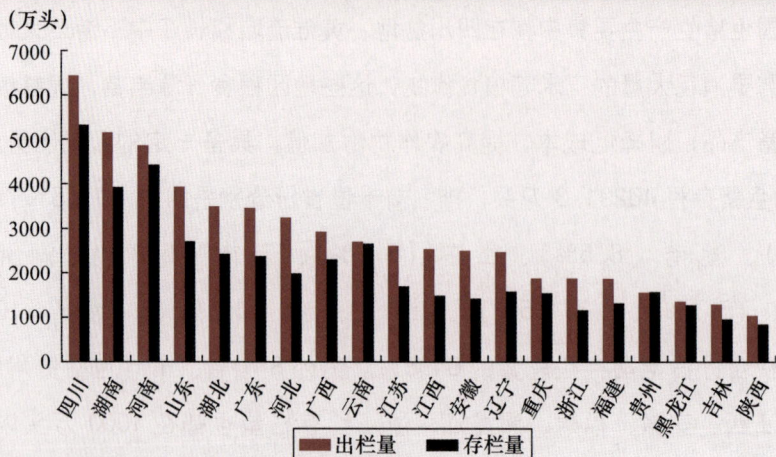

图 6.6    2008 年 20 个生猪主产省、市存栏和出栏量

（万头）

资料来源：根据《中国统计年鉴》（2009）数据整理。

展，生猪养殖的规模化和组织化程度在不断提高，散户（年出栏 1～49 头）生猪出栏量大幅下降。2009 年散户出栏量的比重为 38.66%，比 20 世纪 80 年代初（90% 左右）下降了约 50 个百分点，年出栏 50 头以上的出栏量占全国出栏量的 61.34%。年出栏量在 50～99 头和 100～499 头的规模养殖户是生猪养殖的主体，二者的比重合计达到 29.68%，占到规模户出栏量的近一半。年出栏500～5000 头的比重合计为 21.92%，年出栏 5000 头以上的比重较小，约为9.75%（见图 6.7）。

### 4. 散户数量仍占绝对多数

从养殖户的数量来看，虽然散户生产量占总产出的比重大幅下降，但散户数量仍然偏高，目前仍有 6400 万户以上，占养猪户的比重达到 96%；而规模户合计有 254 万户，占养猪户的比重约为 4%；年出栏 3000 头以的大规模户数的比重在 0.03% 左右。从规模户内部结构分布看，年出栏 50～99 头和 100～499 头的小规模户的比重最大，合计占到规模户总数的 92% 左右；其次是年出栏 500～999 头和 1000～2999 头的合计比重为 7%；年出栏 3000 头以上的规模户的比重

**中国主要农产品增长**
对 2004 年以来农产品增长的经济解释

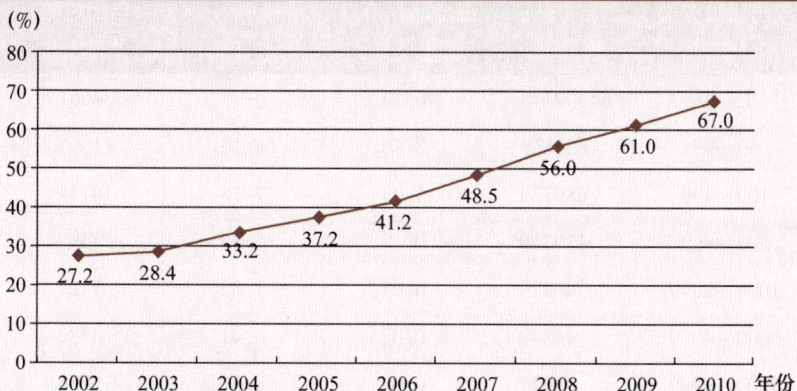

图 6.7　　2002 年以来规模养殖（年出栏 50 头以上）发展情况

资料来源：根据历年《中国畜牧业统计》整理，2010 年数据来自农业部。

仅占 0.7%，年出栏万头以上的大型养猪场仅有 3134 个，在规模户中仅占 0.12%。可以看出，散户养殖在中国生猪生产中仍占有重要地位。虽然生猪规模化程度有了很大的提高，但平均养殖规模仍然偏小，年出栏 50~999 头的小规模户仍是规模生产的主体，年出栏 3000~5000 头规模户在总产出比重相对偏小，5000 头以上大规模户的发展明显不足（见表 6-1）。

## （二）猪肉消费

### 1. 猪肉消费在中国肉类消费中占据主导地位

猪肉一直是中国居民肉类消费的主体。20 世纪 80 年代以前，猪肉占居民肉类消费比重的 95% 以上。20 世纪进入 80 年代，随着肉类消费的多样化发展，尽管猪肉消费量不断增加，但其比重不断下降。到目前为止，猪肉消费仍占肉类消费的 60% 以上。2009 年全国猪肉产量 4890.8 万吨，人均猪肉占有量 36.6 公斤，城乡居民家庭猪肉消费总量 2269 万吨，人均猪肉消费量 17.0 公斤[①]，比 1978

---

①　由于这一消费数据是国家统计局对全国城乡居民食物消费的抽样调查，没有考虑到户外消费、流动人口等因素，因此此数据应低于居民的实际消费量，与人均占有量存在很大的差额。

表 6 - 1　　　　　　　　2009 年中国生猪生产规模发展情况

| 年出栏数分类<br>（头） | 场（户）<br>数（个） | 占全部养殖户<br>比重（%） | 规模户内部<br>比重（%） | 年出栏数<br>（万头） | 出栏数比重<br>（%） |
|---|---|---|---|---|---|
| 1 ~ 49 | 64599143 | 96. 22 | — | 34061 | 38. 66 |
| 50 ~ 99 | 1653865 | 2. 46 | 65. 16 | 11395 | 12. 94 |
| 100 ~ 499 | 689739 | 1. 03 | 27. 18 | 14744 | 16. 74 |
| 500 ~ 999 | 129369 | 0. 19 | 5. 10 | 8397 | 9. 53 |
| 1000 ~ 2999 | 46429 | 0. 07 | 1. 83 | 7127 | 8. 09 |
| 3000 ~ 4999 | 10342 | 0. 02 | 0. 41 | 3782 | 4. 29 |
| 5000 ~ 9999 | 5117 | 0. 01 | 0. 20 | 3285 | 3. 73 |
| 10000 ~ 49999 | 3038 | 0. 00 | 0. 12 | 4571 | 5. 19 |
| 50000 以上 | 96 | 0. 00 | 0. 00 | 731 | 0. 83 |

　　资料来源：《2009 年中国畜牧业统计》。

年增长了 1. 2 倍，人均牛羊肉消费量 2. 46 公斤，人均禽肉消费量 7. 17 公斤，猪肉、牛羊肉和禽肉的比率约为 7∶1∶3，猪肉占肉类消费的 63. 3%（见表6 –2）。

　　2. 改革开放后猪肉消费快速增加

　　从新中国成立以后到改革开放，猪肉消费水平低，增长缓慢。1949 ~ 1963年，这一时期生产供应十分紧张，猪肉消费水平很低且不稳定，特别是 1960 年是猪肉消费的最低点，城镇居民年人均消费猪肉仅 2. 7 公斤，农村仅 1. 2 公斤。1964 ~ 1978 年，猪肉消费有所增长，但非常缓慢，在 14 年间城镇居民人均消费增长了 5. 5 公斤，农村居民增长更慢，仅增长 2. 1 公斤，年增长率不到 1%。改革开放以后随着生猪生产迅速发展，猪肉消费量猛速增加，城乡居民的人均猪肉消费量从 1978 年的 6. 7 公斤增加到 2006 年的 17. 5 公斤，2006 年是 1978 年的2. 6 倍。2007 年，由于生猪生产剧烈波动，猪肉价格大幅上涨，导致人均消费量下降到 15. 6 公斤，但 2007 年之后再次回升，2009 年已回升至 17. 0 公斤（见图6. 8）。

中国主要农产品增长
对 2004 年以来农产品增长的经济解释

表 6 – 2　　　　　　　　　1978 ~ 2009 年城乡居民人均猪肉消费量　　　　　　　　单位：公斤

| 年　份 | 全国 | 城镇 | 农村 | 城镇与农村差额 |
|---|---|---|---|---|
| 1978 | 6.7 | 13.7 | 5.2 | 8.5 |
| 1980 | 9.6 | 19.0 | 7.3 | 11.7 |
| 1985 | 11.9 | 17.2 | 10.3 | 6.9 |
| 1990 | 12.6 | 18.5 | 10.5 | 8.0 |
| 1995 | 12.5 | 17.2 | 10.6 | 6.6 |
| 2000 | 14.5 | 16.7 | 13.3 | 3.4 |
| 2001 | 14.4 | 16.0 | 13.4 | 2.6 |
| 2002 | 16.3 | 20.3 | 13.7 | 6.6 |
| 2003 | 16.5 | 20.4 | 13.8 | 6.6 |
| 2004 | 15.9 | 19.2 | 13.5 | 5.7 |
| 2005 | 17.6 | 20.2 | 15.6 | 4.6 |
| 2006 | 17.5 | 20.0 | 15.5 | 4.5 |
| 2007 | 15.6 | 18.2 | 13.4 | 4.8 |
| 2008 | 15.7 | 19.3 | 12.7 | 6.6 |
| 2009 | 17.0 | 20.5 | 14.0 | 6.5 |

资料来源：历年《中国城镇居民生活与价格年鉴》和《中国农村住户调查年鉴》。

图 6.8　　　　　　　　1978 年以来居民家庭人均猪肉消费量变化

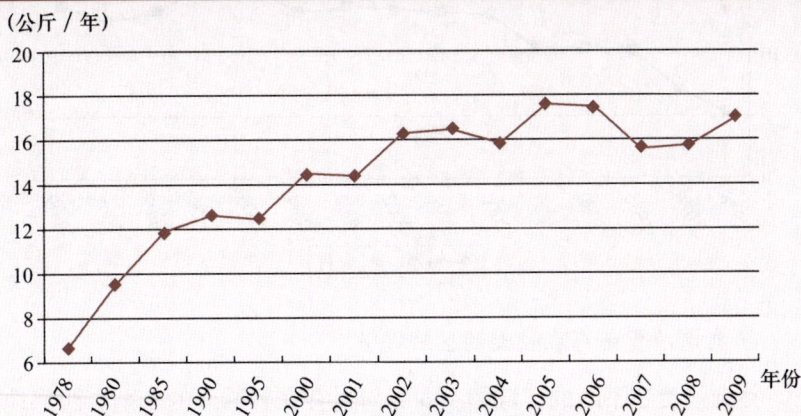

资料来源：历年《中国城镇居民生活与价格年鉴》和《中国农村住户调查年鉴》。

3. 猪肉消费城乡差距较为明显

猪肉消费受到收入、政策、替代品和生活习惯等因素影响，存在着明显的城乡差异和区域差异。从城乡差异看，30多年来城镇居民的人均猪肉消费量一直高于农村，但总体来说，城乡差距逐步缩小。20世纪80年代以前，城乡猪肉消费差距较大，城镇人均消费高出农村8~10公斤以上。之后，随着农村经济发展和农民收入的提高，农村猪肉消费量持续快速增加，而城市居民的消费已经达到一定的水平，增长趋缓，城乡消费差距逐渐缩小。2009年城镇居民人均消费20.5公斤，农村人均14公斤，城市高出农村仅6.5公斤。农村居民的猪肉消费长期受本身收入和猪肉价格的制约，消费水平较低，但农村居民猪肉消费的收入弹性（0.8）大于城镇居民（0.5），价格弹性（-0.65）低于城镇居民（-0.96）（USDA，1997）。因此，随着农村经济的进一步发展和农民收入的提高，未来农村猪肉消费的潜力仍然很大（见图6.9）。

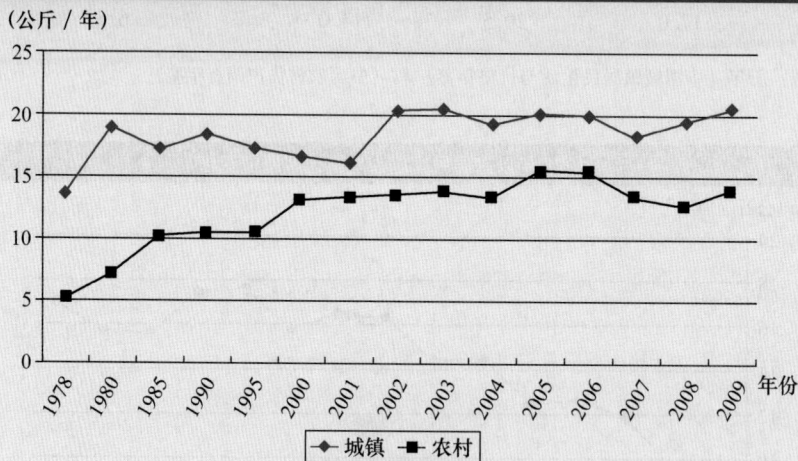

图6.9　1978年以来城乡居民家庭人均猪肉消费量对比

4. 猪肉消费还存在较大的区域差异

猪肉消费在不同的区域和不同省份也存在着明显的差别。西部地区是中国猪肉消费的主要市场。2007年，西部地区城镇居民人均猪肉消费最高，为20.44

**中国主要农产品增长**
对2004年以来农产品增长的经济解释

公斤，东部次之（18.51 公斤），稍高于全国水平（18.2 公斤），中部（17.53 公斤）和东北（14.19 公斤）低于全国水平，其中东北地区最少。农村猪肉消费和城市在区域差异上表现出一致性。从省份看，2007 年农村居民人均猪肉消费最高的省、市是云南（28.3 公斤），其次重庆（27.5 公斤）、四川（26.5 公斤）、贵州（26 公斤），都在 26 公斤以上，消费最低的省、市、自治区（除去西藏和新疆牧区外）是河北（5.9 公斤）、陕西（5.9 公斤）、河南（5.5 公斤）和山西（5 公斤），消费水平均在 6 公斤以下，消费最高和最低差别在 20 公斤以上，远远大于城乡差别（见表 6 −3）。

表 6 −3　　　　　　　2007 年不同区域城乡居民人均猪肉消费量　　　　单位：公斤/年

| 地　区 | 城　镇 | 农　村 |
|---|---|---|
| 西部地区 | 20.44 | 17.32 |
| 东部地区 | 18.51 | 11.74 |
| 中部地区 | 17.53 | 11.14 |
| 东北地区 | 14.19 | 10.11 |
| 全　国 | 18.21 | 13.40 |

资料来源：根据《2008 年中国城镇居民生活与价格年鉴》和《2008 年中国农村住户调查年鉴》数据整理。

### （三）生猪及猪肉流通

新中国成立以来，由于不同时期经济体制不同，中国农产品流通体制的变革已经历了不同的发展过程：从市场调节到统购统销、从统购统销到"双轨制"、从"双轨制"再回到市场体制。生猪作为重要的畜产品，也经历了相同的过程。

1. 生猪及猪肉流通体制变迁

市场调节阶段（1949～1954 年）：全国实行自由贸易，市场调节、自由购销，肉价随行就市。国有商业、供销合作社、私营商业和农牧民个体都可以经营生猪，但国营商业经营的肉类占社会商品量的比重很小，1953 年全国商业部门和供销社收购的生猪总量只占当年出栏生猪总量的 12.73%，猪肉经销主要依靠私营工商业者。

统购统销阶段（1955～1984 年）：这一时期的特点是生猪和猪肉购销纳入了国家计划调节的轨道，这一时期国有商业在生猪和猪肉的经营中占据主导地位。1955 年国家对猪肉实行统购统销，1978 年向合同订购、议购和市场调节过渡。

"双轨制"阶段（1985～1991 年）：取消了生猪统购统销制度，实行有指导的议购议销价格，生猪价格由市场和计划双重调控，打破了国营商业独家经营的局面，开始了以竞争为主要特征的多元化的市场化格局。

市场化阶段（1992 年至今）：1992 年以后，生猪价格全面放开，完全实行市场调节。随着市场化的深入，参与猪肉经营的主体越来越多，形成了国有企业、集体企业、农民联户、个体运销户和农户汇合起来的多渠道经营竞争局面。随着市场竞争的加剧，全国各地的生猪产加销企业积极建立联系，形成跨部门跨区域的合作，开展生猪一体化经营。

生猪定点屠宰实施（1997 年至今）：1997 年，国家出台了生猪定点屠宰管理办法，对中国生猪流通产生了深刻的影响。管理办法规定，所有的生猪必须实行定点屠宰，中国生猪流通形成了以生猪定点屠宰企业为中间环节，上端连接生猪养殖、购买，下端延伸到猪肉批发和零售市场的养殖、经销主体多元化的格局。

2. 生猪及猪肉流通的现状

一是流通方式总体仍然落后。当前，中国生猪及猪肉的流通是大规模的现代生产方式与传统的小生产方式并存，先进屠宰方式与落后屠宰方式并存，发达的城市市场与分散的农村市场并存的状态。中国定点屠宰企业有 3 万多家，2004 年统计的国有和年销售额 500 万元以上企业 2232 家，其中达到或接近国际先进水平的屠宰厂不到1%，实行机械化或半机械化屠宰的企业大概25%，其余都是手工屠宰的小作坊式生产。目前从全国来看，中国除少数大型肉类屠宰加工企业实行品牌经营，大部分屠宰企业采取"托屠代宰"的经营方式。

二是猪贩子在流通中起着重要作用。中国生猪养殖户主要分为散户、专业户和工厂化生产三种形式。散户提供市场的生猪占全国总养殖量的30%以上，散户养殖的生猪大部分通过猪贩子上门收购送至屠宰场或屠宰加工企业。由于中国养殖比较分散，猪贩子在生猪收购起着重要作用。据对河南、吉林200个屠宰企业的调查，平均每个屠宰企业由猪贩子采购的生猪占其屠宰总量的35%以上。而工厂化的养殖场大多拥有自己的屠宰场，形成生产屠宰加工一条龙的生产模型。

三是农贸市场仍是猪肉流通的主渠道。作为流通中游的屠宰场或加工屠宰企业，通过批发、零售、配送和直供四种销售渠道将猪肉及其制品送达消费市场。终端猪肉零售市场主要有三种：农贸市场、超市卖场和肉品连锁专卖店。目前，传统的零售业态和销售方式仍占主导地位。农贸市场一直是猪肉流通的主要渠道，城乡居民肉品需求的80%以上是在农贸市场实现的。因此，随着中国城市化步伐的加快，卖场、超市、专卖店、便利店等现代零售业态的肉品销售比例必将逐年上升。

### （四）猪肉加工

1. 肉食品加工业基本情况

中国肉类食品工业是新中国成立后发展起来的新兴产业，经过几十年的建设特别是近十年的发展，已基本形成了集畜禽养殖（基地）、屠宰分割加工、肉制品深加工、禽类蛋品加工副产品综合利用加工、冷冻冷藏加工、物流配送批发零售于一体的产业体系，肉类加工企业正在向集约化、规模化、现代化水平发展。2007年全国肉类行业中有3万多家畜禽定点屠宰企业，规模以上的企业2837

家，其中畜禽屠宰加工 1672 家、肉制品加工 1175 家，本年全国国有及规模以上肉类屠宰及肉类加工企业资产总额达到 1500 亿元，实现销售收入 3400 亿元，实现利润 135 亿，其中畜禽屠宰加工销售为 1800 亿元，实现利润 65 亿，肉制品及副产品加工销售为 1600 亿，实现 70 亿。

2. 猪肉加工重点企业及其份额

目前中国重点猪肉及肉制品生产加工企业河南双汇集团有限公司、江苏雨润集团有限公司、临沂新程金锣肉制品有限公司居中国肉类食品行业前 3 强，其次是河南众品、四川高金、北京顺鑫公司鹏程食品分公司、唐人神集团有限公司和得利斯集团有限公司，位居肉类企业前 15 强。在全国火腿肠市场中，双汇、金锣占据的第一、第二位，市场占有率分别为 38.4%、12.69%，雨润、得利斯占第三、第四位；在低温肉制品市场中，双汇居第一位，市场占有量 13.23%，雨润排名第二。其中双汇集团是中国最大的以猪肉加工为主肉类加工基地，年屠宰生猪 1500 万头，年产肉制品 150 万吨。

3. 猪肉加工总体水平仍然较弱

目前中国猪肉加工还存在着猪肉加工比例少、行业集中度低、深加工肉品少、档次较低等问题。2007 年肉类制品及副产品加工占肉类总产量比重较低，仅为 11.18%，而同期发达国家熟肉制品已占到肉类总产量的 50% 以上。中国的屠宰及肉制品产业非常分散，2007 年全国生猪定点屠宰场达 23000 多家。双汇、金锣、雨润 3 家肉类行业龙头企业屠宰生猪仅占中国生猪屠宰总量的 4% 以下，而美国前 3 家肉类加工企业总体市场份额已超过 65%，欧盟 11 家占行业总量的 74%。中国猪肉市场仍以鲜销白条肉为主，分割肉、小包装肉的比例不 10%，有特色的熟肉制品、发酵肉制品占肉类加工总量的比例也相对较低。

（五）生猪及猪肉进出口贸易

由于种种原因，中国生猪产品贸易量比较小，占国内生产量的比重较低，在世界生猪贸易中的份额也不大。中国生猪产品贸易包括生猪和猪肉产品两大部分。

### 1. 中国猪肉出口量经历了先降后升再降的过程

中国猪肉出口在 20 世纪 60 年代到 80 年代，主要供中国港澳地区及毗邻国家，出口最多的几个年份在 40 万吨左右，约占当年猪肉总产量的 3%~5%。由于多方面的原因，从 20 世纪 90 年代开始逐步呈下降趋势，1990~2000 年出口数量 12 万~24 万吨。2001 年加入世贸组织后，猪肉出口量持续快速增加，从 2000 年的 12.1 万吨增加到 2006 年的 45.3 万吨，近十年来位列世界猪肉前十大出口国。2007 年，由于国内猪肉产量下降而使出口量减少到 26.9 万吨，之后便保持较低水平。目前中国猪肉绝大部分出口到中国港澳地区、俄罗斯、新加坡等地，对以上四地的猪肉出口贸易占到贸易总量的 90% 以上，猪肉出口以鲜、冷、冻猪肉、猪肉罐头和火腿为主（见图 6.10）。

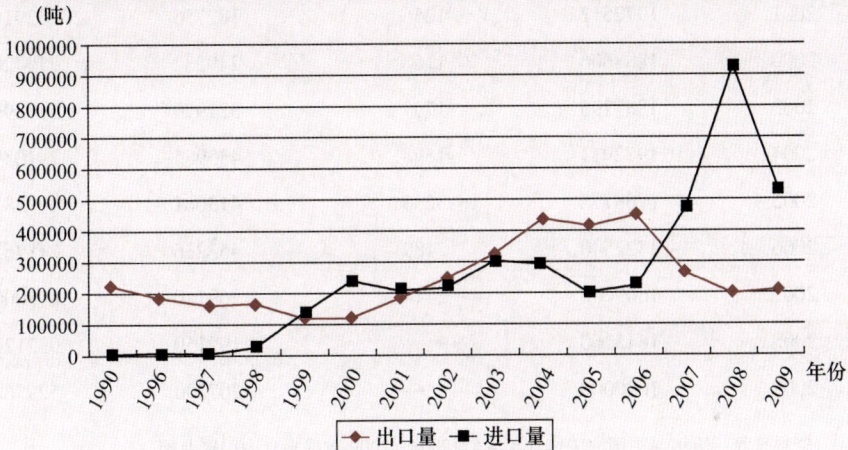

图 6.10 1990 年以来猪肉进出口数量

### 2. 中国猪肉进口量总体呈增加趋势

相对于出口量来说，20 世纪 90 年代以前中国猪肉进口量较少，从 1990~1999 年呈快速增加的态势。1990 年猪肉进口量为 112 吨，2000 年达到 24 万吨，超过出口量并达到出口量的约 2 倍。2000 年以后的几年里，每年进口量均徘徊在 20 万 ~30 万吨之间。2007 年及 2008 年，由于中国国内猪肉供给不足，进口猪肉大幅增加，进口量分别为 47.3 万吨和 93.2 万吨。中国猪肉进口一直以猪杂碎进口为主，2007 年猪杂碎进口量 38.72 万吨，占进口总量的 80% 以上，冷冻猪肉进口仅 8.6 万吨（见表 6 -4）。

表 6 -4　　　　　　　中国生猪及猪肉产品进出口贸易变化

| 年　份 | 活　猪 | | 猪　肉 | |
|---|---|---|---|---|
| | 出口量（头） | 进口量（头） | 出口量（头） | 进口量（吨） |
| 1990 | 2999123 | 73 | 225895 | 112 |
| 1996 | 2411298 | 1959 | 185289 | 3592 |
| 1997 | 2280647 | 12742 | 167089 | 5208 |
| 1998 | 2204115 | 4127 | 168054 | 25597 |
| 1999 | 1961250 | 1815 | 120670 | 133493 |
| 2000 | 2038930 | 3364 | 121288 | 237267 |
| 2001 | 1972512 | 1256 | 182756 | 203916 |
| 2002 | 1888606 | 1163 | 249232 | 219420 |
| 2003 | 1887295 | 1797 | 321990 | 311896 |
| 2004 | 1972911 | 1898 | 435985 | 291039 |
| 2005 | 1768772 | 3238 | 413081 | 199787 |
| 2006 | 1722540 | 2489 | 453236 | 218762 |
| 2007 | 1609008 | 2414 | 269140 | 473000 |
| 2008 | 1645260 | — | 199150 | 932120 |
| 2009 | 1690000 | — | 207290 | 529568 |

资料来源：历年《中国海关统计年鉴》，2008、2009 数据来自中国猪业网。

3. 中国活猪出口量相对较少且呈下降趋势

20 世纪 90 年代以来，中国活猪出口数量由 1990 年的 300 万头下降至 2009 年的 170 万头，活猪出口量占出栏量比重由 1990 年的 0.9% 下降至 2009 年的

**中国主要农产品增长**
对 2004 年以来农产品增长的经济解释

0.26%。中国活猪绝大部分出口到中国香港和澳门地区，部分出口到缅甸和朝鲜等国。短时期内，中国生猪出口量大幅增加的可能性不大，一是由于国内需求量大，二是虽然中国猪肉成本低，有出口到邻近国家的地缘优势，但在未来一定时期内，猪肉品质相对不高、疫病和药品残留问题难以有效解决，因此很难进入发达国家市场。

### 4. 中国活猪进口量远远小于出口量

1990年中国活猪进口量仅为73头，1996年为1959头，1997年活猪进口量为12742头，其余年份均在几千头之间，只占出口量的0.1%左右。中国活猪进口主要是种猪和仔猪，种猪主要来自西方发达国家，仔猪来自中国南部的边境国家，进口数量很不稳定（见图6.11）。

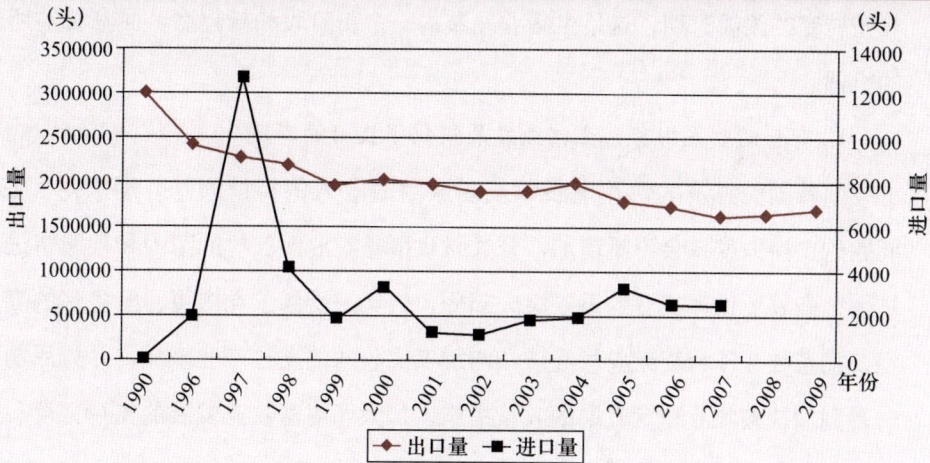

图6.11　1990年以来活猪进出口数量

### 5. 加入WTO对中国生猪及猪肉进出口贸易影响有限

加入WTO后，虽然猪肉进口的关税税率降低，由于生产成本与关税因素的影响，加上中国人喜欢消费新鲜猪肉的习惯，进口的新鲜猪肉（主要是"冷却肉"）很难在中国占据较大的市场份额。同时，中国较大幅度开放粗粮市场，进口玉米的关税下调至配额关税，国内粗粮进口增加，价格涨势减弱，使得饲料成本增速趋缓。中国劳动力成本的优势虽然逐年减弱，但相对于发达国家而言，还能在较长时期内保持。所以，中国生猪生产成本优势在短时期内还存在。由于中国疫病防治体系相对落后，药物残留问题未能有效解决，猪肉品质不高，不利于出口，目前主要出口和供应对象为俄罗斯及中国的香港、澳门地区。在未来一段时期，中国猪肉很难打开西方发达国家市场。

## 三、产业发展面临的机遇、问题与挑战

### （一）发展机遇

目前，中国生猪正进入快速转型时期（2007 年以来），即由传统养殖向现代养殖转变的关键时期，这是生猪业发展的一个新阶段和新起点，面临着前所未有的机遇。

1. 有利的政策形势为生猪业发展提供了良好的环境

随着国民经济的快速增长以及国家财政收入的持续增加，国家对"三农"问题的支持力度将会不断增加，公共财政覆盖农业、农村的范围和领域将进一步扩大，畜牧业作为农业的重要组成部分，近年来受到了党中央、国务院的高度重视，把畜牧业作为繁荣农村经济和增加农民收入的支柱产业来抓，并先后制定了一系列加快畜牧业稳定发展的政策措施，加大了对畜牧业发展的支持力度，为畜牧业的健康发展提供了极为有利的政策环境。

2. 生猪产品消费需求的持续增长为生猪业发展提供了广阔的空间

尽管近 20 年来中国城乡居民的畜产品消费水平有了大幅度提高，但中国城乡居民的畜产品消费水平差距很大，就猪肉产品而言，农村居民人均消费量与城镇居民消费量差距仍然不小，未来的消费空间巨大。今后随着农村经济发展和农民收入将不断提高，占总人口 60％的农村居民的畜产品消费必将进入一个新的

高峰期。城市居民也将进入新一轮的消费升级阶段，对优质、卫生、方便猪肉产品的需求将不断增加。随着中国工业化和城市化进程的加快，新增城市居民对猪肉产品的消费需求也将出现快速上升的趋势。猪肉产品需求的持续增加对生猪业生产的拉动作用日益增强（见表6-5）。

表6-5　　　　　　　　主要年份人口数量及城镇化率预测

| 年　度 | 2015 年 | 2020 年 | 2030 年 |
|---|---|---|---|
| 总人口（亿） | 14.0 | 14.6 | 15 |
| 城镇化率（%） | 53 | 55 | 60 |
| 城镇人口数（亿） | 7.4 | 8.0 | 9.0 |
| 农村人口数（亿） | 6.6 | 6.6 | 6.0 |
| 人均GDP（美元） | 4500 | 5000 | 6900 |

资料来源：人口数据为中国统计局预测数，城镇化率数据为中国人口与发展研究中心预测数，GDP数据为中国社科院及成思危等人预测数。

### 3. 转变生猪产业发展方式面临新契机

中国生猪产业经过改革开放三十多年的快速发展，基础设施条件不断完善，综合生产能力进一步增强，产业素质大幅提升，科技支撑能力显著增强，公共服务体系不断完善，龙头企业带动作用明显加强，组织化程度逐步提高，现代产业建设具有良好基础。"十二五"时期，是中国全面建设小康社会的关键时期，也是加速现代农业发展的攻坚时期，调整经济结构、转变发展方式已经成为社会共识。标准化、规模化、产业化的快速发展，为加快生猪产业发展方式转变创造了良好条件。畜牧业作为农业农村经济的支柱产业，已经成为各地加快现代农业建设的工作重点，为加快转变生猪产业发展方式、建设现代畜牧业迎来新的发展机遇。

### （二）存在的问题

在中国生猪业发展面临有利条件的同时，也面临着很多困难和问题，既有长期以来一直存在的问题，如生产方式落后，组织化程度低，市场竞争力不强等问题，又有新问题新矛盾，如劳动力、饲料、养殖污染等等，这些问题随着经济社会的发展与转型而日益凸显，成为中国未来生猪业发展的重大制约。

1. 生产方式相对落后

中国生猪生产方式相对落后，目前仍存在大量小规模、分散饲养的养殖户。小规模分散饲养的群体，很多仍停留在传统养殖状态，生产不规范，生产设施差，新品种、新产品、新技术的推广应用相对滞后，造成产出水平低。这种粗放的养殖还容易导致疫病产生，而且疫病一旦发生，防控的难度也比较大。散户养殖抵御市场风险的能力弱，容易造成生产波动。生猪生产规模化、标准化程度低，不但影响养殖效益，而且容易产生质量隐患，难以监管，造成生猪产品竞争力低。

2. 技术支撑体系不完善

目前，中国生猪生产技术服务体系不健全问题尤为突出，主要表现在：一是良种繁育体系不够完善，层次结构不分明，种猪场基础设施薄弱，选育水平低，供种能力小，难以适应生产发展的需要，同时地方猪种资源开发利用不够；二是技术服务机构不健全，基层畜牧兽医队伍不稳定，技术设施和手续不完备，制约了新品种、新产品、新技术的推广应用；三是兽医管理体制以行政区域管理为基础，监管难度大，检测设备和手段落后，国家有关规定得不到贯彻落实，可能导致防疫不力和兽药滥用；四是产销信息服务网络不完善，不适应市场经济形势下养猪业发展需要。

3. 产业化发展仍然滞后

产业化是解决小生产和大市场矛盾的一种有效途径，但由于种种原因，中国生猪业产业化发展滞后。在"公司＋农户"传统的产业化组织模式中，公司和农户之间没有形成健全的利益衔接机制和分配机制，没有真正形成经济利益共同体，因此这种合作很难持久稳定的运行下去。另外，生猪业专业合作经济组织和行业协会也没有得到充分发展。据粗略估计，中国目前共有各种农民合作组织约15 万个，参加各种合作组织的农户仅占全国农户总数的 2.5%左右，现有的一些合作组织也没有自己创办的加工企业，专业合作组织规模较小，实力薄弱，组织协调力不强，市场风险仍不易规避，在市场价格波动中，农民的养殖收益难以保证，影响了生猪生产的稳定发展。

### 4. 市场管理体制还不健全

目前中国还处于新旧体制的过渡时期，生猪管理部门较多，管理体制存在政出多门、条块分割、各自为政的现象，各种利益关系尚未理顺。生猪生产、管理上相互推诿，协调不力，市场供求不衔接，猪肉产品质量安全难以保障。尤其是生猪流通体制不健全，导致生猪生产各环节利益分配严重不合理。1998 年，国务院正式颁布施行《生猪屠宰管理条例》，实施"定点屠宰、集中检疫、统一纳税、分散经营"的管理办法，这对猪肉食品的检疫、税费的征收、生猪购销渠道的疏通起到有效的控制和促进作用，但客观上也导致了屠宰行业的垄断和地方管理部门人为地区封锁的变相垄断，使生猪生产、购销环节利益分配严重失衡，生猪养殖的利润空间狭窄，严重挫伤了饲养户积极性。另外，生猪屠宰与猪肉流通成本大幅增加，导致私屠乱宰现象滋生，不合格的猪肉流入市场，猪肉质量安全问题突出，危害了消费者的利益。

### (三) 面临的挑战

#### 1. 生猪价格波动风险加大

2006 年 5 ~2008 年 4 月的 23 个月内，全国生猪价格由 5.96 元/公斤上涨至 16.87 元/公斤，涨幅达 183%，生猪价格窜至历史高位；2010 年 4 ~2011 年 6 月的 14 个月内，全国生猪价格由 9.53 元/公斤上涨至 17.54 元/公斤，涨幅达 85%，生猪价格再次突破历史记录。生猪价格由"波谷"到"波峰"的变化，是整个生猪产业的巨大震荡。2006 年以来生猪价格的两次剧烈波动，对生猪产业乃至整个经济社会发展都产生了巨大影响（见图6.12）。

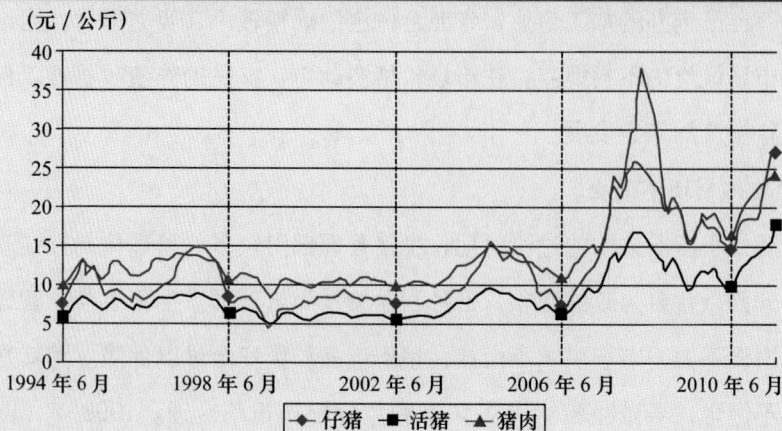

图6.12　　　　　　　　　1994年以来生猪及猪肉价格波动情况

（元／公斤）

资料来源：农业部畜牧业司。

　　一是价格上涨拉动CPI上升。2011年6月14日，国家统计局发布数据，2011年5月份全国居民消费价格指数（CPI）同比涨5.5%，同比涨幅创下近34个月以来新高。其中，食品价格同比上涨11.7%，对CPI上涨的"贡献"达到63.6%；猪肉价格涨幅达到40.4%，对CPI的"贡献"将近20%。许多媒体及相关专家都认为，生猪及猪肉价格是CPI上涨的重要源头。

　　二是价格下跌致养殖户亏损。2010上半年，供过于求的生猪市场和季节性消费淡季使得生猪价格快速下滑，由1月的12.09元/公斤迅速下跌为6月的9.64元/公斤。据对近6000个生猪养殖户的监测，2010年6月出栏每头生猪亏损70元。若某一规模养殖场本月出栏3000头生猪，则亏损额将达21万元。2010年6月，全国生猪养殖平均亏损面达到58.23%，亏损严重的地区达到90%以上。如图6.13所示，本月亏损面达60%以上的省、市、自治区达到11个，多数生猪主产省、市、自治区亏损严重。

　　三是价格上涨使居民消费水平下降。生猪价格下跌使养殖户亏损严重，而生猪价格的快速上涨则使得居民消费水平大幅下降，对农村居民及城市贫困人口的

**中国主要农产品增长**
对2004年以来农产品增长的经济解释

图 6.13　　　　　　　　　　　2010 年 6 月主要省份亏损分布情况

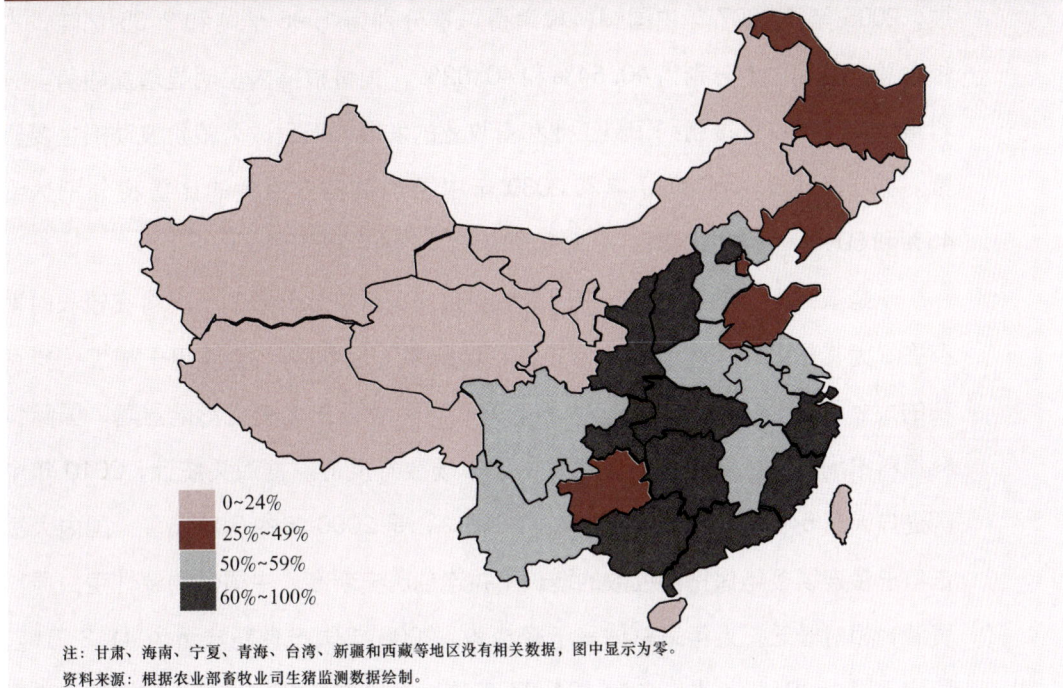

0~24%
25%~49%
50%~59%
60%~100%

注：甘肃、海南、宁夏、青海、台湾、新疆和西藏等地区没有相关数据，图中显示为零。
资料来源：根据农业部畜牧业司生猪监测数据绘制。

日常生活带来显著影响。湖南省隆回县统计局信息显示，2007 年 7、8 月份，因肉价居高不下，许多城镇居民想吃肉，但舍不得买肉。从该县城镇住户调查常年记账户的情况来看，从 7 月 20 日到 8 月 20 日一个月内，没有买过一次肉的居民户占 1 成；买过肉，但在 1 市斤及以下的户也占了 1 成；买肉的次数减少，每次购买量也大幅度下降，每次购买都在半斤左右，在 1 市斤以下的占 9 成。过去只有买葱、买蒜论两买，本年买肉也以两为单位，很多居民戏称买肉是买味精。

### 2. 饲料资源短缺将长期困扰生猪产业发展

饲料资源是养猪业发展的基础。随着畜产品需求的持续增长和畜牧业产业化、规模化的快速发展，饲料粮和其他优质饲料的需求将不断提高，而且猪肉是主要的畜产品，对饲料粮的依赖性更大。近年来，中国已经出现了饲料工业原料短缺的情况。2003 年中国粮食产量只有 4.3 亿吨，其中养殖业转化粮食 1.63 亿吨，占粮食总产量的38%，饲料粮缺口仍在4000万吨以上。随着畜牧业的发展，2005年和2007年中国饲料粮消费总量分别为1.96亿吨和2.05亿吨，占粮食总产量的比重分别为40.54%和40.82%，饲料粮需求呈明显增加趋势。饲料粮的短缺不仅直接制约饲料工业和畜牧业的发展，而且成为粮价波动的主要因素。据专家预测，到2020年和2030年中国饲料粮占粮食的比重将分别达到45%和50%。饲料粮问题将成为中国粮食安全的主要问题。

一是蛋白饲料供应紧张。中国畜禽养殖业饲料供给偏紧的状况将在较长时期存在，尤其是蛋白饲料原料缺口较大，自给率不足50%。目前用于加工饲料豆粕的大豆70%以上需要进口，大豆行情受国际大豆市场变化影响显著，国际饲料原料市场的微弱变化，都会引起中国市场敏感反应。据海关统计，2010年中国进口大豆5480万吨，较上年增长28.8%，是2000年的5倍还多；国内大豆进口总量连续多年保持两位数的增长率并连创历史新高。中国动物源性蛋白原料资源也相对匮乏，近年来总体呈下降趋势。2008年国产鱼粉产量为41.3万吨，同比下降15.91%，进口鱼粉134.87万吨，同比增长39.56%。据统计，中国鱼粉进口量占世界进口总量的30%左右，氨基酸进口也达到需求总量的60%以上（见图6.14）。

二是能量饲料需求量进一步增长。玉米是用于饲料生产的主要能量原料。从1998年至今，中国饲用玉米比例占玉米总消费量的70%左右。2008年国内工业饲料产量为1.37亿吨，根据饲料业"十一五"规划，2010年产量达到1.5亿吨，玉米市场需求大幅增长。虽然2008年国内玉米产量为1.66亿吨，同比增加9.2%，但近年来玉米深加工的快速发展使得饲料消费占玉米消费总量的比重有所下滑。2010年中国进口玉米157万吨，是上年的19倍（2000年进口量仅为0.3万吨）。随着中国居民畜产品消费数量的增长，饲料用玉米消费的绝对量将呈刚性增长，玉米供需可能维持紧平衡状态。

总之，尽管中国非粮食性饲料资源将有很大的开发潜力，但随着水、土地和

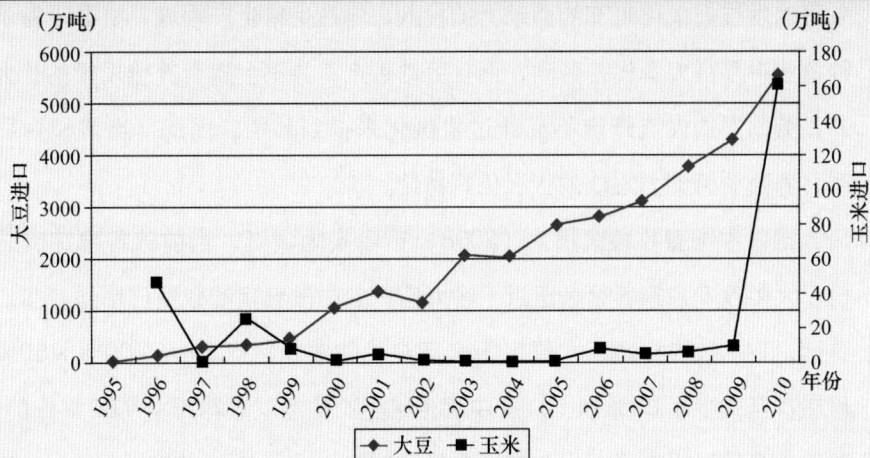

图6.14　1995年以来中国大豆及玉米进口量变动趋势

环境资源的约束，粮食稳产增产的能力有限，饲料粮短缺将长期存在，并影响着中国生猪业未来的发展。

3. 劳动力短缺对生猪产业的影响已经显现

二元经济是大多数发展中国家都要经历的过程，目前中国经济正在经历重大历史性结构变动，劳动力正从无限供给变为短缺。据专家分析，2004年发端于中国沿海地区并向全国蔓延的劳动力短缺现象，预示着中国二元经济结构正在发生转变，中国经济发展的"刘易斯转折点"逐步呈现（蔡昉，2007）。在劳动力转移达到拐点后，劳动力的继续流动可能会导致农业生产量的下降，严重时可能导致农业衰退。

事实上，劳动力短缺对生猪业的影响已经显现，近年来中国城市经济的快速发展，吸收了大量农村劳动力进入二、三产业，农村劳动力减少导致散养户大量退出，虽然2007年猪价上涨、养殖利润增加，但散户饲养农户存栏量却同比减少15%，户均饲养生猪头数同比减少20%（农业部，2007）。在中国传统散养模式长期占据主导地位的情况下，散养户养殖快速下降必然会引起产量的较大幅度的波动。另外，生猪业属于劳动力密集型畜牧业，并且劳动强度很高，虽然未来可以发展规模化来节约劳动力的投入，但在生猪生产领域，机器设备不能像在种植业中那样大量代替劳动，而且劳动生产率并不会随着养殖规模的扩大明显提高，劳动力的大流外流不易通过机械化来得到补偿。因此，当前和今后一段时期，养殖业劳动力短缺的状况仍将持续。

据《中国畜牧兽医报》（2008）记者实地调查，当前苏鲁豫皖毗邻地区农村，大多数农户家养猪舍已近十舍九空，农村散养猪的数量已明显减少。据初步统计，在广大农村地区，原来千家万户式的散养猪已减少了30%～50%，少数村庄甚至减少了80%以上。在中国生猪生产依然以散养为主（60%）的情况下，散养户突然退出市场，规模养殖未能适时进入，形成"养殖断层"，对生猪市场的稳定供应和长期发展十分不利。

### 4. 贷款难问题长期得不到有效解决

规模化畜牧业的发展依赖于资金与技术的集约投入，养殖户自有积累资金有限，需要向银行贷款。特别随着资源约束的加剧，各种投入要素如饲料、能源的价格和人工费用不断上涨，养殖业的养殖成本大幅增加，养殖业已经成为高投入资本密集型的产业。目前金融机构对养殖业的信贷支持力度不足，养殖业贷款渠道较少，贷款实际操作困难大，门槛高，利率高。农户不能获得贷款，直接影响养猪扩大再生产。目前，按照国家规定，畜牧业用地属于农村集体用地，没有土地使用权证，土地及地上附着物不能作抵押来贷款，特别是国家控制信贷规模后，作为农村贷款主渠道的农村信用社压缩农业贷款更是首当其冲，养殖户一方面看到生猪市场短缺、效益提升想扩大生产；另一方面又面临仔猪和饲料大涨，投入成本增加，需要的流动资金增多，而贷款又很难落实，制约着养殖户扩大生产。

### 5. 重大动物疫病成为制约中国生猪业发展的最大障碍

动物疫病风险具有不确定性，已成为一个超越国界、全人类共同关注的问题。中国畜禽饲养还有很大一部分采取分散饲养方式，生产及防疫不规范，防疫难度大，疫病防控形势严峻；随着生产发展，规模化发展加快，但养殖密度大容易滋生疫病，一旦疫病暴发，传播速度快传播种面积大；随着市场流通的日益活跃，活牲畜调运频繁，这种大流通方式，增大畜禽疾病的传播的隐患；加上当前兽医管理体制尚未完全理顺，一些基层动物防疫队伍不够稳定，兽医基础设施仍然较差，动物疫病风险依然很大。近年来，中国生猪疫病呈多发态势，各类重大疾病在中国时有发生，如 2004 年的禽流感、2005 发生在四川的猪链球菌病、2006 年蔓延全国的高致病性猪蓝耳病和 2010 年初的流行性腹泻，都导致了生猪生产的剧烈波动。

重大生猪疫病的爆发，一方面会造成大量生猪死亡和个体生产性能的下降，给养殖户带来巨大的经济损失外，每年带来的直接经济损失近 1000 亿元（韩俊，2007）；另一方面，还会使养殖户产生恐慌而弃养，即使畜产品较高的价格并不能激发养殖户的积极性，在一定程度上限制了市场机制作用的发挥。可见动物疫病是中国养猪业面临的最大风险，会给养猪业带来比较深远的负面影响。

6. 生态环境对生猪业发展的制约日益突出

随着养猪场数量的增加和养殖规模的扩大，集约化养殖带来的环境污染问题日益严重，引起了社会和国家的高度重视，相关机构先后制定了关于畜禽业污染防治法律法规，如 1995 年上海市政府颁布了地方性《畜禽养殖污染防治管理办法》。2000 年以来，伴随着中国畜牧业的迅速发展，其带来的环境影响越来越明显，畜禽污染形势严峻。据此，中国政府在部分地方政府实践的基础上，针对畜禽污染进行了专项管理，先后出台了《畜禽养殖业污染防治管理办法》、《畜禽养殖污染物排放标准》、《畜禽养殖业污染防治技术规范》等。2005 年，国家出台了全国统一的《畜牧法》，明确规定畜禽养殖企业、单位、个人的环境保护义务和畜禽污染物处理的责任。

国家关于畜禽养殖业环保政策的出台，一方面使养殖污染得到控制，环境状况得到好转，但另一方面限制了畜牧业的发展。目前中国养殖业普遍面临着养殖技术水平不高，养殖基础设施和设备落后，资金短缺等问题，要达到国家要求的污染治理水平比较困难。养猪业环保法律法规客观上提高了进入养殖业的门槛，限制了一部分有养殖意愿但条件不能达标的农户或企业加入养殖业，对生猪业发展产生了一定的影响。

# 四、生猪产业政策

## （一）中国生猪产业现有扶持政策

从 2007 年 7 月起，国务院相继出台了一系列政策扶持生猪生产。到目前为止，国家扶持生猪发展的政策主要如下。

一是生猪良种补贴。在生猪人工授精技术服务网络比较健全、能繁母猪存栏水平相对较高的县实施，补贴对象为项目区内使用良种猪精液开展人工授精的母猪养殖者，包括散养户和规模养殖场（户）。补贴标准为每头能繁母猪每年补贴40 元。2007 年中央财政补贴资金 1.8 亿元、2008 年 3.6 亿元、2009 年和 2010年均为 6.5 亿元。2011 年，国家提出要继续完善生猪良种繁育政策，抓紧制定"十二五"原良种场建设规划，继续支持生猪原良种场建设，提高良种猪供种能力。继续落实国家对购买良种猪精液补助政策，加大补助力度，积极推广良种猪人工授精技术，促进品种改良。

二是能繁母猪保险补贴。以"应保尽保"的原则，执行每头能繁母猪 1000元，保费 60 元的补贴标准。中西部地区保费由财政部补贴 50%，地方补贴30%，养殖户承担 20%（中央 30 元，地方 18 元，保户自负 12 元）。中央垦区由财政部补贴 80%，养殖户承担 20%。东部地区由地方财政提供一定比例的保费补贴。2010 年，中央财政补贴保费 9.7 亿元。2011 年，国家提出要继续落实好能繁母猪保险保费补贴政策，建立更加严格的保险与耳标识别、生猪防疫和无害化处理联动机制，提高能繁母猪保险覆盖面。

三是生猪调出大县奖励。奖励资金专项用于生猪生产，主要用于猪舍改造、良种引进、防疫管理、粪污处理和贷款贴息等。2007年中央财政安排15亿元，对全国253个生猪调出大县进行了奖励；2008年奖励资金增加到21亿元，2009年达到21.8亿元；2010年增加到21.8亿元，奖励大县数量增加至362个，同时新增7亿元资金用于鼓励68个企业产业化发展；2011年，国家提出要继续实施生猪调出大县（农场）奖励政策，将奖励范围由原定的421个县增加到500个县，以调动地方政府发展标准化规模养殖的积极性。奖励资金继续按现行办法专项用于改善生猪生产条件、加强防疫服务、贷款贴息和保费补助等方面。

四是生猪标准化规模养殖场（小区）建设项目。主要安排年出栏500~3000头的养猪场（小区），兼顾年出栏300~500头的重点养猪户和年出栏3000头以上的大型养猪场（小区），以及其他符合条件的养猪场（小区）。按年出栏500~999头、1000~1999头、2000~2999头和3000头以上四个档次分别平均补助投资20万元、40万元、60万元和80万元。2007~2010年，中央共安排100亿元建设资金，每年25亿元。2011年国办26号文件提出，"十二五"期间，每年继续安排中央投资25亿元支持生猪标准化规模养殖场（小区）建设，并视情况适当增加投资。

五是能繁母猪补贴政策。2007年以来，国家出台了一系列扶持生猪生产的政策措施，取得了较好的效果。2007、2008年的能繁母猪补贴政策，对提高养殖户生猪饲养积极性起到了很大的作用。但2009年以来这一政策被取消，大大影响了养殖户生猪养殖的信心。为此，2011年国家规定，各地要继续按照每头每年100元的标准，对能繁母猪发放饲养补贴，中央财政对中西部地区给予60%的补助，对新疆生产建设兵团和中央直属垦区补助100%。

六是生猪防疫捕杀和无害化处理政策。2011年，国家提高因防疫需要而捕杀的生猪补助标准，由每头 600 元提高到 800 元。病死猪要坚决做到不准宰杀、不准食用、不准出售、不准转运，必须进行无害化处理。国家加大对病死猪无害化处理的支持力度，对屠宰环节病害猪损失补贴由每头 500 元提高到 800 元；对标准化规模养殖场（小区）养殖环节病死猪无害化处理费用给予每头 80 元的补助，由中央和地方财政按照生猪捕杀现行比例分担。

除此之外，还有生猪生产消费监测预警体系建设、中央地方储备肉、屠宰环节的病害猪无害化处理补助等扶持方式。这些措施既提高了养猪户养殖积极性，促进了养殖方式转变，推动了生猪产业向产业化、规模化和标准化发展，也增强了政府宏观市场调控能力。

### （二）发达国家扶持生猪产业发展的做法

一是规模化或适度规模化是生猪产业发展的必然方向。从世界各国生猪产业发展历程来看，由于资源、技术、经济发展水平和发展阶段的不同，呈现出不同的发展模式。土地资源丰富、劳动力相对短缺的美国，采取了大规模机械化的发展道路；人多地少的日本和韩国，采取了资金和技术密集的集约化发展道路；经济发展水平较高、人口和资源相对稳定的欧洲国家，普遍采用适度规模农牧结合的发展道路。但不论哪种发展模式，规模过小的散养户逐渐退出，规模化或者适度规模化养殖场（户）逐步成为市场供给主体是各国生猪产业发展的必然路径。

二是对生产者进行直接补贴已经成为国外发达国家发展畜牧业的通行做法。为了调动生产者从事畜禽养殖业的积极性，保护和促进本国畜禽产业的发展，许多国家都逐步建立了对生产者实行补贴的制度，以不同方式向生产者提供补贴。以欧盟国家为例，其对畜牧业的扶持主要采取直接补贴的政策，受消费习惯影响，补贴畜种主要集中在奶牛和肉牛上，丹麦每头奶牛或小母牛补贴 200 欧元，对肉牛补贴 150 ~300 欧元，肉牛屠宰补贴 50 ~80 欧元，其他动物屠宰补贴 39 欧元。

三是强化畜产品质量安全。畜牧业发达国家都有完善的畜产品安全管理体系来保证产品质量安全。美国、欧洲等主要发达国家均通过畜产品质量安全认证工作来保证质量安全，当前认证体系发展完善，已经成为保障畜产品安全、促进畜牧业发展的重要手段。例如，荷兰畜产品质量管理体系认证、德国的质量与安全体系等，通过对养殖、饲料、屠宰、包装、运输等涉及畜产品安全的各个环节的全面控制，保证畜产品质量安全。

四是高度关注环境保护。为防止环境污染，发达国家实行了严格的污染控制措施。美国《清洁水法》规定，将工厂化养殖与工业和城市设施一样视为点源性污染，排放必须达到国家污染减排系统许可要求，鼓励通过农牧结合化解畜牧业环境污染，养殖场的动物粪便或通过输送管道或直接干燥固化成有机肥归还农田。欧盟主要采取农牧结合的方法解决畜牧业污染，明确规定养殖场的养殖规模必须与养殖场所拥有的土地规模配套。

### （三）政策建议

#### 1. 依靠科技进步，提高综合生产率

一是要针对新品种培育、种质资源高效利用、健康养殖、饲料资源开发利用、产品精深加工等技术领域，实施一批重大科技项目，组织全国优势科研力量开展联合攻关，力争突破一系列关键技术难点，尽快提升中国生猪产业科技水平。二是加强生猪养殖业高新技术的产业化应用，不断提高养殖业科技含量。进一步完善养殖业技术推广体系，针对当前中国仍然存在大量散养户的基本形势，充分发挥畜牧技术推广部门的技术支撑作用，调动大专院校、行业协会和专业合作组织的积极性，深入养殖场户开展生猪饲养、繁育技术指导和服务，指导养殖场户合理调整生产结构。三是各级政府要加大对农民培训的投入力度，大力推广先进实用的饲养技术。重点扶持农村生猪养殖专业户，通过养殖专业户规范化饲养、标准化管理的示范，带动农民科学养殖。要大力发展农村中等职业教育，加

快发展基础教育，不断提高农民综合素质。

2. 积极推进生产方式转变，促进生产持续发展

一是要提高生猪业生产规模化、标准化程度。要以发展各种类型的生猪标准化规模养殖为主要途径，从各地的实际出发，推行标准化养殖和生态养殖模式，提高规模效率，同时节约资源，减少环境污染，保持可持续发展。二是要着力改善养殖基础条件。全面实施畜禽标准化规模养殖改造工程，新建标准化规模养殖场（小区）在场地选择和场内布局上科学合理。对已经建起来的粗放型规模养殖场，要强化管理，科学改造。三是要创新产业化模式，提高散户的组织化程度。在鼓励发展"公司＋农户"的传统产业化模式的基础上，要支持养猪户发展自己的专业合作组织，改变散户的弱势地位。四是要完善社会化服务体系，为广大散养户提供良种、饲料、信息、技术和防疫等方面的服务，解决散户在养殖过程中存在的困难和问题，提高生产技术水平和抵抗风险的能力。

3. 切实加强疫病防控，减少生产波动

一是要加强动物防疫员队伍建设。建立健全乡镇动物防疫员队伍，人员经费和履行动物防疫职能的公用经费要全额纳入财政预算，加强村级动物防疫员队伍建设。二是要加强动物疫病诊断和防控能力建设。要加强各级动物卫生执法监督和疫病预防控制机构建设，完善疫情测报、流行病学研究和应急处置能力。三是要规范生猪防疫检疫行为。要在已经实施的四种强制免疫病种免疫计划的基础上，逐步推行所有疫病全部免费强制免疫，真正做到免费强制免疫全覆盖。要根据规模养殖发展的新特点，强化养殖场的自我防疫意识和防疫责任，实行规模养殖场按免疫工作规程自我免疫。四是加强生猪产品产地和市场检疫，建立产品标识及其疫病溯源系统，逐步实现饲养、生产、经营环节全程追溯。五是要通过改善生猪饲养环境，提高动物福利水平，从根源上减少生猪患病的发生率和传播率。

4. 优化生猪产业发展环境，完善公共服务

一是按照发展循环经济的要求，集中处理粪污，改善生态环境。财政支持政策应重点加大生猪标准化规模养殖场（小区）建设资金补助的力度和范围，尤其要强化标准化猪圈建设和粪污处理设施配套，所有规模养殖场都要有配套的无害化处理设施和粪污治理措施。二是要大力推广种养结合生态养殖模式，增强土地对粪污的消纳能力。按照统筹城乡发展的要求，把生猪产业化与农村城镇化和新型工业化有机结合起来，切实解决好生猪养殖用地困难。三是从长远考虑要不断加强对生猪生产发展规律性的研究，进一步巩固和完善现有的扶持政策，提高政策的科学性，完善政策的实施机制，建立生猪生产稳定发展的长效机制。还要制定相应政策解决养殖户贷款难、土地难和饲料短缺等问题。四是发展畜禽养殖业经纪人队伍，为农民进入市场疏通渠道，规范各类农村合作经济组织的行为，引导他们树立服务意识，增强服务能力，提高服务水平和质量。

5. 建立养猪业行业市场预警体系，加强信息引导功能

一是继续完善生猪数据监测体系，进一步加强生猪生产和市场价格变化动态监测分析，努力提高统计监测信息的时效性、准确性和权威性，做到情况清楚、目标明确、决策有据、论证充分、适时适度搞好调控。二是深入开展生猪生产形势调研，按时向养殖户发送生猪市场价格、生猪和能繁母猪月度存栏数量；及时发布预警信息，引导养殖场户科学调整生产结构，稳定市场心理预期，进一步规避市场风险；积极引导养猪户正确对待生猪价格波动，做到"涨莫赶、跌莫丢"尽可能保证生猪生产均衡有序。三是生猪业生产监测预警体系既要包括国民经济增长、能繁母畜变动、仔畜和饲料价格等关键指标，也要包括动物疫病早期预报系统和疫情应急机制等方面的内容。能繁母畜快速下降时要密切关注其发展动向，提前采取政策措施。四是要超前研究玉米加工乙醇对畜牧业的影响等重大新情况和新问题，提前做出应对措施，引导养殖场户合理安排生产经营，避免生产大起大落。

6. 加强财政支持力度，保障生产稳定发展

一是要多渠道增加对生猪产业发展的投入。认真落实国家扶持生猪产业发展的各项政策，切实加大对生猪产业的公共投入并保持公共投入政策的稳定性，广泛吸引社会、个人和外资对生猪产业的投入，建立对生猪产业投入的稳定增长机制。二是将生猪产业的财政扶持政策以法规的形式予以公布，以减缓农户对政策延续性的担忧。三是要实现反周期逆向调控政策。建立生猪收购保护价制度，在生猪价格处于低谷时，及时按保护价实行收购，在生猪价格处于高位时，适度抛出库存平抑市场价格。四是要建立生猪风险基金，完善生猪猪肉储备制度，适时研究推出生猪期货交易品种，通过期货交易的价格发现功能和风险转移机制，引导养殖户合理安排饲养规模，正确选择出、补栏时机，降低养猪风险。五是要着力打造地方良种生猪肉类品牌。要通过"政府扶持、市场引导、企业运作"的方式加快地方优良猪种的产业化开发，以高品质、高附加值的产品赢得更大产业空间和市场容量。

# 中国蔬菜供需、成本价格与市场调控政策

蔬菜是城乡居民生活必需品。促进蔬菜生产稳定发展，保障蔬菜市场供应，控制蔬菜价格大起大落，促进农民稳定增收，意义重大。新时期政府对于蔬菜市场的管理，既要坚持发挥市场的基础性调节作用，引导蔬菜产销资源合理配置，也要发挥政府的积极作用，对蔬菜生产发展进行扶持，对蔬菜经营者的行为进行管理，促进蔬菜产业稳定健康发展。

## 一、中国蔬菜供需形势的变化

### （一）全国蔬菜生产量首次登上 6 亿吨台阶

改革开放以来，中国蔬菜种植面积保持了快速增长的势头，而蔬菜生产技术

水平稳定提高，蔬菜总产量也保持了持续快速增长的势头。"十一五"期间的2009年，全国蔬菜生产量首次登上6亿吨的新台阶。2010年，全国蔬菜生产继续保持稳定增长，蔬菜种植面积为1900万公顷，单产为2284公斤/亩，总产为6.51亿吨（见图7.1）。

图 7.1　　　　　　　　　　1989~2010 年全国蔬菜种植面积与单产

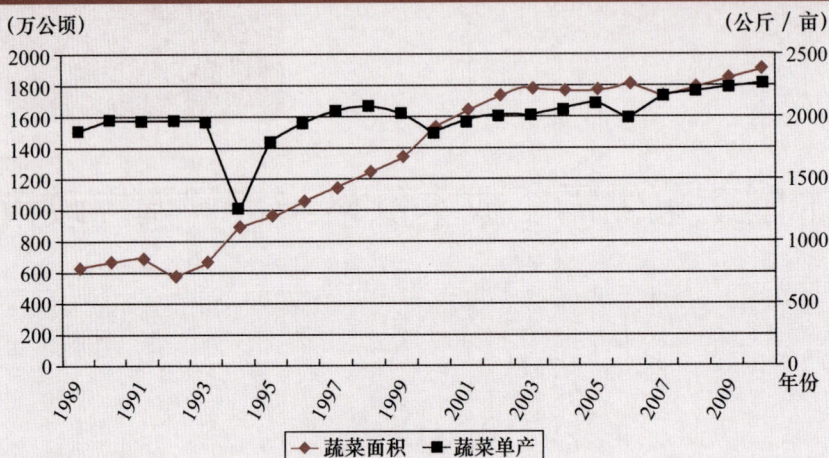

资料来源：《中国统计年鉴》。

　　全国蔬菜生产方式和结构发生重要变化。中国传统的蔬菜生产方式是以露地菜为主，20世纪90年代以后，设施农业生产技术逐步被引入蔬菜生产。目前，在全国蔬菜生产中，设施农业技术得到普遍推广使用，加上交通运输条件和加工保鲜条件的改善，逐步改变了以前市场蔬菜供应季节性强的特点，很多品种的蔬菜都能保障常年有供应。在一些地区，专业化、商品化蔬菜生产已经成为当地农业结构的主力和农民增收的主渠道。山东省寿光市，通过深化改革、规划引导、政策扶持和示范带动等措施，大力推进农业产业结构调整，2010年全市蔬菜种植面积已经发展到80多万亩，占其整个农作物种植面积的半壁江山，其中露地菜面积只有20万亩左右，仅占整个蔬菜面积的1/4，其余都是设施蔬菜，占整个蔬菜面积的3/4左右，冬暖式蔬菜大棚达到40多万个，总面积60万亩，形成

中国主要农产品增长
对 2004 年以来农产品增长的经济解释

了十几个集中连片的万亩商品蔬菜生产基地（见表 7 – 1）。

表 7 – 1　　　　1989 ~ 2010 年全国蔬菜种植面积、单产及产量

| 年　份 | 蔬菜种植面积<br>（万公顷） | 占农作物总面积比重<br>（%） | 蔬菜单产<br>（千克/亩） | 蔬菜总产量<br>（万吨） |
|---|---|---|---|---|
| 1978 | 333.3 | 2.22 | | |
| 1980 | 316.3 | 2.16 | | |
| 1985 | 475.3 | 3.31 | | |
| 1989 | 627.2 | 4.29 | 1872 | 17608.8 |
| 1990 | 660.9 | 4.27 | 1969 | 19518.9 |
| 1991 | 691.6 | 4.38 | 1967 | 20409.7 |
| 1992 | 571.2 | 4.72 | 1968 | 16858.3 |
| 1993 | 661.0 | 5.47 | 1986 | 19694.8 |
| 1994 | 892.1 | 6.02 | 1241 | 16601.5 |
| 1995 | 951.5 | 6.35 | 1802 | 25722.7 |
| 1996 | 1049 | 6.88 | 1931 | 30379.4 |
| 1997 | 1128.8 | 7.33 | 2036 | 34472.6 |
| 1998 | 1229.3 | 7.89 | 2087 | 38485.4 |
| 1999 | 1334.7 | 8.54 | 2024 | 40513.5 |
| 2000 | 1523.7 | 9.74 | 1855 | 42399.7 |
| 2001 | 1633.9 | 10.49 | 1972 | 48337.4 |
| 2002 | 1735.3 | 11.22 | 2033 | 52908.9 |
| 2003 | 1795.3 | 11.78 | 2006 | 54032.3 |
| 2004 | 1756.0 | 11.44 | 2091 | 55064.7 |
| 2005 | 1772.1 | 11.40 | 2124 | 56451.5 |
| 2006 | 1821.7 | 11.60 | 1976 | 54004.0 |
| 2007 | 1732.9 | 11.29 | 2172 | 56452.0 |
| 2008 | 1787.6 | 11.44 | 2209 | 59240.3 |
| 2009 | 1841.4 | 11.61 | 2238 | 61823.8 |
| 2010 | 1900.0 | 11.83 | 2284 | 65099.4 |

资料来源：中国农业统计资料。

分地区看，目前山东是中国最大的蔬菜生产省，山东、河南、河北、江苏、广东、四川、湖北和湖南等八个省蔬菜种植面积较大，每年每省超过 1500 万亩以上，八个省蔬菜总面积占全国的 55%。随着蔬菜生产的增长，全国居民家庭蔬菜的人均占有量呈现持续上升态势，人均蔬菜占有量比世界平均水平高出 1 倍多（见图 7.2）。

图 7.2　　　　　　　　　　　2009 年全国分地区蔬菜种植面积

（万亩）

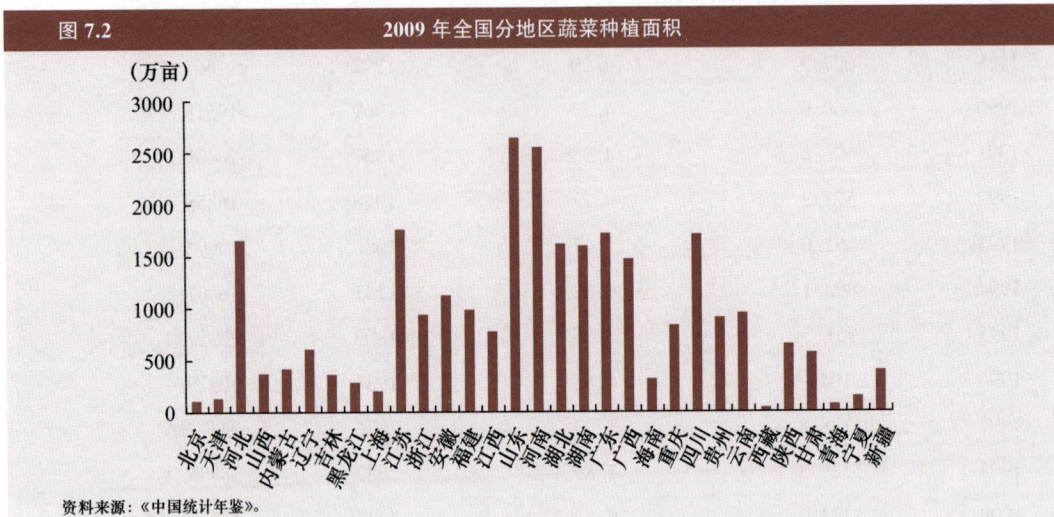

资料来源：《中国统计年鉴》。

### （二）全国城市蔬菜消费总量首次大于农村蔬菜消费总量

在人们的食物结构中，蔬菜在消费上属于副食品。与主食消费相比，尽管蔬菜具有一定的替代关系，但是不能完全替代主食消费。与其他副食相比，蔬菜消费弹性较大，影响因素比较复杂。总体上，在粮食和肉食短缺年代，人们食物供给的来源以蔬菜为主，这种消费结构难以为人们提供充足的蛋白质和能量。随着人们收入的增长，当粮食和肉食供应改善之后，蔬菜消费将呈现下降的趋势，但蔬菜消费的品种结构会发生改变。

改革开放 30 多年来，除个别年份以外，中国城乡居民家庭的年人均蔬菜消费量持续下降。从城市居民蔬菜消费情况看，1982 年中国城市居民家庭蔬菜人均年购买量为 159.08 公斤；1983 年上升为 165 公斤；此后，开始缓慢下降，到 2000 年，中国城市居民家庭蔬菜人均年购买量下降到 114.72 公斤，随后保持稳定，或有小幅回升；到 2010 年，全国城市人均蔬菜购买量为 116.1 公斤。从农村居民蔬菜消费情况看，1978 年全国农村居民家庭蔬菜人均年消费量为 141.5 公斤，此后一直保持下降趋势，1993 年以后出现较大幅度下降，到 2010 年，全国农村人均蔬菜消费量为 93.3 公斤。

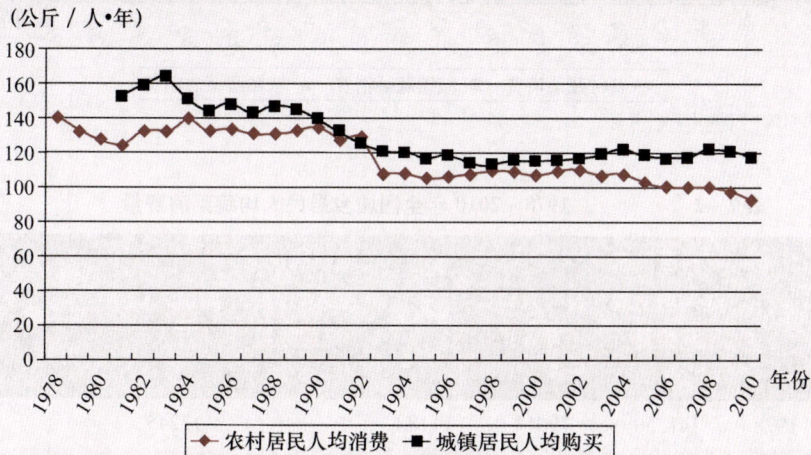

图 7.3　1978~2010 年全国城乡居民蔬菜人均消费量

资料来源：《中国统计年鉴》。

"十一五"期间，不仅城市居民人均蔬菜消费量大于农村居民人均消费量，而且城市居民蔬菜消费总量开始大于农村居民蔬菜消费总量。虽然城市人均蔬菜购买量呈现持续下降趋势，但是由于中国是世界上最大的发展中国，在工业化、城市化快速发展过程中，大规模的农村人口从农业转向非农产业和城镇就业，城市对蔬菜消费的需求量持续上涨。根据城乡居民人均消费数据结合城乡人口统计数据初步估算，从 2008 年起，中国城市居民蔬菜购买总量已经超过农村居民消费总量（见图 7.4、表 7 −2）。

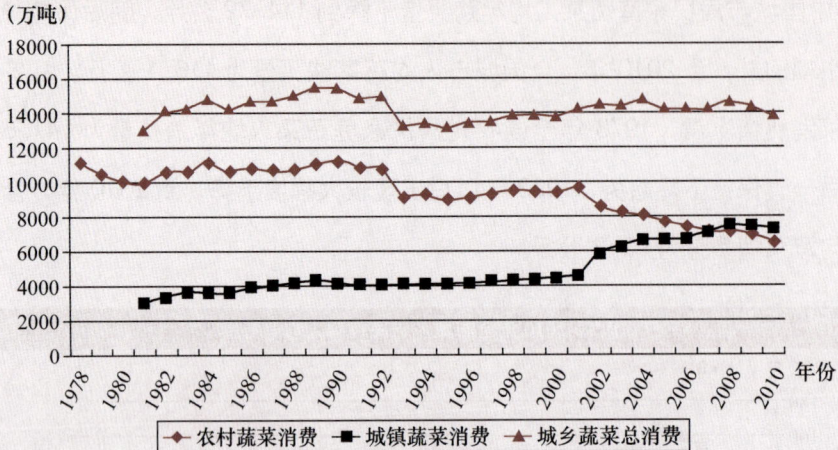

图 7.4　　　　　　　　　　　1978~2010 年全国城乡居民蔬菜总消费量

（万吨）

图例：
◆ 农村蔬菜消费　■ 城镇蔬菜消费　▲ 城乡蔬菜总消费

资料来源：根据《中国统计年鉴》计算。

表 7 – 2　　　　　　　　　1978 ~ 2010 年全国城乡居民人均蔬菜消费量

| 年份 | 农村居民家庭人均消费蔬菜量（千克/年） | 农村人口（万人） | 农村蔬菜消费量（万吨） | 城镇居民家庭人均购买鲜菜数量（千克/年） | 城镇人口（万人） | 城镇蔬菜购买量（万吨） | 全国蔬菜总消费及购买量（万吨） |
|---|---|---|---|---|---|---|---|
| 1978 | 141.50 | 79014 | 11180 | | 17245 | | |
| 1979 | 131.20 | 79047 | 10371 | | 18495 | | |
| 1980 | 127.20 | 79565 | 10121 | | 19140 | | |
| 1981 | 124.00 | 79901 | 9908 | 152.34 | 20171 | 3073 | 12981 |
| 1982 | 132.00 | 80174 | 10583 | 159.08 | 21480 | 3417 | 14000 |
| 1983 | 131.00 | 80734 | 10576 | 165.00 | 22274 | 3675 | 14251 |
| 1984 | 140.00 | 80340 | 11248 | 149.04 | 24017 | 3579 | 14827 |
| 1985 | 131.10 | 80757 | 10587 | 144.36 | 25094 | 3623 | 14210 |
| 1986 | 133.60 | 81141 | 10840 | 148.32 | 26366 | 3911 | 14751 |
| 1987 | 130.40 | 81626 | 10644 | 142.58 | 27674 | 3946 | 14590 |
| 1988 | 130.10 | 82365 | 10716 | 147.02 | 28661 | 4214 | 14929 |
| 1989 | 133.40 | 83164 | 11094 | 144.56 | 29540 | 4270 | 15364 |

中国主要农产品增长
对 2004 年以来农产品增长的经济解释

| 年份 | 农村居民家庭人均消费蔬菜量（千克/年） | 农村人口（万人） | 农村蔬菜消费量（万吨） | 城镇居民家庭人均购买鲜菜数量（千克/年） | 城镇人口（万人） | 城镇蔬菜购买量（万吨） | 全国蔬菜总消费及购买量（万吨） |
|---|---|---|---|---|---|---|---|
| 1990 | 134.00 | 84142 | 11275 | 138.70 | 30191 | 4187 | 15463 |
| 1991 | 127.00 | 85280 | 10831 | 132.18 | 30543 | 4037 | 14868 |
| 1992 | 129.10 | 84799 | 10948 | 124.91 | 32372 | 4044 | 14991 |
| 1993 | 107.40 | 85166 | 9147 | 120.64 | 33351 | 4023 | 13170 |
| 1994 | 107.90 | 85549 | 9231 | 120.74 | 34301 | 4142 | 13372 |
| 1995 | 104.60 | 85947 | 8990 | 116.47 | 35174 | 4097 | 13087 |
| 1996 | 106.30 | 86439 | 9188 | 118.51 | 35950 | 4260 | 13449 |
| 1997 | 107.20 | 86637 | 9287 | 113.34 | 36989 | 4192 | 13480 |
| 1998 | 109.00 | 86868 | 9469 | 113.76 | 37942 | 4316 | 13785 |
| 1999 | 108.90 | 87017 | 9476 | 114.94 | 38892 | 4470 | 13946 |
| 2000 | 106.70 | 87586 | 9345 | 114.74 | 39157 | 4493 | 13838 |
| 2001 | 109.30 | 88155 | 9635 | 115.86 | 39472 | 4573 | 14209 |
| 2002 | 110.60 | 78241 | 8653 | 116.52 | 50212 | 5851 | 14504 |
| 2003 | 107.40 | 76851 | 8254 | 118.34 | 52376 | 6198 | 14452 |
| 2004 | 106.61 | 75705 | 8071 | 122.32 | 54283 | 6640 | 14711 |
| 2005 | 102.28 | 74566 | 7627 | 118.58 | 56190 | 6663 | 14290 |
| 2006 | 100.53 | 73742 | 7413 | 117.56 | 57706 | 6784 | 14197 |
| 2007 | 98.99 | 72750 | 7202 | 117.80 | 59379 | 6995 | 14196 |
| 2008 | 99.72 | 72135 | 7193 | 123.15 | 60667 | 7471 | 14664 |
| 2009 | 98.44 | 71288 | 7018 | 120.45 | 62186 | 7490 | 14508 |
| 2010 | 93.30 | 71622 | 6682 | 116.10 | 62478 | 7254 | 13936 |

资料来源：《中国统计年鉴》。

## （三）全国出口蔬菜数量和贸易顺差持续增长

蔬菜是中国的主要出口农产品之一。根据海关统计数据，1998 年以来，全国蔬菜出口量持续快速增长，相继突破200万吨、300万吨、400万吨、500万吨、600万吨5个大关，到2009年蔬菜出口数量达到636万吨。根据农业部统计数据，2010年全国蔬菜出口数量为844.6万吨，出口金额99.8亿元。中国蔬菜出口的主要地区以东部地区为主，包括山东、福建、浙江、广东、江苏、辽宁、河北和上海等8个省市，约占蔬菜出口额的72.6%；中西部地区约占15.4%，包括新疆、甘肃、宁夏、山西、河南、安徽、四川、湖北等8个省（区）；沿边省市约占6.8%，包括黑龙江、内蒙古、云南三个省（区）。

"十一五"期间，中国每年蔬菜进口稳定在10万吨左右，最大的两个进口品种是芹菜和甜玉米，其次是马铃薯、冷冻豌豆等。主要进口地区是广东和上海，主要是从美国、东盟和欧盟国家进口。根据农业部统计数据，2009年，蔬菜进口总量仅为10万吨左右，进口额仅为约1亿美元。在全国农产品贸易逆差达到129.6亿美元的情况下，蔬菜进出口贸易则是顺差66.7亿美元，与水产品并列成为仅有的两类保持顺差的大宗农产品（见图7.5）。

图7.5　　　　1995~2010年全国蔬菜出口数量和出口金额

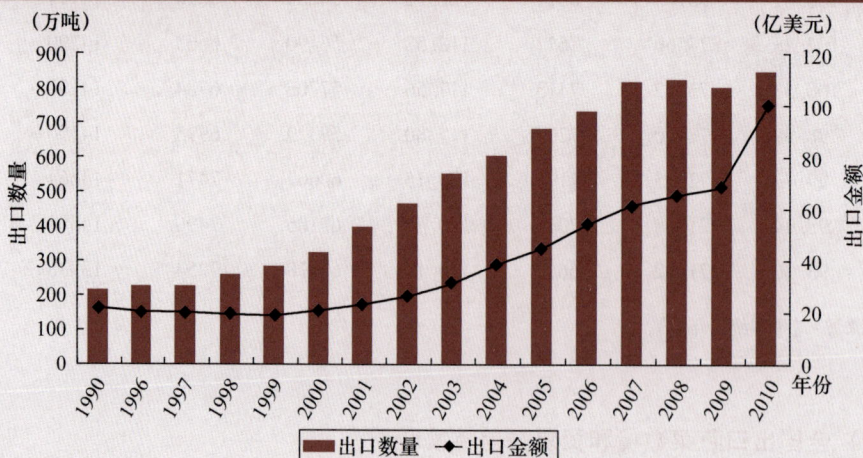

资料来源：农业部信息中心。

**中国主要农产品增长**
对2004年以来农产品增长的经济解释

（四）蔬菜供求市场化、商品化和品牌化程度大幅提高

长期以来，中国城市人口消费的蔬菜主要靠市场购买，而农村人口消费的蔬菜主要靠自己生产，但随着经济的快速发展和社会结构的变化以及设施蔬菜生产方式的推广，城乡人口蔬菜的消费都主要靠市场来提供，蔬菜的供应链及价值链均发生重要变化，蔬菜供求市场化、商品化和品牌化程度大幅提高。在蔬菜生产快速发展的过程中，人们对蔬菜质量安全的关注程度日益提高，经过绿色食品、有机食品和无公害农产品认证的蔬菜受到了市场欢迎，销售价格明显高于普通蔬菜。国家对蔬菜质量安全的管理不断加强，质量安全体系不断健全和完善。目前，各省市都已建立健全了蔬菜监测网络和监测制度，基本实现了无公害生产。政府部门也先后出台了相关政策，实施名牌战略和"无公害食品行动计划"，大力发展无公害生产，蔬菜质量安全工作得到全面加强。

"十一五"期间，农产品质量安全水平不断提升。根据农业部例行监测结果，2010 年全国蔬菜、畜产品、水产品等主要农产品监测合格率都超过 96%，连续 3 年稳定在 96% 以上的高位水平。根据农业部统计，2010 年全国新认证无公害农产品、绿色食品、有机农产品和农产品地理标志（简称"三品一标"）1.2 万多个，"三品一标"总数达到 8 万个，认定产地占食用农产品产地总面积 30% 以上，认证农产品占食用农产品商品量 30% 以上。无公害农产品、绿色食品、有机农产品质量安全合格率稳定保持在 98% 以上（见表 7 –3）。

## 二、中国蔬菜成本价格的变动

（一）蔬菜生产成本持续上涨

蔬菜生产物质投入大，用工多，技术和服务要求高，市场经营风险大。21 世纪以来，中国蔬菜生产的单产水平变化不大，而生产成本持续快速上升。根据

表 7 - 3　　　　　　　　　　　　　　三个不同阶段蔬菜供应链对照

| 项　目 | 计划供应阶段 | 有计划的市场经济阶段 | 市场经济阶段 |
|---|---|---|---|
| 政策 | 以粮为纲，蔬菜是副业 | 蔬菜是农民增收来源 | 政策 |
| 蔬菜种植的结构调整目标 | 为城市提供便宜蔬菜 | 允许一部分人选先富 | 利润最大化基础上的合作 |
| 参与主体 | 国营或集体蔬菜公司、供销社、土产公司 | 个体贸易商、运输商为主体的经营者 | 个体经营基础上的合作经营者 |
| 市场体系 | 国有或集体蔬菜店 | 批发市场、集贸市场 | 批发、集贸市场和超市 |
| 市场范围 | 当地城市附近区域 | 整个地区以及国内 | 国内外 |
| 运输设施 | 火车为主 | 火车运输和汽车运输并存 | 汽车运输为主，火车为辅 |
| 所有权 | 国营或集体 | 多元化经济成为主体，集体个体并存 | 贸易公司、合作经营协会 |
| 参与供应者关系 | 政府控制 | 参与者相互独立 | 参与者以合约、合作组织出现 |
| 流通链 | 短 | 长 | 超长 |
| 管理难度 | 相对容易管理 | 自我管理 | 难以控制 |

资料来源：ZhangXiaoyong, FuXinhong, YangJinxiu, Evolution of Chinese vegetable supply chain, 14th Annual IAMA World Food and Agribusiness Symposium, Switzerland, 2004.

国家发展与改革委员会价格司统计，2009 年全国大中城市蔬菜每亩平均成本为 2310.46 元，平均每亩产量为 3570 公斤，平均每斤成本为 0.32 元；与 5 年前的 2004 年相比，分别增加 547.44 元、减少 2.88 公斤、增加 0.07 元，分别增长 33%、持平、增长 25%（见表 7 -4）。

从成本构成看，在蔬菜总成本中，无论是物质与服务费用，还是人工成本和土地成本，都呈现不断上升趋势。在 2009 年蔬菜总成本中，生产成本为 2085 元/亩，占总成本的 90%，与 5 年前的 2004 年相比下降了 4 个百分点，其中物质与服务费用为 1078.29 元/亩，人工成本为 1006.75 元/亩，分别占总成本的

表 7 - 4

| 年　份 | 总成本 | 1. 生产成本 | （1）物质与服务费用 | （2）人工成本 | 2. 土地成本 | （1）流转地租金 | （2）自营地折租 |
|---|---|---|---|---|---|---|---|
| 1998 | 1257.1 | 1207.1 | 713.1 | 494.1 | 50.0 | 19.4 | 30.6 |
| 1999 | 1362.0 | 1313.4 | 745.2 | 568.2 | 48.5 | 15.9 | 32.6 |
| 2000 | 1274.6 | 1228.9 | 748.7 | 480.2 | 45.7 | 20.1 | 25.5 |
| 2001 | 1288.2 | 1240.3 | 767.1 | 473.2 | 47.9 | 10.2 | 37.8 |
| 2002 | 1283.8 | 1222.3 | 735.0 | 487.4 | 61.5 | 15.0 | 46.6 |
| 2003 | 1311.2 | 1257.8 | 762.7 | 495.1 | 53.4 | 22.8 | 30.6 |
| 2004 | 1763.0 | 1651.3 | 919.9 | 731.4 | 111.7 | 10.7 | 101.0 |
| 2005 | 1743.9 | 1629.9 | 877.0 | 752.5 | 114.0 | 14.1 | 99.9 |
| 2006 | 1973.9 | 1794.9 | 998.7 | 796.3 | 179.0 | 32.7 | 146.2 |
| 2007 | 2102.5 | 1929.0 | 1076.3 | 852.7 | 173.5 | 23.0 | 150.5 |
| 2008 | 2216.1 | 2024.5 | 1121.9 | 902.6 | 191.8 | 24.3 | 167.3 |
| 2009 | 2310.5 | 2085.0 | 1078.3 | 1006.8 | 225.4 | 80.8 | 144.7 |

**表 7 - 4　1998～2009 年全国大中城市蔬菜成本及构成**　单位：元/亩

资料来源：《全国农产品成本收益资料汇编》。

47% 和 44%，与 5 年前的 2004 年相比分别下降了 5 个百分点和上升了 3 个百分点；土地成本为 225.42 元/亩，占总成本的 10%，与 5 年前的 2004 年相比上升了 4 个百分点，其中流转地租金为 80.08 元/亩，自营地折租为 144.77 元/亩，分别占总成本的 3% 和 6%，与 5 年前的 2004 年相比分别上升了 2 个百分点和持平（见表 7 -5）。

### （二）蔬菜生产价格在上涨中存在波动

与其他农产品有所不同，由于蔬菜生产具有很强的季节性，蔬菜价格的波动性更强，不同品种、不同地区的蔬菜价格差异也很大。总体上看，2002 年以前全国大中城市蔬菜价格水平较低，年际间反复波动；2003 年以后则是不断上涨的，但在上涨中存在较大波动。2009 年以后，全国蔬菜价格更是快速上涨，成为推高居民消费者价格的重要因素（见图 7.6）。

表 7 - 5　　　　　　　　1998 ~ 2009 年全国大中城市蔬菜总成本构成

| 年　份 | 1. 生产成本占比 | (1) 物质与服务费用占比 | (2) 人工成本占比 | 2. 土地成本占比 | (1) 流转地租金占比 | (2) 自营地折租占比 |
|---|---|---|---|---|---|---|
| 1998 | 96% | 57% | 39% | 4% | 2% | 2% |
| 1999 | 96% | 55% | 42% | 4% | 1% | 2% |
| 2000 | 96% | 59% | 38% | 4% | 2% | 2% |
| 2001 | 96% | 60% | 37% | 4% | 1% | 3% |
| 2002 | 95% | 57% | 38% | 5% | 1% | 4% |
| 2003 | 96% | 58% | 38% | 4% | 2% | 2% |
| 2004 | 94% | 52% | 41% | 6% | 1% | 6% |
| 2005 | 93% | 50% | 43% | 7% | 1% | 6% |
| 2006 | 91% | 51% | 40% | 9% | 2% | 7% |
| 2007 | 92% | 51% | 41% | 8% | 1% | 7% |
| 2008 | 91% | 51% | 41% | 9% | 1% | 8% |
| 2009 | 90% | 47% | 44% | 10% | 3% | 6% |

资料来源:《全国农产品成本收益资料汇编》。

图 7.6　　　　　　　　1998~2009 年全国大中城市蔬菜生产价格

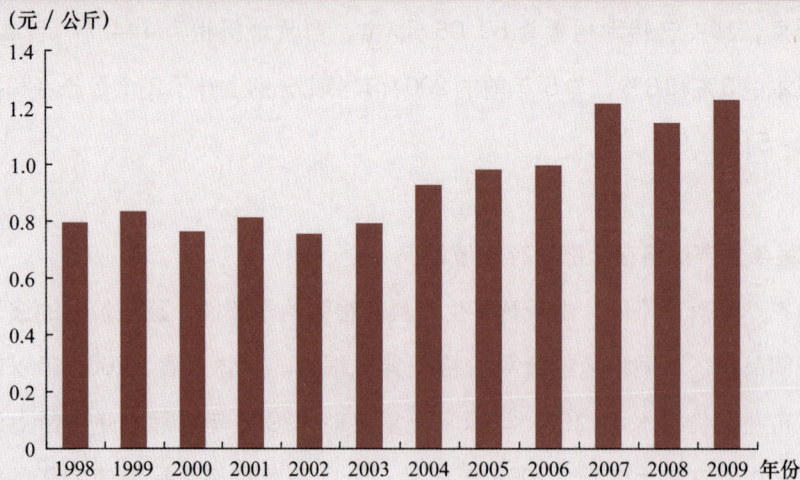

注: 蔬菜价格按主产品产值与主产品产量之比计算。
资料来源: 全国农产品成本收益资料汇编。

**中国主要农产品增长**
对 2004 年以来农产品增长的经济解释

不同生产方式、不同品种和不同地区蔬菜成本收益差异不断变化。

蔬菜有露地生产和大棚生产两种生产经营方式。大棚生产方式的引入和大规模推广是中国改革开放以来蔬菜产业发展最重要的成就，但近年来这种生产方式在成本利润率上却并不占优势。与露地生产方式相比，大棚蔬菜的亩产量变化不大，略有增加或略有减少，但亩产值大幅增加，主要原因是改变了收获时间，在销售价格上有所提高，同时可以分散市场分享，在收益上更加稳定有保障。不过，大棚蔬菜的生产成本也大幅提高，亩利润增长并不十分明显，按照2009年的统计数据，成本利润率与露地生产相比均有比较大幅降低。分品种看，蔬菜的生产品种和类型非常多，不同品种蔬菜收益波动较大。根据2006~2009年统计数据，按照露地生产方式，在十大常规蔬菜品种中，每亩总成本最高的是西红柿，比较高的是黄瓜、茄子和菜椒，比较低的是圆白菜、大白菜和萝卜，最低的是马铃薯；总成本上涨最快的是黄瓜，成本变化最稳定的是萝卜。分地区看，南北方、东中西部蔬菜生产成本差异大。不过，受品种特性、生产规模、生产技术水平和生产方式影响，影响地区之间蔬菜成本差异的因素也比较复杂，各区域蔬菜生产成本水平的差异也是变化的（见图7.7、表7−6）。

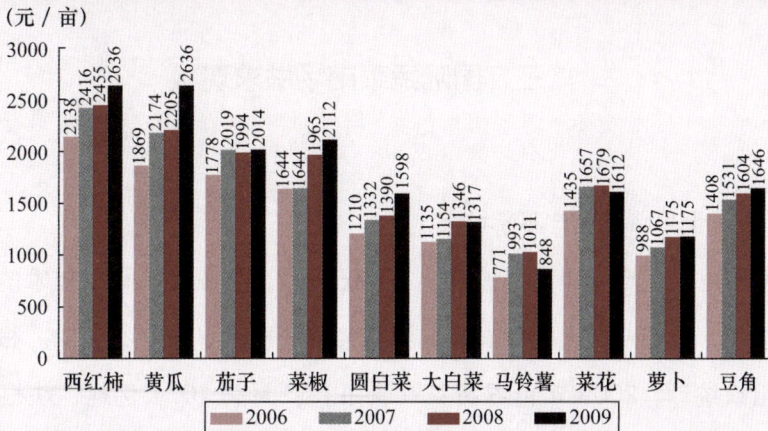

图 7.7　2006~2009 年全国大中城市露地菜分品种总成本

（元／亩）

资料来源：《全国农产品成本收益资料汇编》。

表 7-6　2009 年全国大中城市露地菜与大棚蔬菜成本收益比较　单位：公斤/元

| | 露地西红柿 | 大棚西红柿 | 露地黄瓜 | 大棚黄瓜 | 露地茄子 | 大棚茄子 | 露地菜椒 | 大棚菜椒 |
|---|---|---|---|---|---|---|---|---|
| 亩产量 | 4883.43 | 4629.34 | 4013.57 | 4731.18 | 3785.57 | 3562.50 | 2308.41 | 2653.00 |
| 亩产值 | 6592.16 | 8579.03 | 5412.00 | 8020.90 | 4241.67 | 6153.32 | 3787.86 | 5064.17 |
| 总成本 | 2636.06 | 4469.20 | 2368.55 | 4279.11 | 2014.40 | 3576.05 | 2112.20 | 3366.12 |
| 生产成本 | 2445.14 | 4197.50 | 2166.73 | 4021.33 | 1813.27 | 3291.36 | 1908.00 | 3089.23 |
| 物质与服务费用 | 1194.98 | 2309.04 | 1056.34 | 2283.77 | 847.90 | 1595.81 | 968.43 | 1440.17 |
| 人工成本 | 1250.16 | 1888.46 | 1110.39 | 1737.56 | 965.37 | 1695.55 | 939.57 | 1649.06 |
| 家庭用工折价 | 1146.26 | 1359.61 | 1051.10 | 1417.34 | 908.47 | 1455.93 | 840.77 | 1275.84 |
| 雇工费用 | 103.90 | 528.85 | 59.29 | 320.22 | 56.90 | 239.62 | 98.80 | 373.22 |
| 土地成本 | 190.92 | 271.70 | 201.82 | 257.78 | 201.13 | 284.69 | 204.20 | 276.89 |
| 流转地租金 | 18.96 | 108.88 | 21.16 | 103.29 | 24.02 | 228.18 | 14.70 | 245.00 |
| 自营地折租 | 171.96 | 162.82 | 180.66 | 154.49 | 177.11 | 56.51 | 189.50 | 31.89 |
| 净利润 | 3956.10 | 4109.83 | 3043.45 | 3741.79 | 2227.27 | 2577.27 | 1675.66 | 1698.05 |
| 现金成本 | 1317.84 | 2946.77 | 1136.79 | 2707.28 | 928.82 | 2063.61 | 1081.93 | 2058.39 |
| 现金收益 | 5274.32 | 5632.26 | 4275.21 | 5313.62 | 3312.85 | 4089.71 | 2705.93 | 3005.78 |
| 成本利润率 | 150.08 | 91.96 | 128.49 | 87.44 | 110.57 | 72.07 | 79.33 | 50.45 |

资料来源：《全国农产品成本收益资料汇编》。

# 三、国际蔬菜市场供求现状

## （一）世界蔬菜生产不断扩大

世界蔬菜生产规模不断扩大。本世纪以来，随着蔬菜种植技术的进步和需求的增加，蔬菜产量大幅提高。世界蔬菜与块根茎是分开统计的。根据联合国粮农组织统计，2009 年世界蔬菜（含瓜）产量为 10.1 亿吨，块根块茎（如各种薯类）产量为 7.36 亿吨，分别比 5 年前的 2004 年增加 1.4 亿吨和持平，增长 16% 和持平；比 10 年前的 3 亿吨和 0.6 亿吨，增长 43% 和 9%。中国是世界上最大的蔬菜生产国，2009 年蔬菜（含瓜）和块根块茎产量分别占世界的 52% 和 21%。除了中国以外，印度、尼日利亚、美国、俄罗斯、巴西、印度尼西亚、泰国、土耳其、乌克兰和埃及等是世界蔬菜及块根块茎主要生产大国（见图 7.8）。

图 7.8　1960~2009 年世界蔬菜（含瓜）和块根块茎产量

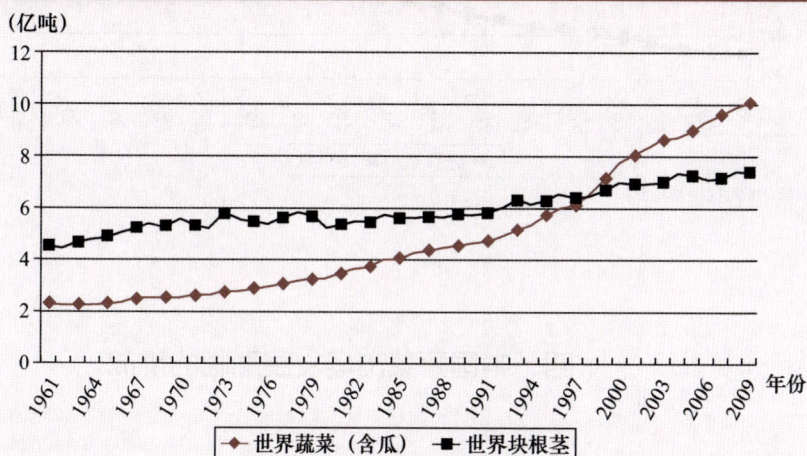

资料来源：联合国粮农组织。

## （二）世界蔬菜贸易不断增长

世界蔬菜贸易发展迅速。随着交通运输条件的改善和保鲜技术的改善，近年来蔬菜的国际贸易量大幅增长。但与其他农产品和蔬菜生产量相比，蔬菜贸易规模总体有限。根据联合国粮农组织统计数据，2007 年世界蔬菜出口量为 6100.8 万吨，蔬菜进口量为 5705.4 万吨，分别占当年蔬菜总产量的 6.71% 和 6.28%。美国、荷兰、法国、德国等经济发达国家是世界蔬菜进口的主要国家，对蔬菜的需求量大。以中国和印度为代表的发展中国家则是蔬菜出口大国。在亚洲，主要的蔬菜进口地区是日本和中国香港，日本是蔬菜第一大进口国（见图 7.9）。

图 7.9 　　　　　　　　　　 1960~2007 年世界蔬菜进出口量

**（万吨）**

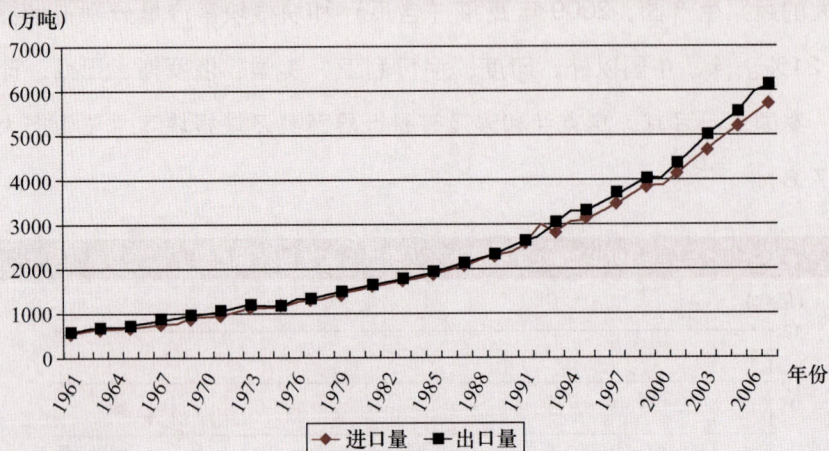

资料来源：联合国粮农组织。

# 四、中国蔬菜市场发展面临的挑战

## （一）中国蔬菜产业发展政策回顾

改革开放以来，蔬菜是中国购销管理体制放开最早的农产品。国家对蔬菜产业发展实行的最重要的支持政策就是实施"菜篮子"工程。随着蔬菜市场供求形势不断发生变化，"菜篮子"工程的一些具体政策措施有所调整，整个"菜篮子"工程经历了四个阶段。

第一个阶段是从 1988 ~ 1993 年底，提出"菜篮子"市长负责制，重点解决城市的副食品供应偏紧问题。一期工程建立了中央和地方的蔬菜生产基地及良种繁育等服务体系，在蔬菜方面是以保证居民一年四季都有新鲜蔬菜吃。在这一阶段，"菜篮子"产品持续快速增长，从根本上扭转了中国副食品供应长期短缺的局面，1994 年，"菜篮子工程"已处在由过去以生产基地建设为主转入生产基地与市场体系建设并举的新阶段，全国建立了2000多个集贸市场，初步形成了大市场大流通格局。不过，随之而来的质量安全问题也日益凸显。

第二阶段是从1995年起到1999年底，实行新一轮"菜篮子"工程。主要措施是扩大"菜篮子"工程实施范围，加强基地建设，推进蔬菜生产区域化、设施化、多产化和规模化，建立健全"菜篮子"产品市场流通体系。主要措施，一是实行城乡携手共建基地，国家将"菜篮子"工程扩展到城乡结合地区甚至城市郊区，不仅城郊发展"菜篮子"，而且广大农区也积极发展"菜篮子"，一批全国性的农区基地逐步形成和发展，像山东寿光的蔬菜主要供应北京，山东临沂主要供应上海和南京一带。二是发展大棚蔬菜生产，种植多种新品种蔬菜，优化结构，增加花色品种，在一些专业化区域实行大批量的种植，广泛采用良种、良法，提高蔬菜生产的产量、质量和效益。三是探索新的流通方式，积极推进产供销、贸工农一体化经营，建立批发市场信息服务网络。1995年，农业部公布了全国23家首批定点鲜活农产品中心批发市场。同年，农业部实施了大、中城市"菜篮子"产品批发市场价格信息联网。1996年，"菜篮子"工程批发市场体系建设试点工作开始启动。1997年底，全国农副产品批发市场发展到约4000家。

第三个阶段是从1999~2009年底，加强绿色无公害基地建设，大力提高农产品安全性。1999年9月，全国有10大城市召开了第十二次"菜篮子"工程产销体制改革经验交流会议，正式提出，国内"菜篮子"的供求形势从长期短缺转向供求基本平衡，"菜篮子"工程全面转向质量层面发展。2001年4月，农业部开始实施无公害农产品行动计划，强行推广至全国，在农村建立了大规模无公害建设基地，从此中国逐步进入无公害产品时期。这项工作以"菜篮子"产品为突破口，以市场准入为切入点，从产地和市场两个环节入手，通过对农产品实行"从农田到餐桌"全过程质量安全控制，力求用8~10年的时间，基本实现主要农产品生产和消费无公害。2002年7月，国家经贸委有关负责人宣布，"三绿工程"（即提倡绿色消费，培育绿色市场，开辟绿色通道）进展顺利并取得阶段性成果。随着"三绿工程"的实施，全国"菜篮子"卫生质量安全检测体系进一步加强，筑起一道道食品安全防线。

第四个阶段就是从2010年初中央1号文件开始。2010年3月12日，国务院办公厅出台《国务院办公厅关于统筹推进新一轮"菜篮子"工程建设的意见》，提出了实施新一轮"菜篮子"工程的总体思路、主要目标和基本原则，要求加强生产能力建设，夯实稳定发展基础；以现代物流和信息化为重点，推进市场体系建设；转变发展方式，提高质量安全水平；完善调控保障体系，提高科学发展水平。

### （二）影响蔬菜市场发展的主要问题

#### 1. 蔬菜产地与销地距离越来越远，保障城市蔬菜稳定供应困难

中国是世界上最大的蔬菜消费国，蔬菜消费主要依靠国内生产来提供，通过市场机制实现供需平衡。除非极个别品种，全国蔬菜进口量很少，蔬菜市场也很难通过进口蔬菜的方式来进行调剂。中国的蔬菜生产不仅要满足庞大人口的基本消费，而且在这些人口中，工业化和城市化人口的数量和比例快速提高，这就对蔬菜生产提出了特别的要求，不仅对商品蔬菜的需求数量不断提高，而且对蔬菜质量安全标准的要求不断提高。随着经济的发展和人民生活水平的提高，人们对蔬菜的商品性、花色品种和品质的要求越来越高，蔬菜消费的总数量下降，但层次不断提升，质量安全标准不断提高，品种不断改善，对蔬菜供应和价格的均衡性要求不断提高，产销损耗和浪费也不断增多。在城市化快速发展的过程中，城市郊区耕地资源不断减少，蔬菜产地与销地距离越来越远，市场和流通因素对蔬菜供应的影响越来越大，加上农业劳动力不断向非农产业和城镇转移，农业劳动力成本不断上升，蔬菜生产成本和经营风险不断上升，保障城乡商品蔬菜供应任务日益艰巨。

## 2. 影响蔬菜价格因素复杂化，合理调控蔬菜供应价格困难

在市场经济条件下，蔬菜价格是决定蔬菜生产、流通和消费的最重要的经济变量。过去蔬菜价格主要受生产成本和供求因素的影响，现在这种情况出现重要变化，更多因素在更大程度上影响蔬菜价格的运行，蔬菜生产价格和批发价格经常出现较大幅度波动，对蔬菜供需和蔬菜生产发展产生深刻影响。总体上，由于中国是世界上最大的发展中国家，除了一少部分比较富裕阶层的人口以外，目前城乡居民对蔬菜价格变化的承受能力有限，近几年社会对蔬菜价格变化的反应强烈，给政府工作带来强大的压力。由于影响蔬菜价格的因素复杂化，蔬菜价格的变化关系着不同社会群体的切身利益，不同市场主体的利益诉求不同，而中国现行的蔬菜市场管理体制还比较粗放，合理调控蔬菜市场价格困难。当蔬菜价格出现高位运行时，城镇低收入群体的基本生活受到冲击，而当蔬菜价格低位运行时，蔬菜生产者的基本收益得不到保障。不仅如此，蔬菜价格的一涨一落导致价格变化数据在统计上十分显著，对居民消费价格指数产生重要影响，成为商品市场和投资市场投机炒作的对象，价格波动效应被放大，蔬菜价格很难准确反映蔬菜市场供求状况并引导相关资源的合理配置。

## 3. 蔬菜产业组织服务体系不健全，促进菜农稳定增收困难

中国是世界上最大的蔬菜生产国，如何确保蔬菜产销对接，促进小农在蔬菜生产经营过程中稳定增收是一个难题。当前，蔬菜生产经营不仅是劳动密集型产业，而且是技术密集型和资本密集型产业，蔬菜生产投入高，成本高，比较效益好于其他作物，经营风险也比较高。作为典型的鲜活农产品，蔬菜生产周期短，不易储藏，容易腐烂变质，小生产与大市场的矛盾没有根本解决，蔬菜市场和价格很容易发生波动，受冲击最大的是生产者，造成菜农基本收益难以得到保障，尽管发展蔬菜生产具有较大的增产、增值和增收潜力，要保证菜农稳定增收仍然十分困难。由于城市化尚未完成，农村经济结构和社会结构还处于快速变化阶段，目前农户的蔬菜生产经营规模比改革开放初期有所扩大，但经营规模总体上

仍然偏小，并处于不断变化过程中。目前多数地区农户蔬菜生产方式仍然比较粗放，生产经营组织化程度不高，市场流通体系不完善，保障蔬菜生产稳定发展的长效机制并没有完全建立。全国蔬菜生产科技发展也还存在问题，优良蔬菜种子主要是进口种子。

4. 各地蔬菜政策缺乏统筹协调，提高市场调节政策效果困难

中国各地区情况千差万别，不同政府及部门在对待蔬菜供求上的政策措施各有不同，蔬菜调控政策之间还缺乏足够的统筹、协调和协作。在蔬菜主产区县，在调控政策上更多体现生产者利益诉求，主要措施是扶持生产发展，抓产销衔接，提高生产价格，保障菜农生产经营的基本收益。在城市和蔬菜主销区，在调控政策上更多体现消费者利益诉求，主要措施是严格质量安全管理措施，建设蔬菜市场供应渠道，稳定消费价格，防止蔬菜市场出现断档、价格暴涨和垄断竞争。在城乡集贸流通市场，在调控政策上更多体现经营者利益诉求，主要措施保障提供合理蔬菜交易场所，促进市场公平竞争，降低流通成本费用。在宏观上，调控政策则要主要体现国家和社会的利益，主要措施是改善蔬菜市场总供求关系，防止市场机制失灵，同时改善政府管理机制，在发挥市场机制基础性作用基础上，为蔬菜产业链上的弱势群体提供帮助和合理支持，防止存在垄断、官僚主义、腐败无能、方式不当等现象，出现政府服务机制失灵及负面效应。

# 五、新时期蔬菜市场调控的政策选择

## （一）促进蔬菜生产稳定发展

中国蔬菜生产和消费的发展已经进入到一个新的阶段。从全局和总量上看，蔬菜生产还处于增长阶段，而蔬菜消费已经开始稳定下降，因此蔬菜市场调控的主要矛盾已经发生重大变化，增产已经不是解决问题的唯一法宝。蔬菜市场调控

政策的目标，重点是要以满足城乡居民的基本蔬菜消费需要特别是人口集中区的蔬菜消费为本，建立基本稳定的蔬菜生产基地和供应链，改善生产条件和环境，稳定产量，提高质量。在此基础上，引导蔬菜生产结构的调整，协调蔬菜产销衔接关系，促进蔬菜价格处于合理区间，化解蔬菜市场波动风险，稳定增加农民收入，维护消费者的利益。同时，在有条件的地区，发展蔬菜出口贸易，提高和保持蔬菜国际竞争优势，提高蔬菜产业发展水平。

### （二）完善蔬菜市场干预方式

完善蔬菜市场调控政策，既要解决蔬菜供应可能不足的问题，也要解决蔬菜供应过剩的问题，还要解决提高蔬菜产业发展效益的问题。既要发挥市场机制在蔬菜产业发展中的基础性作用，也要发挥政府在蔬菜产业发展中的重要作用，对蔬菜市场运行进行一定干预，但政府在蔬菜市场调控上应有所为，也有所不为；而在有所为时，应把握调控重点，保证调控合理、适度和精准。一是应对市场失灵，落实最严格的耕地保护制度，保障蔬菜生产用地，实行蔬菜生产发展支持保护政策，完善国家投入体系、市场化交易体系、贸易支持体系、标准化体系和质量安全管理体系。二是应对政府失灵，合理界定政府干预目标和范围，提高政府科学决策和组织管理能力，完善立法保障体系、行政执法体系和社会监督服务系统。三是应对信息不对称，要加强产业规划引导，健全国家蔬菜信息调查、统计、分析、报告、服务系统，提高产业发展组织化水平，培育强有力的行业管理服务组织，发挥行业组织和社会中介组织的积极作用。

### （三）加强政府公共管理与服务

一是加强规划引导和管理制度建设。制定和完善全国蔬菜产业发展规划，建立规范化的蔬菜市场调控管理工作方案，为蔬菜市场调控提供基本依据。二是落实地方蔬菜供应保障责任。通过深入实行市长负责制，加强土地管理，重点保障大中城市郊区菜地资源，对蔬菜生产发展实行支持保护政策，落实新一轮"菜篮子"工程建设任务。三是加强供应链监督管理。加强从田头到餐桌的全过程质量安全管理，从源头入手提高商品蔬菜供应质量。四是健全蔬菜产业公共服务。不断完善蔬菜产品质量检测体系，加强蔬菜保鲜、加工、冷链物流等技术研究，建设蔬菜设施栽培技术体系，促进蔬菜产供销信息服务体系建设。

# 中国乳业发展现状与前景分析

乳业是关系国民身体素质和民族持续发展的一个特殊产业，在中国也是一个朝阳产业。新中国成立以来，中国乳业发展迅速。1949～2009 年 60 年间，奶牛数量从 12 万头增加到 1200 多万头，增长 100 多倍，年均增长率 8.2%。特别是进入 21 世纪以来，中国乳业进入高速发展时期。尤其是 2000～2004 年的 5 年间，奶类产量从 918.9 万吨增长到 2368.4 万吨，产量增长了一倍半，增长速度超过历史上任何时期。

虽然中国乳业取得了巨大的成就，但是与世界发达国家相比，中国乳业的发展还处于初级阶段，发展过程充满曲折。奶农利益问题、乳品企业经营管理问题、乳业食品安全问题一直困扰着行业的发展。特别是 2008 年 9 月 "三聚氰胺" 事件暴露了中国乳品行业存在疫病防控存在隐患、乳业管理条例不健全、规模化养殖场占地受限等一些深层次矛盾，也使乳品行业整体遭遇信任危机，乳品企业产品积压，原奶主产区普遍出现倒奶现象，养牛效益下降，乳业的进一步发展困难重重。

"三聚氰胺"事件也引起了政府和社会各界对乳品行业的重视。事件发生以来，各级政府相继出台政策来规范乳业的健康发展，比如《奶业整顿和振兴规划纲要》、《乳品质量安全监督管理条例》、《企业生产乳制品许可条件审查细则》等，对整个乳业发展产生了一系列的影响。经过国家有关部门、奶业协会和广大奶农的积极努力，近两年中国乳业获得了恢复性的发展，出现了全面的复苏。据农业部统计，2010 年，中国原料奶产量超过 2009 年，达到 3740 万吨；乳制品累计产量达 2159.39 万吨，同比增长 11.18%，其中液态奶累计产量达 1845.59 万吨，同比增长 11.10%，奶粉累计产量达 140 万吨，同比增长 10.60%。

展望未来，中国乳业现在正处于从传统乳业向现代乳业转型过渡的关键时期，实现从过去单独追求发展数量向提高质量和效益的转变。具体而言，乳业发展将回归理性，规模化、标准化的养殖方式将逐渐占主导地位，乳品行业集中度将提高，激烈竞争仍将继续，乳业食品安全已成为影响其升级发展的重要因素。

本文在对进入 21 世纪以来中国乳品行业发展状况全面把握的基础上，对乳品行业发展中面临的问题，尤其是一些深层次问题及其原因进行分析，并提出促进中国乳业进一步发展的以下对策建议：尽快完善乳业管理政策；促进规模化、标准化养殖，解决规模养殖业的占地问题；确立乳业补贴重点，继续加强各项奶牛补贴；建立稳定、合理的产业链利益联结机制和价格传导机制；建立真正属于奶农自己的奶农协会，而不单是依附于企业或政府部门的乳业协会；促进行业自律，规范企业行为，维护市场秩序；地方政府推动速度和发展规模要适度，以利于乳业可持续发展；建立奶牛养殖合作保险制度，提高畜禽疫情捕杀补偿水平及防疫意外风险补偿标准；建立乳品全程质量安全监控体系。

**中国主要农产品增长**
对 2004 年以来农产品增长的经济解释

# 一、中国乳业发展概况及近年来主要情况

## （一）中国乳产品产量持续增加，占世界总产量比重增长

2000 年以来，中国奶类呈快速增长趋势。2009 年末奶牛存栏 1260.3 万头，比 2000 年的 488.7 万头增加了 1.58 倍（见图 8.1）。同时，原料奶产量也逐年增加。2009 年奶类和牛奶产量分别为 3732.6 万吨和 3518.8 万吨，分别是 2000 年的 3.06 和 3.25 倍（见图 8.2）。虽然受"三聚氰胺"事件影响，2009 年奶类产量和牛奶产量分别比上年下降 1.29% 和 1.04%，但在国务院《奶业整顿与振兴纲要》等一系列奶业扶持政策支持下，在规范奶牛生产和收购秩序、鼓励引导奶牛标准化规模化养殖等措施的推动下，中国乳业迅速恢复。2010 年，中国原料奶产量达到 3740 万吨，超过了 2009 年的水平。

图 8.1 **2000~2009 年奶牛存栏数量变化趋势图**

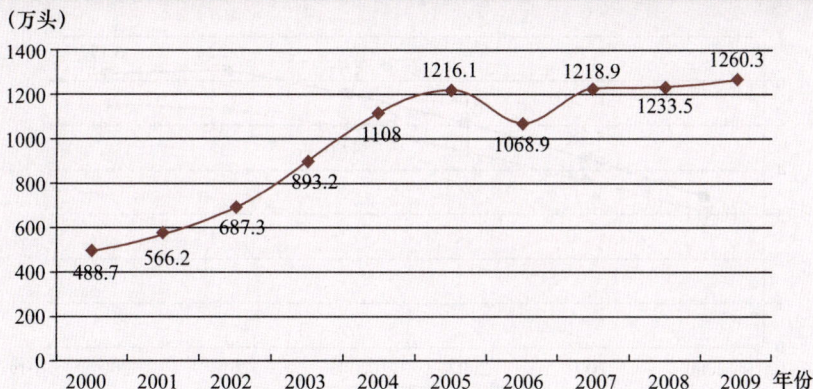

资料来源：《中国奶业年鉴》（2009），《中国农村统计年鉴》（2010）。

中国乳业的迅速发展，也使得中国在世界乳业中的地位不断提高，2008 年中国奶类产量占世界奶类总产量的 5.48%，牛奶产量占世界牛奶产量的 6.17%。

图 8.2

**2000~2009 年原料奶产量变化趋势图**

（万吨）

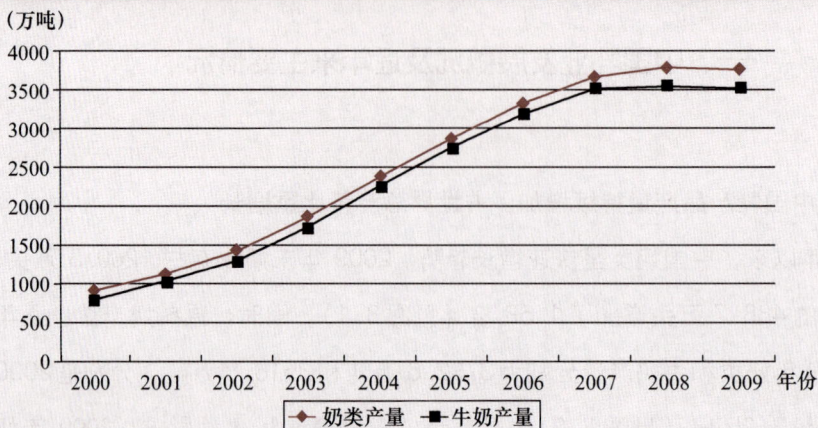

资料来源：《中国奶业年鉴》(2009)，《中国农村统计年鉴》(2010)。

分别比 2000 年提高 2.48 和 2.8 个百分点（见图 8.3）。据农业部最新统计，2010 年中国奶类产量 3740 万吨，较 2009 年上涨幅度不大，占全球的 5.78%，居全球第 3 位。

**图 8.3**　　中国乳业在世界中的地位

（%）

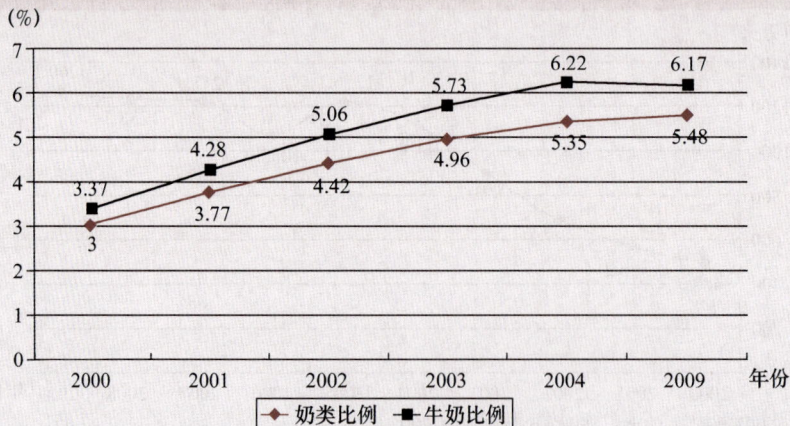

资料来源：《中国奶业年鉴》(2009)。

## （二）奶类生产越来越集中在北方省份

2009 年中国奶类产量前 10 位的省份主要集中于东北、华北、西北地区。

2009 年这些省份的产量占到了全国奶类总产量的 83.13%，2009 年底，这 10 个省奶牛存栏占全国总存栏量的 85%（见表 8 - 1）。而且奶类产量越来越向这 10 个省份集中，2003 年，这 10 个省份的奶类总产量为 1361.1 万吨，占全国奶类总产量的 73.63%；2009 年这 10 个省份的奶类总产量为 3102.9 万吨，占全国奶类总产量的 83.13%。2006 年以来，这 10 个奶类主产省份的产量占全国总产量的比例一直保持在 80% 以上（见图 8.4）。

表 8 - 1 　　　　　　　　　　2009 年奶类主产省情况

| 产量排序 | 省　份 | 奶类产量（万吨） | 奶牛存栏（万头） |
|---|---|---|---|
| 1 | 内蒙古 | 934.05 | 227.3 |
| 2 | 黑龙江 | 534.69 | 197.0 |
| 3 | 河　北 | 461.03 | 167.4 |
| 4 | 河　南 | 301.28 | 50.5 |
| 5 | 山　东 | 258.15 | 83.8 |
| 6 | 陕　西 | 185.83 | 43.5 |
| 7 | 新　疆 | 125.15 | 170.4 |
| 8 | 辽　宁 | 115.64 | 28.9 |
| 9 | 云　南 | 105.93 | 14.1 |
| 10 | 宁　夏 | 81.14 | 27.2 |
| 合　计 | | 3102.9 | 1010.1 |
| 全　国 | | 3732.6 | 1260.3 |
| 占全国比重（%） | | 83.13 | 80.15 |

资料来源：《中国农村统计年鉴（2010）》。

2009 年内蒙古、黑龙江、河北等 10 个奶源主产区的奶类产量占全国奶类总产量的 80% 以上，同时，其奶牛存栏量也占全国奶牛存栏总量的 80% 以上，仅内蒙古、黑龙江和河北三省的奶牛存栏量就占全国奶牛存栏总量的近 50%。这说明中国牧场资源禀赋的分布不均，大多集中在东北、华北、西北地区，相对偏离华东、华南等主要消费市场。因此，需要政府根据地域特性和市场辐射广度大

中国乳业发展现状与前景分析 　225

图 8.4　　　　　　　　　　主要产奶省奶类产量占全国比例

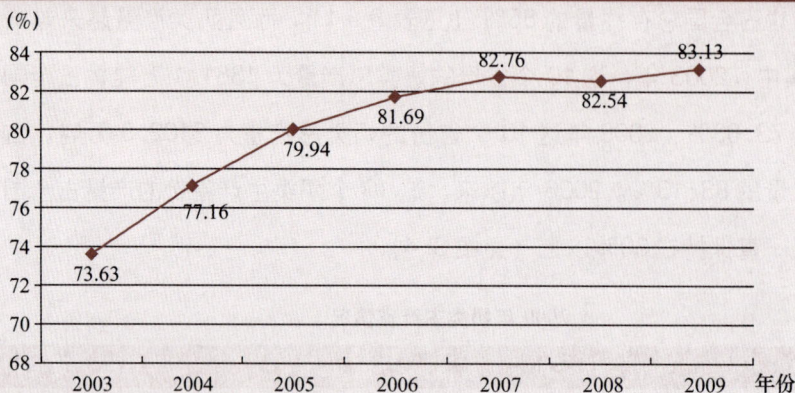

资料来源:《中国农村统计年鉴》(2010)。

力扶植奶源基地的建设,实现奶源基地与消费市场的无缝对接,促进奶业消费市场的健康发展。

### (三) 生产与消费同步增长,市场规模不断扩大

随着人民可支配收入水平的提高和乳制品市场的开拓,乳品消费量不断增加,2009 年,城镇居民人均乳品消费支出为 196.14 元,农村居民人均乳品消费量为 3.6 公斤,分别比 2000 年增长了 1.86 倍和 2.4 倍 (见表 8 -2)。旺盛的需求带动了乳制品生产的发展,2009 年的奶类产量比 2000 年增长了 3.06 倍,2008 年的干乳制品产量比 2000 年增长了 2.44 倍,产量增长迅速。

### (四) 奶产品进口增长迅速,其中以乳清、奶粉为主;苜蓿草进口成为新动向,"双进口"趋势明显

中国乳品贸易一直是进口贸易大于出口贸易,贸易逆差在 2007 年实现了下降,但是由于 2008 年 9 月的 "三聚氰胺" 事件,中国乳制品贸易逆差大幅度增加。2009 年,中国乳业面临的环境更加的严峻,贸易逆差达到 97110.24 万美

**中国主要农产品增长**
*对 2004 年以来农产品增长的经济解释*

元，比 2008 年，高出 73.43%（见表 8 −3）。

表 8 − 2 乳制品生产、消费增幅表 单位：万吨

| 年 份 | 奶类产量 | 干乳制品产量 | 城镇居民乳品消费支出（元） | 农村居民乳品消费量（公斤/人） |
|---|---|---|---|---|
| 2000 | 918.9 | 829.2 | 68.57 | 1.06 |
| 2004 | 2368.4 | 1424.4 | 132.37 | 1.98 |
| 2005 | 2864.8 | 1646.3 | 138.62 | 2.86 |
| 2006 | 3302.5 | 2155.3 | 150.23 | 3.15 |
| 2007 | 3633.4 | 3464.5 | 160.72 | 3.52 |
| 2008 | 3781.5 | 2853.4 | 189.84 | 3.43 |
| 2009 | 3732.6 | — | 196.14 | 3.6 |

资料来源：《中国奶业年鉴（2009）》，《中国农村统计年鉴（2010）》。

表 8 − 3 2006 ～ 2009 年乳制品进出口量 单位：万美元

| 年 份 | 2006 | 2007 | 2008 | 2009 |
|---|---|---|---|---|
| 进口额 | 6202.45 | 74401.31 | 86165.03 | 102799.22 |
| 出口额 | 74860.14 | 24225.9 | 30170.31 | 5688.98 |
| 逆差额 | 68657.69 | 50175.41 | 55994.72 | 97110.24 |

资料来源：《中国奶业年鉴（2010）》。

从进口结构来看，2009 年中国乳制品进口中对乳清的进口量最大，为 28.88 万吨，占乳制品总进口量的 48.37%。乳清制品由于其较为广泛的用途，始终是中国乳品进口的大宗商品。居于第二位的是奶粉，进口量为 24.68 万吨，占乳制品进口总量的 41.34%。由于对奶粉的进口多为高端的婴儿奶粉等，奶粉进口额居于乳制品进口贸易额的首位，进口金额为 5.8 亿美元。其他品种的乳制品的进口量则相对较少（见图 8.5）。

在乳制品进口剧增的同时，饲料进口也增长迅速。中国奶牛粗饲料多用玉米秸秆和天然羊草，营养价值低，精饲料用量相对过高，中国奶牛日粮中缺乏优质

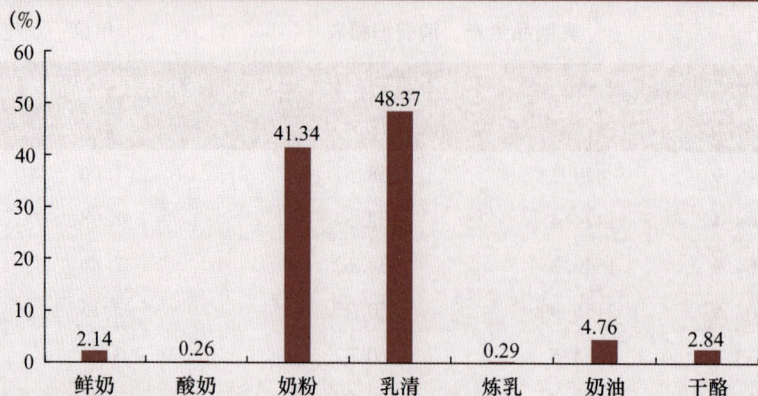

图 8.5　　　　　　　　　　　　2009 年中国乳制品进口结构

资料来源：《中国奶业年鉴》（2010）。

苜蓿干草。苜蓿干草含有高达 18％的粗蛋白质，以苜蓿干草日粮为基础的奶牛业生产体系体现了高产、优质、高效的奶业发展方向。2010 年，中国苜蓿草进口量 22.72 万吨，比 2009 年增加 196.51％，进口额为 6147.68 万美元，比2009 年增加 200.85％。由此可见，近年来，中国奶业原料、产品"双进口"趋势明显。

**（五）乳品企业重新洗牌，乳业巨头市场占有率将更大**

近年来，中国乳品加工业的进入门槛不断提高。《乳制品工业产业政策(2009)》规定，进入乳制品工业的出资人必须具有稳定可控的奶源基地；支持乳制品加工企业加强自有奶源基地建设，鼓励自建、参股建设规模化奶牛场、奶牛养殖小区；新建乳制品加工项目已有稳定可控的奶源基地产生鲜乳数量不低于加工能力的 40％，改（扩）建项目不低于原有加工能力的 75％。《国务院办公厅关于进一步加强乳品质量安全工作的通知（2010）》规定，严格乳制品生产许可；禁止向经工商登记的乳制品生产企业、奶畜养殖场、奶农专业生产合作社之外的单位和个人发放许可证。

**中国主要农产品增长**
对 2004 年以来农产品增长的经济解释

同时，国家对现有乳品加工企业也开始严厉整顿。2010 年国家质检总局正式公布《企业生产婴幼儿配方乳粉许可条件审查细则（2010 版）》和《企业生产乳制品许可条件审查细则（2010 版）》，要求目前所有已获乳制品及婴幼儿配方乳粉生产许可的企业，2010 年底前须重新申请生产许可，许可机关要重新进行审查。截止到 2011 年 3 月 31 日，全国 1176 家奶业企业中，有 643 家企业通过了生产许可重新审核，将近一半的乳品加工企业没有拿到乳制品生产许可证。新的政策对于大型乳企来说，是一个规模扩张的好时机。《乳制品工业产业政策》鼓励国内企业通过资产重组、兼并收购、强强联合等方式，加快集团化、集约化进程。随着中国大型奶业乳业集团实力的不断增强，预计未来 10 年将有30% 到 40% 的中小奶业企业将被兼并，行业资本将会得到重组，行业集中度将有一个大的提高。

## 二、中国乳业发展的问题及困境

### （一）奶牛养殖户生产规模普遍偏小，难显规模效应

目前，中国奶类生产呈现出规模偏小、集约化程度低、技术水平低的特点。2009 年全国主要规模化养殖企业的奶牛总存栏量为 31.38 万头，仅占全国奶牛总存栏量的 2.58%（见表 8-4），这在一定程度上反映出中国以农户散养为主的奶牛养殖业现状。据奶业协会统计资料显示，尽管中国奶牛存栏量日益增加，到 2009 年已达到 1260.3 万头，但是以小规模散养为主的养殖格局没有发生实质的改变，全国奶户平均养殖规模一直只有 5~8 头每户。从整体发展趋势看，农户养殖奶牛始终是中国原料奶总量增长的主体，在未来相当长的时间内，农户养殖奶牛仍会在中国原料奶生产中占据着重要的地位。

表 8 – 4                                                            2009 年全国主要养殖企业情况

| 单位名称 | 牧场数 | 总存栏 | 成乳牛 | 牛奶产量 | 成乳牛单产 |
|---|---|---|---|---|---|
|  | 个 | 万头 | 万头 | 万吨 | 吨/年 |
| 马鞍山现代牧业有限公司 | 10 | 8.30 | 2.20 | 17.60 | 8.0 |
| 北京三元绿荷奶牛养殖中心 | 27 | 4.00 | 2.00 | 20.00 | 10.0 |
| 沈阳辉山乳业有限责任公司 | 30 | 4.00 | 2.00 | 16.00 | 8.0 |
| 山海牛奶集团 | 21 | 3.00 | 2.00 |  | 7.8 |
| 北京双娃乳业有限公司 | 8 | 2.31 | 1.35 | 9.45 | 7.0 |
| 山海光明荷斯坦牧业有限公司 | 10 | 2.00 | 1.20 |  | 8.0 |
| 天津嘉立荷牧业有限公司 | 16 | 1.60 | 1.00 |  | 9.5 |
| 济南佳宝乳业有限公司 | 3 | 1.21 | 0.67 | 5.76 | 8.6 |
| 飞鹤原生态牧业股份有限公司 | 3 | 1.40 | 0.30 | 2.64 | 8.8 |
| 河北福成五丰奶牛场 | 2 | 0.81 | 0.35 | 2.84 | 8.1 |
| 吉林省乳业集团广泽有限公司 | 6 | 0.80 | 0.36 | 2.34 | 6.5 |
| 内蒙古奶联科技有限公司 | 7 | 0.70 | 0.42 | 2.94 | 7.0 |
| 宁夏农垦贺兰山奶业有限公司 | 5 | 0.44 | 0.25 | 1.99 | 8.6 |
| 北京中地种畜有限公司 | 2 | 0.31 | 0.22 | 1.91 | 8.8 |
| 重庆光大（集团）有限公司 | 3 | 0.50 |  |  | 7.0 |
| 总计 | 153 | 31.38 | 14.32 | 45.70 |  |

资料来源：《中国奶业年鉴（2010）》。

但是中国奶类生产规模偏低的现状也在逐渐改变，2007 年底，约有
80.93%奶类生产者奶牛年末存栏量不足 5 头，到 2008 年底，这一比例下降到
76.18%。而 5~20 头以及 20 头以上规模的生产者比例分别从 16.67% 和 2.4%
上升到 20.95% 和 2.87%（见表 8 – 5）。这说明，中国奶牛养殖业的规模化程
度正在提高。特别是"三聚氰胺"事件为推进奶牛规模化饲养提供了新的契机。
近几年来，国务院不断出台扶持政策支持奶牛规模化养殖。此外，各地普遍对规
模化养殖实行税收优惠，并针对牧场用地及建设提供政府补贴。各地政府出台行
业政策大力推动规模化牧场建设。在国家有关扶持政策的推动下，各地加快发展
规模化养殖，奶牛规模养殖比重不断提高。2008 年底，全国存栏 20 头以上的奶

牛规模养殖比例达到36%，比 2003 年提高了 9 个百分点；奶牛单产水平达到 4800 公斤，比 2000 年提高了 40%。挤奶机械化水平显著提高，2009 年机械化挤奶站占全国奶站总数的 81.8%。

表 8-5               **2007 年、2008 年奶牛饲养情况**

| 年存栏量 | 2007 年 | | | | 2008 年 | | | |
|---|---|---|---|---|---|---|---|---|
| | 场(户)数 | 比例 | 存栏数 | 比例 | 场(户)数 | 比例 | 存栏数 | 比例 |
| 1～4 头 | 2159701 | 80.93 | 5942220 | 39.73 | 1970755 | 76.18 | 4966506 | 32.42 |
| 5～20 头 | 444895 | 16.67 | 4160598 | 27.82 | 542102 | 20.95 | 4829121 | 31.53 |
| 20 头以上 | 64118 | 2.40 | 4854701 | 32.46 | 74230 | 2.87 | 5522685 | 36.05 |
| 合 计 | 2668714 | 100 | 14957519 | 1 | 2587087 | 1 | 15318312 | 1 |

资料来源：《中国奶业年鉴（2009）》。

### （二）饲料价格上涨，生产成本增加，奶农利益受损

饲料价格的变动直接决定了乳制品行业的发展。由于玉米是最适合做能量饲料的谷物，而产量和价格也具有优势，奶牛的精饲料中主要使用玉米。饲用玉米约占中国玉米总需求量的 70%。2000 年以来，玉米价格稳步上升（见图 8.6）。2009 年玉米平均价格为 1.64 元/公斤，比 2000 年上升了 90.7%。饲料价格的上涨使得奶农的生产成本上升，对整个产业的发展都产生了负面的影响。根据我们对内蒙古等地的调查，由于玉米等饲料的价格上涨，养殖成本增加，奶农比较效益下降幅度很大，年产 5～6 吨奶牛的利润从 3000 元下滑到 1500～2000 元，而一些地产奶牛则不赚钱甚至赔钱。

### （三）乳品行业利润率低，经营困难，近年来，随着乳品行业集中度的提高，大型乳企盈利能力有所改善

目前中国奶业行业仍然是一个市场集中度不高的行业，资本的入注推动奶业企业之间的竞争加剧，同时导致恶性竞争时有发生。中国乳制品行业的利润很

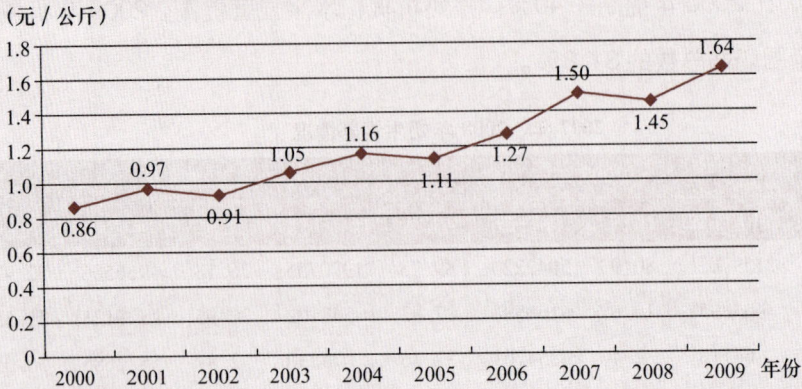

（元／公斤）

资料来源：根据《全国农产品成本收益资料汇编》(2010) 计算得出。

薄，一直维持在 5% 左右，2008 年受"三聚氰胺"事件的影响，利润率跌至 2.8%（见表 8-6）。

表 8-6            2001~2008 年中国乳制品行业年利润率            单位：亿元

| 乳品行业 | 2004 年 | 2005 年 | 2006 年 | 2007 年 | 2008 年 |
| --- | --- | --- | --- | --- | --- |
| 净利润 | 33.83 | 48.16 | 55.02 | 77.96 | 40.31 |
| 销售额 | 625.19 | 861.83 | 1041.42 | 1309.71 | 1431.02 |
| 销售利润率（%） | 5.4 | 5.6 | 5.3 | 6 | 2.8 |

资料来源：《中国奶业年鉴 (2009)》。

近年来，随着国家对乳制品加工业市场准入的严格限制以及对现有乳制品加工企业的严厉整顿，中国乳品行业的市场集中度有所提高。特别是一些大型乳品企业通过资产重组、兼并收购、强强联合等方式，扩大了规模，并加强了对奶源以及销售渠道的控制，盈利能力有所提高。光明乳业成功扭亏，正式将原本非主营的奶粉纳入三大支柱产业之列，并制定"做强新鲜、突破常温、出击奶粉"的年度市场目标。光明还正在建设马桥光明乳业工业园，整合上海部分工厂的生产，还增资迁建天津光明，并扩大其生产能力。蒙牛启动了西南营销中心，继续在婴幼儿奶粉市场努力。伊利则投资 2.89 亿元在华北地区建设年生产 4.5 万吨奶粉项目，2010 年上半年奶粉业务实现销售收入 21.2 亿元，是 2008 年下半年的两倍，营业利润率也同比增长 6.75 个百分点。河北三元托管的收购资产主要是配方奶粉业务，其中 50 多个品种规格的配方奶粉已在全国上市，奶粉业务将成为其新的利润增长点。

伊利与光明在 2010 年上半年效益良好，但是蒙牛、三元的净利润较上期同比减少（见表 8 - 7）。其各自的原因主要在于：蒙牛集团上半年净利润的下滑，主要由于蒙牛集团 70% 以上的奶源来自于自建生态牧场，且牧场奶源相比散养奶源成本高、投资大且回收期长，因此蒙牛在 2010 年相对创造的利润较少。三元集团利润下滑的原因在于公司全资子公司河北三元食品有限公司仍处于整合期，产品铺市和市场推广投入较大，以及因市场竞争激烈造成广告投入有所增加而造成。因此，这两个乳业巨头的短期利润下降是由于大量的长期投资所致，随着时间的推移，这些企业的后发优势即将显现。

| 表 8 - 7 | 2010 年上半年乳品企业净利润 | | | 单位：亿元 |
|---|---|---|---|---|
| | 蒙 牛 | 伊 利 | 光 明 | 三 元 |
| 净利润 | 6.19 | 3.55 | 0.654 | -0.157 |
| 同期增减比率（%） | -6.5 | 30.28 | 56.5 | -262.9 |

### （四）乳业食品安全问题层出不穷，乳品行业整体遭遇信任危机

经过"三聚氰胺"事件的阵痛之后，社会公众逐渐开始恢复对中国奶业的信心，国内品牌乳制品的消费量逐步增长。但是 2010 年又接连爆出"圣元奶粉性早熟"和"皮革奶"等质量安全事件，使得好不容易建立起来的消费信心再一次受到沉重的打击，给中国奶业行业的健康发展蒙上阴影。

2010 年 8 月 5 日，《健康时报》报道了"武汉三名女婴性早熟"的病例，后调查发现，三名女婴的家长均称孩子曾食用过"圣元优博"奶粉，家长怀疑孩子的性早熟和圣元奶粉有关。后在安徽、北京、广东、江苏、河南、海南、云

南、湖南、四川、浙江、山东等均发现类似病例，嫌疑直指圣元奶粉。虽然圣元公司极力解释澄清，有关部门出面组织专家调查，并出具官方结论——婴儿性早熟和圣元奶粉之间并没有必然的联系。但是不仅是患病婴幼儿家长不接受这一结论，社会公众对于中国乳制品质量安全的质疑也更加强烈。

"皮革奶"事件更反映出了奶业行业深层次的利益动机问题没有得到有效解决，潜在的"三聚氰胺"事件会随之发生。皮革奶是指向牛奶中添加皮革水解蛋白，人为提高牛奶有机成分中的蛋白质含量检测指标的牛奶。由于这种皮革水解蛋白中含有严重超标的重金属等有害物质，致使牛奶有毒，严重危害消费者的身体健康甚至生命，其恶劣程度比起"三聚氰胺"有过之而无不及。对于"皮革奶"事件的传闻，政府做出了积极的回应。在2011年2月16日，农业部在其官方网站上做出回应，并公布了他们对全国生鲜乳质量的检测结果。醒目位置的第一句话是"2010年例行检测未检出皮革水解蛋白"。但是社会公众对中国奶业的信心基本处于一触即溃的境地，许多人宁愿相信这个传闻，也不愿意相信官方的检测报告。

"三聚氰胺"事件、"圣元奶粉性早熟"和"皮革奶"等事件充分暴露中国乳制品的质量安全问题，冲击着公众对企业、对国家相关部门的公信力的认可。这些事件的爆发说明中国奶业行业的深层次矛盾并没有得到根本性解决，奶业行业制假造假的利益动机没有得到有效抑制。中国奶业行业仍然存在诸多无法回避的问题，虽然处在积极的复苏阶段，但是许多根本性的矛盾并没有得到有效解决，需要政府、奶业企业、奶业行业从业人员及全社会的共同努力。

### （五）乳业立法或管理条例缺乏

新中国成立以来，中国乳业发展快速，但相应的法律法规发展相对滞后。国家和一些省、市、区已经意识到这个问题并在积极制定各种法规和条例，规范乳业地健康发展。2008年6月国家发改委发布《乳制品加工业产业政策》，并于2009年进行了修订。"三聚氰胺"事件发生后，国务院相继发布《乳品质量安全监督管理条例》和《奶业整顿和振兴规划纲要》。尤其是2010年，国家陆续出台了针对乳业的一系列密集政策，如《国务院办公厅关于进一步加强乳品质量安全工作的通知》、《企业生产婴幼儿配方乳粉许可条件审查细则》、《企业生产乳制品许可条件审查细则》等，对整个乳业发展产生了一连串的影响。但总体来看，这些法规和条例涉及方面多，程序复杂，几年时间下来，国家和部分省、市、区份的管理条例还在修改之中。

# 三、乳业发展前景分析

## （一）乳业进入调整期，也是机遇期，将迎来健康成长期

"三聚氰胺"事件发生初期，事件的影响逐步显现，奶牛养殖经历了近10年快速发展后最困难的时期，养殖户亏损面达50%，个别地区出现了批量宰杀奶牛现象。同时，国外低价奶粉的大量进口对中国奶业发展造成了严重冲击。"三聚氰胺"事件后，为规范乳业的健康发展，国务院相继发布《乳品质量安全监督管理条例》和《奶业整顿和振兴规划纲要》等政策。这些政策在增强中国乳品行业的规模化和集约化经营，提高乳品质量，恢复消费者信心方面的作用将逐步显现。中国乳品行业在经历了一个大的震荡之后，进入一个调整期，也是机遇期。

在一系列奶业扶持政策支持下，各级畜牧兽医部门一手抓生鲜乳质量安全监管，增强消费者信心；一手抓产业振兴，帮助企业和养殖户渡过难关。在质量安全监管方面，深入开展奶站清理整顿，制定实施《生鲜乳收购站标准化管理技术规范》，开展生鲜乳质量安全监督监测行动，严厉打击各种违法行为。2009年5~6月份养殖效益开始回升，带动了奶牛养殖恢复。2009年末奶牛存栏1260万头，比上年增长2.1%；全年奶类产量3732.6万吨，比2008年下降1.3%，其中牛奶产量3518.8万吨，恢复至2008年产量水平的99%。奶牛标准化规模养殖加快推进，生鲜乳生产收购秩序明显好转，机械化挤奶站占全国奶站总数的

81.8%。2009 年，各级农业和畜牧兽医主管部门按照中央的统一部署和要求，深入推进生鲜乳质量安全专项整治行动。截至年底，全国共有生鲜乳收购站 13722 个，比清理整顿前减少 6671 个，占收购站总数的 68.3%。全年累计监测生鲜乳样品 13129 批次，"三聚氰胺"监测全部合格。随着各项政策的影响日益显现、消费者信心的逐渐恢复、乳品行业的重新整合，可以预计，中国乳品行业将迎来一个健康成长期。

### （二）乳业发展回归理性，乳业发展正在从注重数量型向质量型转变

伴随着奶业的发展，消费者对乳制品的要求也相应提高，而频频发生的食品安全事件又促使各级部门以及社会公众、消费者对食品的质量要求不断提高，中国乳业发展正在从注重数量型向质量型转变。

由于"三聚氰胺"事件的影响，国内乳品市场空出了巨大的市场份额。在"三聚氰胺"事件刚刚发生之时，许多家庭对国产婴幼儿奶粉品牌普遍持不信任的态度，不论该品牌是否真正卷入"三聚氰胺"事件，而纷纷选择购买国外进口奶粉，许多家庭甚至专门去香港购买大量进口奶粉。公众对国产品牌消费信心的丧失，导致几个老牌乳品企业的婴幼儿奶粉市场份额几乎完全丢失，而洋奶粉的抢购又促使奶粉业务呈现出诱人的高利润。"三聚氰胺"事件让婴幼儿奶粉业务产生了巨大的利润空间，谁能赢得消费者的信心，谁就能获得巨大的商业利润。

原料奶作为初级产品，是重要的食品原料，其质量优劣直接关系着乳制品的质量与安全。随着"三鹿婴幼儿奶粉事件"的发生，政府、奶业行业、企业、公众开始关注原料奶的质量问题，这极大地促使奶农以及乳品企业在生产中严格把关，提高标准，来保证原料奶的质量，适应市场和消费者的需求。随着奶业服务体系的发展，原料奶生产和运输都会处于公众的监督之下，可以有效保证原料奶的质量。

### （三）乳品行业集中度提高，竞争加剧，价格战、奶源争夺战仍将持续

产业集中度是指特定产业或市场的买卖方集中程度，一般用该产业或市场中大

企业占有市场份额的大小来表示。产业集中度反映行业内垄断及竞争状况，是分析竞争行业环境和发展阶段的一项重要指标。产业集中度通常以 CR4（即行业内前四位企业品牌市场份额之和）或 CR8 两个指标来表示。CR4 >60% 即可视为高市场集中度行业，30% <CR4 <60% 为中市场集中度行业，CR4 <30% 为低市场集中度行业。以欧美等发达国家为例，荷兰乳品企业的集中度 CR3 就已经超过了 80%，而芬兰的瓦里奥公司单个企业的销售份额就达到了 77%，属于明显的寡头或垄断的状态，这种竞争结构产生的规模经济和定价权也使得奶业的利润相当丰厚。

从 2003 年开始，中国市场销售额前四名乳品企业市场集中度 CR4 一直在 42% ~47% 的范围内，属于中市场集中度行业。随着中国乳品行业进入门槛的提高和政府对现有乳品企业的整顿，中国乳品行业正在发展剧烈变化，业内竞争激烈，品牌处于从分散到集中的途中，行业正处于垄断竞争阶段，此时对强势品牌是一次机会，对普通品牌而言，则可能是威胁。乳品企业群雄割据的时代已经来临，乳业市场将会发生深刻变化，乳品行业集中度将进一步提高。在乳品行业发展的新阶段，乳品公司之间已经燃起的价格战、奶源争夺战仍将继续，优胜劣汰机制进一步显现，一些经营管理不善的公司会面临破产、拍卖、兼并重组的可能，而在竞争中脱颖而出的企业倚仗资本、品牌、技术优势会不断攻城略地，规模化扩张道路越走越远。

### （四）食品安全成为决定乳业升级发展的关键

由于"三聚氰胺"事件的影响，消费者对整个国内乳品行业的信心受到严重冲击，几个老牌乳品企业的市场份额几乎完全丢失，乳品质量安全问题已成为制约乳品行业升级发展的桎梏。"三聚氰胺"事件后，随着各级政府和社会各界的努力，消费者信心在逐渐恢复。同时，消费者对乳品质量安全的关注程度日益提高，健康消费的观念日益深入人心。乳品消费市场的变化促使一些企业开始注重提高乳品质量安全，重视奶源基地建设，细化乳品市场，开发高端产品。在新的竞争环境下，谁能赢得消费者的信心，谁就能获得巨大的商业利润。乳品企业要想抢得发展先机，就必须加强乳品质量安全控制。食品安全成为决定乳品企业发展的关键，也成为中国乳业整体健康、高水平发展的关键。

## 四、促进乳业健康发展的建议

### （一）尽快完善乳业管理政策

"三聚氰胺"事件发生后，国务院相继发布《乳品质量安全监督管理条例》和《奶业整顿和振兴规划纲要》。尤其是 2010 年，国家陆续出台了针对乳业的一系列密集政策，如《国务院办公厅关于进一步加强乳品质量安全工作的通知》、《企业生产婴幼儿配方乳粉许可条件审查细则》、《企业生产乳制品许可条件审查细则》等，对整个乳业发展产生了一连串的影响。但总体来看，这些法规和条例涉及方面多，程序复杂，几年时间下来，国家和部分省份的管理条例还在修改之中。因此，建议农业、商务、工商、质检、卫生等部门还应不断完善相关的实施细则和管理办法，包括良种繁育和基地建设、原奶流通和质量管理、乳制品生产、市场销售等方面。

### （二）促进规模化、标准化养殖，解决规模养殖业的占地问题

散养、不科学饲养是制约乳业升级的关键因素。当前，应鼓励、支持建设规模化的奶牛养殖小区及牧场。在规模化基础上，实行科学化、标准化饲养。依靠良种繁育体系，包括高产冻精和胚胎移植，提高奶牛品质；采用先进的科学饲养管理技术，提高奶牛单产水平。政府畜牧部门和乳品企业、饲料加工企业也应为奶农提供技术咨询和培训，提高奶农科学养殖技术。

在发展规模养殖业方面，各地反映最强烈、最难以解决的问题是规模养殖业的占地问题。《畜牧法》规定：养殖业占地需要依照县级土地规划。但土地规划

往往又没有做养殖小区规划或已经先于《畜牧法》出台，制定土地规划也不可能就预先规划好养殖小区。因此在现实中，规模养殖业的占地问题是一个非常难解决的问题，需要国务院层面与国土部、农业部综合协调解决，各级土地部门应统一将养殖小区用地列入土地利用总体规划，并按农业用地管理，否则依靠地方难以解决，难度大、效率低，直接影响规模化、现代化养殖业发展。

### （三）确立乳业补贴重点，继续加强各项奶牛补贴

调查发现，中央财政及地方财政奶牛良种补贴（目前主要是冻精补贴）的实施效果非常明显，对于促进奶牛品种改良起到积极作用，地方政府和养殖户对这一政策都很拥护。奶牛良种补贴的范围和力度还应该加大，一方面扩大中央财政及地方财政补贴的覆盖地区，另一方面奶牛良种补贴可以从目前的冻精补贴扩展到胚胎补贴等方面。牧草及饲料补贴也可以考虑，重点应该是优质草籽和饲料籽补贴以及规模牧场建设补贴。国家退耕还林还草政策在河北等地区还没有还草，应在河北等养殖大省也实行还草政策。通过扶持牧草养殖，解决"牛当猪喂"的无奈局面，提高奶牛单产水平。将先进的挤奶设备和饲料混合机械列入农机具补贴范畴。石家庄的做法是对每台 TMR 饲料混合机械由市财政补贴 5 万元（总造价为将近 20 万元），该机械可以提高奶牛单产 15% ～20%，作用非常明显。先进的挤奶设备对于减少牛奶污染、保证原奶质量安全也具有明显效果，建议直接将乳业机械设备列入农机具补贴范畴，政策的可操作性强。

### （四）建立稳定、合理的产业链利益联结机制和价格传导机制

当前奶农与乳品企业的利益联结中，利益分配不公的现象非常突出，乳业产业链利益联结机制和价格传导机制严重不合理。未来，在市场调节的基础上，在政府鼓励和行业协会推动下，乳业产业链各环节主体应注重建立稳定、合理的产业链利益联结机制和价格传导机制，通过中间权威机构科学制定市场指导价和浮动价，在竞争中培育稳定的产业组织体系，形成合理的价格谈判机制、传导机制和优质优价机制。

对内蒙古、重庆等地的调查中发现，稳定、合理的产业链利益联结机制和价格传导机制主要是通过以下两个主要方面实现的。一是稳定奶源市场。只要当地各家乳品企业对本地奶源具有稳定的份额或区域范围，奶源市场就能保持稳定。而奶源市场结构的稳定，能有效避免在旺季哄抢奶源，在淡季互相推脱奶源。内蒙古的做法是运用行政干预进行"奶源划片"，即在政府的协调下，伊利、蒙牛两企业集团按照平等协商、等量置换的方式，合理划分生鲜乳收购区域。二是稳定原奶价格。由于原奶市场总体上是一个买方市场，企业具有绝对话语权。因此，为了规范和监督生鲜乳购销过程中压级压价、价格欺诈、价格串通等不正当价格行为的监督和管理，内蒙古、河北等地成立了类似"生鲜乳价格协调委员会"之类的机构。以内蒙古为例，每年由自治区奶业协会在充分调研论证的基础上，发布不同养殖规模淡季和旺季奶牛的饲养成本分析报告。

### （五）建立真正属于奶农自己的奶农协会，而不单是依附于企业或政府部门的乳业协会

在乳业供应链和乳业产业中，奶农和乳业小区是弱势群体，在价格谈判、质量分等定级、市场信息、技术力量等方面都处于弱势。成立奶农协会的必要性已经一目了然，当前最需要的是政府部门引导、养殖能人带头，成立真正能够代表奶农利益的合作经济组织。借鉴加拿大等国经验，政府部门应赋予奶农协会一些行业协助管理的职能，包括信息统计与交流、法律援助等，促进奶农协会在技术服务、价格谈判等方面真正发挥作用。河北省张家口市正准备探索依托县畜牧局职工办的养殖公司，成立奶农协会，统一为全县奶农和养殖小区提供技术指导、统一管理，负责与乳品公司直接谈判。

### （六）促进行业自律，规范企业行为，维护市场秩序

2010年，国内外资本推动下的奶业行业全面复苏，中国奶业企业之间的竞争再次呈现出愈演愈烈的态势。同时由于政府监管能力相对滞后，行业内少数从

**中国主要农产品增长**
对 2004 年以来农产品增长的经济解释

业人员道德缺失，部分奶业企业通过各种不正当手段挤对竞争对手，造成恶性竞争的局面。一方面，目前国内原奶加工产能有 9000 万吨，而国内奶源供应量仅有 3600 万吨，产能严重过剩，造成奶业行业无序发展和奶业企业恶性竞争的局势。一些地方出现奶源争夺战，奶业企业变相放宽生鲜奶收购标准，导致原奶价格异常波动、奶制品安全没有保障。此外，奶业产业链终端的乳制品同质化倾向严重，企业之间产品趋同，只有靠大打价格战争取市场，使中国奶业的发展进入恶性循环的状态。另一方面，与国外发达国家成熟的奶业行业相比，中国奶业行业的发展时间短，但是发展速度却非常快。在短短几十年的发展过程中，相关部门的许多配套监管体系没有建立起来，同时奶业行业标准落后，堵不住行业的诸多漏洞，造成监管部门即使有心监管，也缺乏必要技术和手段。所以有专家称之为"产业发展初级，标准初级，政府监管也不到位"。今后，一方面要依靠行业协会、企业力量促进行业自律，另一方面应不断完善并贯彻落实《反不正当竞争法》及实施办法，明确政府执法主体责任和权力，有效应对市场中不正当竞争方面出现的新情况、新问题，规范企业行为，维护市场秩序。

**（七）地方政府推动速度和发展规模要适度，以利于乳业可持续发展**

近年来，地方政府为了发展当地奶牛养殖业、提高农民收入，纷纷采用招商引资、引入乳品龙头企业的办法来带动农民养殖。加工企业布局不合理，重复建设、重复投资比较严重。而地方政府和乳品巨头签订的几乎都是"不平等"条约，要想让乳品企业入驻当地，地方政府需要免费提供数百亩土地、修建厂房、"三通一平"、税收"免三减三"。地方政府为民造福的心情可见一斑。但这也恰恰是造成企业低成本快速扩张、产能严重过剩、乳制品供过于求、消费市场价格战此起彼伏、不亦乐乎的重要原因。地方（省域、市域及县域）应根据当地的资源条件、耕地数量、水源条件、气候条件、饲料市场条件等综合因素确定当地奶牛养殖的合理规模、最佳规模，并由此规划企业的数量及加工能力，而不单是追求奶牛数量和乳品企业的盲目扩张。

### （八）建立奶牛养殖合作保险制度，提高畜禽疫情捕杀补偿水平及防疫意外风险补偿标准

奶牛养殖是一个高风险行业，河北石家庄、唐山等地已经建立奶牛合作保险制度。市级财政建立"奶牛风险基金"，奶农以养殖小区为单位，自愿参加保险，共同出资，共担风险。在乳业保险乃至整个农业保险方面，国家要出台优惠政策鼓励、给予资金支持，并且在保险政策和机制设计方面积极鼓励地方和企业创新，充分吸纳地方经验，完善中国农业保险政策体系。

另外，现行的防疫捕杀赔偿标准过低，一头奶牛捕杀赔偿3000元，延续了许多年，其中农民自己负担20%，报偿金额少，补偿不合理。应该按照市价补偿，制定政策应按当地实际情况。如布病、结核病等疫病易发生，威胁很大，并且是人畜共患病，威胁人类。在奶牛养殖中，相当普遍。按规定，这些病一年筛选一次，患病牛应捕杀，但由于补偿不合理，许多奶农拖着不杀，自行转移，或者卖给不知情的其他奶农，加大了传染面，导致这些病这些年一直没有根治，直接制约了产业发展，并且埋下了隐患。此外，由于赔偿地地方政府在做捕杀任务时，难度非常大，资金不到位，也导致了部分部门反而不愿去查，因为查出来工作难度太大，完成不了还要追究责任，不如不查。

### （九）建立乳品全程质量安全监控体系

"三聚氰胺"事件反映了中国乳品质量安全监管体系存在严重问题。近年来，随着政府和社会各界对乳品质量安全的关注以及一系列法规的出台，中国的乳品质量安全状况有所改善，消费者信心逐渐恢复，但是并没有建立起全面的乳品质量安全监控体系，乳品质量安全仍存在隐患。当前，政府应着力推动建立覆盖原奶生产、流通、乳制品加工、市场流通和销售等各个环节的全面的乳品质量安全监控体系。政府管理部门应明确监管职责，不断完善质量安全标准体系，实行严格的市场准入制度，推行可信的食品认证体系，为乳业发展创造良好的制度环境。

# 参 考 文 献

## 综合报告

[ 1 ]国家发改委价格司编. 全国农产品成本收益资料汇编. 北京：中国统计出版社，2011

[ 2 ]国家统计局. 中国统计年鉴. 北京：中国统计出版社，2011

[ 3 ]国家统计局. 农业统计年报. 北京：中国统计出版社，2010

[ 4 ]国家统计局农村社会经济调查司编. 改革开放三十年农业统计资料汇编. 北京：中国统计出版社，2009

[ 5 ]国家统计局. 国际统计年鉴. 北京：中国统计出版社，2010

[ 6 ]农业部编. 新中国 60 年农业统计资料. 北京：中国农业出版社，2009

[ 7 ]农业部. 中国农业年鉴（2001~2011）. 北京：中国农业出版社，2011

[ 8 ]中国农业机械工业协会. 中国农业机械工业年鉴（2001~2010）. 北京：机械工业出版社，2011

## 专题报告

[ 1 ]广东省农业科学院. 2010 广东现代农业产业发展报告. 广州：广东农业科学院出版社，2011

[ 2 ]郭燕，杨楠楠. 国际纺织品服装贸易理论与措施. 北京：人民出版社，2011

[ 3 ]国家发改委宏观经济研究院课题组. 中国中长期粮食安全若干重大问题研究综述. 经济研究参考，2006（73）

[ 4 ]国家发展与改革委员会价格司. 2010 全国农产品成本收益资料汇编. 北京：中国统计出版社，2011

[ 5 ]国家统计局. 2011 中国统计年鉴. 北京：中国统计出版社，2011

[ 6 ]国家统计局. 2011 中国统计摘要. 北京：中国统计出版社，2011

[ 7 ]国家统计局．历年中国农村统计年鉴．北京：中国统计出版社

[ 8 ]国家统计局城市社会经济调查司．历年中国城镇生活与价格年鉴．北京：中国统计出版社

[ 9 ]国家统计局农村社会经济调查总队．2009/2010 中国农村住户调查年鉴．北京：中国统计出版社，2010

[10]韩俊．中国食物生产能力与供求平衡战略研究．北京：首都经济贸易大学出版社，2010

[11]海关总署．2010 中国海关统计年鉴．北京：中国海关出版社，2010

[12]李经谋．历年中国粮食市场发展报．北京：中国财政经济出版社

[13]刘成果．2009/2010 中国奶业年鉴．北京：中国农业出版社，2011

[14]农业部．2010 中国农业发展报告．北京：中国农业出版社，2010

[15]农业部．棉花优势区域发展规划（2003～2007 年），棉花优势区域布局规划（2008～2015 年）

[16]农业部．历年中国农业统计资料．北京：中国农业出版社

[17]帕特里克·韦斯特霍夫．粮价谁决定．北京：机械工业出版社，2011

[18]孙政才．农业农村改革发展 30 年．北京：中国农业出版社，2008

[19]杨镇，才卓，景希强，张世煌．东北玉米．北京：中国农业出版社，2007

[20]张世煌，李少昆．2009 国内外玉米产业技术发展报告．北京：中国农业科学技术出版社，2010

[21]中国纺织工业协会．2009/2010 中国纺织工业发展报告．北京：中国纺织出版社，2010

[22]中国畜牧业年鉴编辑委员会．历年中国畜牧业统计．北京：中国农业出版社

[23]Zhang Xiaoyong, Fu Xinhong, Yang Jinxiu, Evolution of Chinese vegetable supply chain, 14th Annual IAMA World Food and Agribusiness Symposium, Switzerland, 2004.

**中国主要农产品增长**
对 2004 年以来农产品增长的经济解释